行业性人才的造就

——江苏省常州建设高等职业技术学校的实践

黄志良 著

职业教育发展路径探索丛书

ZHIYE JIAOYU FAZHAN LUJING TANSUO CONGSHU

庄西真 主编

苏州大学出版社

图书在版编目(CIP)数据

行业性人才的造就:江苏省常州建设高等职业技术学校的实践/黄志良著. —苏州:苏州大学出版社,2014.12

ISBN 978-7-5672-1021-9

Ⅰ.①行… Ⅱ.①黄… Ⅲ.①高等职业教育—技术学校—人才培养—研究—常州市 Ⅳ.①G718.5

中国版本图书馆 CIP 数据核字(2014)第 295921 号

书　　名:行业性人才的造就——江苏省常州建设高等职业技术学校的实践
著　　者:黄志良
责任编辑:刘诗能

出版发行:苏州大学出版社
社　　址:苏州市十梓街 1 号　邮编:215006
网　　址:http://www.sudapress.com
印　　刷:宜兴市盛世文化印刷有限公司
开　　本:700 mm×1 000 mm　1/16
印　　张:13.5
字　　数:258 千
版　　次:2014 年 12 月第 1 版
印　　次:2014 年 12 月第 1 次印刷
书　　号:ISBN 978-7-5672-1021-9
定　　价:38.00 元

苏州大学版图书若有印装错误,本社负责调换
苏州大学出版社营销部　电话:0512-65225020

总序

庄西真

工业革命从本质上改变了生产力与生产关系,改变了人们的生产和生活方式。工业革命带来的机器大生产需要受过一定技术教育的生产者,由此产生了以科学技术为内容、以应用性为特征、以培养掌握生产技能的劳动者为目的的现代教育。职业教育因应工业革命的要求而产生并不断发展,是为大工业生产规模化地培养初、中等技能型人才的教育,也是助力社会大众获得一技之长谋求职业赖以生存的一类教育。根据教育经济学的理论,教育主要是通过对人力资本的投入、提高劳动生产率、促进科技进步等方式来发挥其推动经济社会发展的作用的。在这方面,职业教育具有其他类型教育(比如基础教育)所不具备的优势,即职业教育可把具有普通文化素质的劳动者培养成为掌握某一行业岗位技能的专门人才。换言之,职业教育可向经济社会提供能掌握和运用先进生产技术的高素质的技能人才,进而推动经济社会的快速发展。

当今世界,一个国家产业竞争力的高低,不仅取决于是否拥有先进的技术装备,还取决于是否拥有能够熟练操作和使用先进技术装备的高素质劳动者。职业教育能够通过提高劳动力的平均职业技能水平促进劳动生产率的提升,因为以生产率为导向的经济增长模式才是可持续的增长模式。职业教育能够通过提高劳动者运用新技术、新工艺、新设备的能力,促进劳动力的技术革新与生产创新;通过培养劳动者的安全意识、设备保养与维护能力,减少生产事故,降低生产工具和设备的损坏率;通过塑造劳动者正确的政治观念、职业道德、专业思想、劳动态度,间接影响劳动生产率。近代以来,英、美、德、日、澳等国家重视发展职业教育,形成了多层次、多类型的适应本国经济社会实际的职业教育体系,培养了大量高素质、高技能、高水平的技术人才,让他们在工业、农业、军工、服务等若干个领域里施展才华,发挥了积极作用,促进了经济的腾飞,使这些国家迅速发展成为世界经济强国。比如我们的东邻日本，职业教育的迅速发展为其培养了大批工农业发展所需要的中、初级人才，大大提高了劳动者的素质和社会生产率。正如日本文部省编辑的《日本的经济发展和教育》一书所指出的："在激烈的国际竞争中，科学的创见、技术的熟练、生产者的才能等重要因素，对于经济发展所起的作用，不亚于增加资本和劳动力的数量。"曾经担任东京帝国大学总长（相当于校长）的滨尾新这样概括日本教育发展的特点，他说："在我们国家，不是工业和工厂首先发展，然后接着建立学校，而是首先建立技术学校以培养毕业生，他们的工作就是发展工业和开办工厂。"回过头去看，中国改革开放以来三十多年的经济高速增长，也与各级各类职业教育为之输送了千千万万具有一定知识和技能的劳动者密切相关。

对于各个国家来说，发展职业教育的原因是相同的，但是职业教育的发展模式却各有不同。发展是硬道理，不管是已经发展起来的国家，还是正在快速发展的国家，要发展现代化的工农业，都必须把职业教育当作一件大事来抓，通过发展职业教育培养经济发展需要的、能够在生产过程中应用科学技术并且具备二次开发能力的人才。但是，因为国情各异，在长期的实践过程中，每个国家基于本国国情形成了各具特色的职业教育发展模式，这一点在发达国家就体现得非常清楚。同样是经济发达的国家，同样是在经济发展过程中得益于职业教育对技能型人才的培养，但是，发达国家对经济发展需要的技术技能型人才的培养方式却各有千秋，正可谓"天下同归而殊途，一致而百虑"（《周易·系辞下》），略述如下以说明之：

在法国，职业教育与普通高中教育是贯通的，通过证书考试，将中等职业教育与高中教育融为一体。法国的职业中学分职业中学和技术中学两类。职业中学主要培养各种职业所需人才，学生用两年时间可以拿到职业技能证书。就读技术中学的学生，学习 3 年后考试合格获得"技术员文凭"，持有这种文凭便可申请进入大学深造。而普通的国立中学同样重视对学生进行职业教育，在国立中学就读的学生，高中 3 年每年都有一项考试，第一年考试合格获技术职业证书，第二年考试合格获技术毕业证书，第三年考试合格获高中毕业证书，具备升大学的资格。它开设的课程中必须选择的选修课有实用工艺、工业技术、医学、社会学、实验室科技等，任意选修课有艺术、科技、现代外语、打字等。

在加拿大，职业教育以能力培养为本位。以能力培养为本位的职业教育产生于二战后，现在被广泛应用于加拿大的职业教育中。其主要特点是：首先由职业院校聘请行业中一批具有代表性的专家组成专业委员会，按照岗位群的需要，层层分析，确定从事这一职业所应具备的能力，明确培养目标。其次，再由职业院校组织相关教学人员，按照教学规律，将相同、相近的各项能力进行总结、归纳,构成教学模块,制定教学大纲,依此施教。其科学性体现在它打破了以传统的公共课、基础课为主导的教学模式,强调培养岗位群所需的职业能力,保证了对学生职业能力的培养。

在北欧的瑞典,把学校开放给社会,把职业教育与普通教育糅合在一起,是其最大特色。该国综合制高中是2至4年制的学校,分为人文社会、经济、理科3组,每组都有2至4年制的课程,任何一种课程都是在扎实的基础教育之上实施职业教育。同时,学生经过任何一组课程的学习毕业之后,都能进入相应的高等院校。

在瑞士,职业教育备受政府的重视,其教育模式及类型呈多元化和与经济社会需求密不可分的特色。瑞士职业教育除了满足本国经济发展需要之外,还瞄准欧盟乃至国际劳动力市场,提供职业技术类、行政管理和商业职业类、酒店管理和旅游职业类、健康和护理职业类、社会工作职业类、新闻媒体及通讯和信息职业类以及工艺美术职业类等职业教育和专业培训。在这七大类职业中,除了健康和护理类、社会工作类和工艺美术类专业由职业教育培训外,其他四类专业普通高等教育也可以提供培训。瑞士高等职业教育作为大学教育的一个重要组成部分,除了同样具有严格的入学条件和标准规定之外,还要经过严格、系统的3至4年不等时间的学习和训练,并通过职业资格考试之后方能获得毕业证书。瑞士的职业考试一般以专业知识考试为主,只有通过职业考试,方能参加高级专业考试。

在澳大利亚,职业教育实际上是一种新型的现代学徒制度,承担此类职业教育的主要载体是TAFE(Technical and Further Education)学院。TAFE虽然是学院,但实际上学员80%的时间是在工作现场进行的工作本位学习,只有20%的时间是在学校学习。现代学徒制有以下特点:一是同就业有着更密切的联系,学生"为未来工作而学习"的目的非常明确,就业前景明朗,大部分学徒工毕业后能被原企业录用。二是实训内容由社会合伙人共同制定,适应企业的需要,突出对学徒工实践操作能力的培养。学生在企业真实的生产环境中操作最先进的设施设备,这样能更早地接近新技术、新工艺、新设备、新材料。三是学生在企业接受培训期间不缴纳学费,还享受学徒工资,一般为技术工人工资的一半,以后按比例逐年增长。近些年来,有许多已取得大学入学资格的普通教育毕业生也从头接受现代学徒制培训,力求在进入大学之前获得一定的职业经历和经验。

在英国,整合职业教育与普通教育一直是其职业教育改革与发展的重要目标,他们用"职业教育与普通教育的等值体系"来真正提升职业教育的地位。英国的职业教育主要分为三种类型:专门的职业教育、职业技术培训和普通教育中渗透的职业教育。专门的职业教育以政府投入为主,在继续教育机构里进行;职业技术培训以企业投入为主,在企业里进行。

在德国,职业教育的方式之一是"双元制",它是一种国家立法支持、校企合作共建的办学制度。其核心是一种学校与企业共同承担教学任务,共同开展教学实践的人才培养模式。所谓"双元制"(Dual System),一般认为,是一种青少年在企业里接受职业技能培训和部分时间在职业学校接受专业理论和普通文化知识的教育形式。它将企业与学校、理论知识与实践技能紧密结合起来,是一种主要以专业技术工人为培养目标的职业教育制度。[①] 其中,一元是指职业学校,其主要职能是传授与职业有关的专业知识;另一元是在企业或公共事业单位等校外实训场所,学生在其中接受职业技能方面的专业培训。60%是专业课程,40%是普通教育课程。这种相互交叉、有机结合的方式有利于在教学过程中贯彻理论联系实际的原则,有利于培养出既懂理论知识,又有动手能力的生产和管理人员。所以,每年全德国都有近3/4的初中毕业生进入企业的培训机构接受职业技术培训,同时进入各类相应的职业学校学习理论知识。正是依靠这一独具特色的职业教育制度,德国才得以在二战之后迅速恢复国民经济,并成长为世界上科技和经济最发达的国家之一。

以上这些都是各国根据自己国家的具体情况,经过长期的摸索而形成的各具特色的职业教育模式。职业教育在各国形成的不同发展模式表明,每个国家都在寻找一种反映职业教育与自己国家社会特征以及经济发展阶段相适应的最佳模式,这既充分体现了职业教育与现代经济发展的内在联系性,又体现出职业教育与具体国家政治制度、社会结构、文化传统的关联性。找到"最适合的职业教育制度"是各个国家职业教育发展孜孜以求的目标,为此各国都在相互借鉴的基础上,结合本国经济社会实际状况进行着职业教育的实践。一些国家已经找到了适合自己国家国情的职业教育模式,比如上面讲到的法、英、澳等国家;还有一些国家正在摸索当中,中国就是这样的国家。中国的初始资源禀赋条件(人口、资源等)、文化传统、所处经济发展阶段以及今后一个阶段经济社会发展须要解决的问题均不同于上面提到(也包括行文中没提到)的那些国家。我讲这些,不是来证明中国无须发展职业教育,而是想说明中国须要发展适合中国国情的职业教育。过去我们认为只要照搬别国成功的职业教育模式就万事大吉了,事实证明这种想法是有问题的,一味地模仿和照搬别的国家或地区的职业教育模式使我们吃过不少苦头。

在未来相当长的时期内,我国社会经济发展需要职业教育培养三种人才:一是劳动密集型产业中具有一定技术、技能的劳动者,无此,难以解决劳动力密集

---

① 王前新:《高等职业教育人才培养模式的构建》,汕头大学出版社,2003年,第240-241页。

地区的劳动者就业问题；二是走新型工业化道路需要的具有一定创新能力的劳动者，无此，难以使我国经济再上一个新台阶；三是某些高新技术产业中从事辅助工作的中、初级人才，无此，难以推动科技的产业化和我国经济的可持续发展。在中国产业和经济发展方式的艰巨转型中，在“中国制造”向“中国创造”跨越的征程中，产业工人发挥着不可替代的重要作用。目前，中国工业产品的平均合格率只有70%，每年因不良产品造成的经济损失高达2 000亿元。另一方面，中国机械工业劳动生产率约相当于美国的1/12、日本的1/11，劳动生产率每增加或减少1%都会影响产值上百亿元，影响工资成本10多亿元。① 产业工人中的技能型人才不仅是企业产品的生产者和制造者，直接决定着企业的核心竞争力，更是一个国家软实力的重要组成部分。产业工人是制造业的重要生产资源，在目前越来越大的市场竞争压力下，谁有一支稳定的高素质员工队伍，谁就可能占据行业的主动。在中国“调结构、转方式”的过程中，高技能产业工人无论从知识、技能、对社会的贡献、社会对他们的需求度方面，还是收入水平和消费水平方面来说，均不应该比白领差，甚至还要高于白领。在现代的制造业中，最为典型的如电子、汽车、通讯以及IT等产业，高级技师所需的既动手又动脑的复合程度，远远超过了传统制造业中的相同角色。而作为制造业大国的中国，最紧缺的恰恰是具有高学历同时又有很强动手能力的技术工人。好多人都喜欢购买德国、日本等国的产品，认为这些产品质量有保障，是高品质的代名词，原因就在于德国、日本有高素质的产业工人队伍。人力资源公司万宝盛华2013年调查了全球42个国家的38 000个公司，对人才缺口进行了分析。被调查的中国企业中，35%的企业认为招聘合格员工存在很大的难度，最紧缺的前十类人才为技术员、销售代表、高管人员、销售经理、生产作业操作工、工程师、工人、研发人员、设计师、行政助理。其中过半数是由传统的职业教育培养的初、中等技能人才，其他近半数则是职场上的技术技能型人才，其实，这些也应该由职业教育来培养。

因此，当务之急就是探索适合中国国情的职业教育发展模式，为我国经济社会“又好又快”发展培养各级各类技能型人才。但这件事只靠政府决策部门出台文件或领导人讲讲话效果不大，单有职业教育研究者的鼓与呼也收效不彰，只有充分调动和发挥来自基层和一线职业院校的积极性和创造性，把几方面的力量联合起来，共同努力方能奏效。这方面的实践已有几年了，但实践往往是碎片化的，需要将之拼接起来，形诸文字，提炼升华。

我主编的“职业教育发展路径探索丛书”就是在这种背景下编辑出版的，从这六本书的名字中不难看出我们的心思，它以分析中国基层和职业院校的育人

---

① 郭奎涛：《中国产业工人需升级》，《工程机械周刊》，2010年第6期，第25页。

实践为切入点，以总结中国特色的职业教育发展经验为旨归。丛书由《区域职业教育发展模式创新的案例研究》《文化引领　跨越发展——以浙江农业商贸职业学院为例》《地方性人才的造就——昆山花桥国际商务城中等专业学校的实践》《行业性人才的造就——江苏省常州建设高等职业技术学校的实践》《社会转型背景下的职业技能培训研究——以吴江为例》《德才至尚　祈通农商——浙江农业商贸职业学院特色办学的实践》等六本书组成。六本书的作者既有专门从事职业教育研究的学者，也有在职业院校和培训机构主政多年的管理者，他们都立足自己的职业，将各自多年的思考和做法融汇到了这套丛书中。大家从每本书的名字中就很容易猜想到书的内容，在此我就不一一赘述了。

目录

第一章

导 论

第一节 问题的提出

国家经济和社会发展“十二五”规划纲要明确指出:“实施科教兴国战略和人才强国战略,加快建设创新型国家……”要实现这一战略目标,使我国从经济大国转变为经济强国,必须实现产业结构的转型与升级,产业链条必须向高端发展,提高产业行业的技术含量和产品附加值。随着产业行业的不断转型发展,技术的更新换代也不断加快,这就要求当代的技能人才不仅仅要掌握适应某一工作岗位的专门技能,更要具备适应某一行业要求的知识迁移能力和综合素质。作为以培养技能人才为己任的职业学校,来自行业发展的人才要求为其创新人才培养模式提供了新的契机。

一、行业经济的发展吁求适应行业需要的新型技能人才

一般来说,一个国家、社会的经济结构由三大产业组成,即第一产业、第二产业、第三产业。第一产业是指提供生产资料的产业,包括种植业、林业、畜牧业、水产养殖业等直接以自然物为对象的生产部门;第二产业则包括制造业、采掘业、建筑业等生产部门;第三产业包括商业、金融、保险、运输、通讯业、服务业及其他非物质生产部门。由此可见,每一产业都是由各种类型的具体行业所构成,而每一行业之下又涉及不同的领域。以建筑行业为例,其包括房屋和土木工程建筑业、建筑安装业、建筑装饰业等。当前,在国家倡导产业转型升级的大背景下,行业经济的发展速度越来越快。一方面,新科技和新知识不断涌现;另一方面,行业当中的各类职业不断发生变化与重组。由于学校的人才培养存在周期性特点,今天教给学生的某一项技术技能,在几年之后也许就会过时,今天培养学生所面向的某一职业,在几年之后也许就会消失。毕竟,转型期社会的一个重

要特征就是变化的迅捷性与不稳定性。然而,尽管技术发展和某些职业的变化是显著的,行业本身仍然是稳定的,某一行业所指向的职业群也具有稳定的特点。因此,不断变化发展的行业经济对技能人才提出了新的要求,即适应行业发展要求的技能人才不仅仅是掌握适应某一职业岗位的专门技能,还应具备良好的知识技能迁移能力,能够将已掌握的知识技能迁移到关联岗位当中,适应工作岗位变化;还应具备终身学习的能力,能够消化、掌握新技术、新知识,以应对产业转型升级的挑战;还应具备适应行业要求的综合素质,不仅拥有优秀的职业技能,也具备良好的职业伦理道德素质,并且善于处理与不同岗位人员的工作关系。这种适应行业经济发展的新型技能人才,本书就称之为行业性技能人才。

二、学校职业教育是培养行业性技能人才的重要途径

行业性技能人才的造就是一个长期的过程,它包括职前教育、岗位实践、继续培训等各个阶段。一个优秀的行业性技能人才的形成,既需要其本人的主观努力,也需要学校、工作岗位为其提供良好的成才环境。系统的学校职业教育能够使行业性技能人才习得扎实的技能素养并形成良好的知识积淀,为其在工作岗位上的继续发展拓宽上升空间。因为,首先,学校职业教育不同于普通教育,它以就业为导向,培养面向生产、服务岗位一线的技术技能型人才,这个特点决定了学校职业教育可以更好地针对行业特点来培养适应行业发展要求的技能型人才。其次,学校职业教育具有社会培训机构所没有的优越性,在政府的扶持下,职业学校可以集中更大的力量,投入大量资金用于建设实训实验室,保证学生能够在逼真、模拟的情境下锻炼动手操作技能。同时,在政府的大力倡导下,职业学校的校企合作力度不断深化,这可以为学生提前熟悉岗位环境创造良好的条件。再次,学校职业教育主要面向15—22岁的青少年,这个年龄阶段是人才成长的关键期,如果能够接受系统的知识技能训练,可以为行业性技能人才的成长奠定坚实的基础。

三、打造行业性技能人才是增强职业学校竞争力的需要

各类行业中的众多企业是职业学校人才需求的主体。职业学校所培养的人才能否满足行业企业的人才需求,是否受行业企业的欢迎,决定了职业学校毕业生的就业状况,进而影响职业学校的竞争力和吸引力。随着产业转型升级的推进,行业经济发展越来越需要具备广泛适应能力的行业性技能人才。行业企业的发展关键靠人才,而行业性技能人才则是行业企业的中坚力量,是构筑行业企业核心竞争力的关键要素。职业学校可以抓住此契机,调整人才培养目标,创新人才培养模式,造就具备综合素质、良好的知识技能迁移能力

以及广泛适应能力的行业性技能人才，以适应当前行业经济发展的要求。这样不仅可以有效提升毕业生的就业能力，也可以提高职业学校的吸引力，进而增强职业学校的竞争力。

第二节 文献回顾

通过“CNKI 中国期刊全文数据库”、“CNKI 中国优秀博硕士学位论文全文数据库”、“读秀中文学术搜索、谷歌网站、百度网站”等途径，以人才、行业、技能人才、行业性技能人才、人才培养、技能人才与课程、技能人才与教学等为关键词进行资料搜索，以获取一定的信息。

了解已有的相关研究，为本研究的深入开展提供一定的理论基础和参考。就目前已有的研究来看，不管是专著，还是学位论文或者期刊论文等，对行业性技能人才进行专门研究的基本没有。因此，对技能人才的相关研究展开综述，可为行业性技能人才的培养这一研究提供必要的支撑。鉴于研究视野和精力有限，以下综述将在能力所及的范围内对相关文献资料进行梳理与整合。

一、技能人才的概念及特点研究

关于技能人才的概念，目前还没有专门的文章对其进行阐述，大部分界定都包括知识、技能、道德、资格等几个要素。《技能型人才创造品格与素质培养》一书中结合内容需要，将技能人才定义为持有双证书（即学历文凭证书与职业资格证书）或多证书的人才，是具有较高职业技术能力、实际操作能力与动手能力的复合型人才，是品质和素质的综合体，是知识复合型人才、技术复合型人才、能力复合型人才的综合体。① 另外，一些学者提出了以下几种关于技能人才的定义：

和震：技能人才包含一种职业导向，是融一定的专业知识、较强的实践经验和操作技能、职业道德于一身的新型实践人才。②

杨雪芳：技能人才是指具有职业技术特长、按照国家职业标准经职业技能鉴定合格、取得中级及以上职业资格证书的人，他们是企业技术工作的最终实施者③。

---

① 杨金土：《90 年代中国教育改革大潮丛书 · 职业教育卷》，北京：北京师范大学出版社，2002 年，第 189 页。

② 和震：《技能提升与知识、素质的复合——职校毕业生升学与职业发展的思考》，《教育发展研究》，2010 年第 3 期，第 1 - 4 页。

③ 杨雪芳：《论技能人才的培养与职业教育改革》，《河北建筑科技学院学报（社会科学版）》，2005 年第 1 期，第 104 - 107 页。

苏列英、刘宝康:技能人才,就是在实践中运用知识和经验执行活动方面超过一般水平的、有才识学问的德才兼备的劳动者。①

结合以上关于技能人才的阐释,"德才兼备"、"掌握熟练的操作技能"、"懂技术"是这些定义共有的关键词,在一定程度上描述出了技能人才所具备的特征。

二、技能人才培养的研究

根据已有相关文献,对技能人才培养的研究主要集中于对其模式与策略的探讨。这类研究是基于现状的阐述,然后努力探寻适应经济发展的人才培养模式以及培养途径,一般都是在区域经济发展的宏观背景下,从政府、学校等主体方面提出针对性的建议。

首先,就培养模式而言。众所周知,德国著名的"双元制"培养模式、以美国为代表的能力本位人才培养模式、澳大利亚的 TAFE 人才培养模式等都是国际上比较成熟的模式,也被许多国家借鉴与吸收。目前,国内技能人才的培养模式主要有半工半读的人才培养模式、依托企业办学的工学结合与校企合作人才培养模式以及"订单式"人才培养模式等,这些人才培养模式各有利弊,不少学者对这些模式进行了研究与探索。

其次,从区域经济发展这一角度来说。如杨志其《经济开发区技能型人才培养研究——以鄱阳湖生态经济区为例》一文就是基于区域内技能人才的匮乏对鄱阳湖生态经济区区域经济发展带来的影响,剖析了该地区当前人才培养的现状,提出从区域的整个管理体制,学校的教育体制、教学方法、专业设置以及师资培养等方面加强技能人才的培养。② 戴涵莘等在《以"园区经济"为特征的区域高技能人才培养模式研究》中根据园区经济发展的特点以及园区经济在苏州经济发展中的地位与作用,分析了当地对技能人才的需求现状,并结合企业对技能人才在能力方面提出的要求,指出可以采取突出政府主导作用,建立多元化投入机制,创造技能人才培养的良好环境,推进高职院校教学改革,提高学生职业能力,以培养复合型技能人才。将学生职业能力与综合素质的培养渗入课程建设与实施中,同时拓宽技能人才的发展空间,建设应用型本科基地等以培养技能型人才。③

---

① 苏列英、刘宝康:《技术工人短缺与技能人才激励关系研究》,《商场现代化》,2007 年第 3 期。

② 杨志其:《经济开发区技能型人才培养研究——以鄱阳湖生态经济区为例》,《企业经济》,2012 年第 12 期,第 168 - 170 页。

③ 戴涵莘、陶亦亦:《以"园区经济"为特征的区域高技能人才培养模式研究》,《教育与职业》,2008 年第 20 期,第 10 - 12 页。

最后,结合学校具体的课程与教学来说。这方面的研究很多,基本上都是选择某一个专业或者某一门课程作为案例,通过用人单位的岗位设置、工作任务分析相关的职业能力,进而根据知识、能力结构要求对相关课程进行平台化或者项目化设计、开发与实施。如于静之、孙元曦在《药学类技能型人才需求及课程体系调查与分析》一文中,通过调查当前医药卫生行业对技能型人才的需求,分析本行业对技能人才的知识、能力与素质结构需求,提出构建就业导向的、能力本位的专门化平台与方向课程。① 陈熔在《高技能型人才培养模式与课程体系的探讨》一文中,也结合当前的人才培养与课程体系现状,提出了在能力本位下选择课程内容,构建模块化课程体系。②

三、技能人才培养的保障机制研究

从职业学校的角度来看,通过对相关文献的梳理,技能人才培养的保障机制主要有五个方面,包括职业学校培养技能人才的战略规划制定、制度建设、教师队伍打造、实训基地建设、校园文化建设等。下面将从这五个方面,对相关文献进行具体阐述。

第一,从学校的战略规划制定来看,已有的研究多集中在高等学校领域,楼锡锦在《高校发展与战略规划制定》一文中提到,在高等教育大众化、市场经济体制建立、高等教育国际化的背景下,通过科学制定并有效实施学校发展战略规划,可以优化配置和有效利用各种资源,提升学校的核心竞争力与可持续的竞争优势。③ 袁洪志与周衍安在《院校研究理论与高等学校战略规划》一文中指出,高校发展战略规划需要制度化的院校研究作保障,高校战略规划编制主要环节有规划信息采集、规划信息统计分析与研究、规划思路研究、规划文本的草拟与修改、规划文本定稿等。④ 付欣友在硕士论文《职业技术院校的发展战略研究》中以苏州某职业技术学校为例,利用战略管理的一般理论和方法,分析了该校的外部环境、内部环境、战略类型和目标定位,并具体分析了该校战略的实施和控制。⑤ 王前新在《高等职业技术院校发展战略研究》一书中提出,我国高职院校出现的粗放型发展与办学是由于缺乏科学的发展战略所致,并提出了相应的四大战略措施:一是提高高职院校的核心竞争力;二是以市场为导向,拓展高职院

① 于静之、孙元曦:《药学类技能型人才需求及课程体系调查与分析》,《中国成人教育》,2010 年第 12 期,第 113 - 114 页。

② 陈熔:《高技能型人才培养模式与课程体系的探讨》,《重庆职业技术学院学报》,2007 年第 1 期,第 5 - 7页。

③ 楼锡锦:《高校发展与战略规划制定》,《教育发展研究》,2006 年第 8 期,第 74 - 75 页。

④ 袁洪志、周衍安:《院校研究理论与高等学校战略规划》,《江苏高教》,2010 年第 1 期,第 125 - 127 页。

⑤ 付欣友:《职业技术院校的发展战略研究》,苏州大学学位论文,2008 年。

校的发展空间；三是以职业技术为支柱，培育高职院校的品牌；四是构筑高职院校发展的互补互动机制①。

第二，关于学校的制度建设方面，韩延辉在《现代学校制度的建设实践与探索》一文中认为，在现代学校制度建设中，课程制度建设是基石，教师专业发展制度建设是关键，学校管理制度建设是保障。② 胡利红在《学校制度建设应处理好三个关系》一文中认为，学校制度建设要处理好务虚与务实二者的关系，注意实践方向与经济社会价值取向的关系，注意文化引领与人性化管理的关系。③

第三，在学校教师队伍建设方面，李云飞在《职业学校教师队伍建设研究：理念、制度、投入》一文中指出，科学的理念是职校师资队伍建设的关键，规范的制度是保障，物质与情感投入是师资队伍建设的动力。④ 吴彬在《着眼现代职业教育特点　浅谈职校师德师风建设》一文中认为，职业学校师德师风建设要坚持育人为本、无私奉献及乐教勤业。⑤

第四，在职校的实训基地建设方面，黄志良、王生在《建设类五年制高职院校实训基地管理研究》一文中以常州建设高等职业技术学校实训基地管理为例，在行业背景分析的基础上，根据学校实际提出了“基于行业技术文化的开放共享性实训基地管理模式”的应用案例。⑥

第五，在校园文化建设方面，黄志良在《基于价值、制度与技术视角的高职校园文化建设路径研究》一文中指出，高职校园文化主要有三大特点：体现社会先进性、具有生态调节功能、突出职业与技能为核心的企业文化。高职校园文化建设要通过凝练德育理念、融合企业文化、提高文化自觉，构建高职校园文化建设的价值体系；通过建设制度体系、强调制度运行，构建高职校园文化建设的现代制度；通过校园环境建设、人文精神塑造、企业文化引入、品牌活动打造，构建高职校园文化建设的技术路径。⑦

总之，关于技能人才培养的研究很多，也取得了一些成果。鉴于行业性技能人才研究的不足，本书以此为抓手，根据行业性技能人才与行业经济发展以及学校的关系，选取学校这一人才培养的主要载体，从课程、教学以及保障方面对行

---

① 王前新编：《高等职业技术院校发展战略研究》，武汉：华中科技大学出版社，2005 年，第 2 – 6 页。

② 韩延辉：《现代学校制度的建设实践与探索》，《现代教育论丛》，2008 年第 8 期，第 6 – 11 页。

③ 胡利红：《学校制度建设应处理好三个关系》，《学校党建与思想教育》，2011 年第 24 期，第 80 – 81 页。

④ 李云飞：《职业学校教师队伍建设研究：理念、制度、投入》，《职教通讯》，2012 年第 4 期，第 75 – 79 页。

⑤ 吴彬：《着眼现代职业教育特点　浅谈职校师德师风建设》，《高教论坛》，2013 年第 6 期，第 83 – 90 页。

⑥ 黄志良、王生：《建设类五年制高职院校实训基地管理研究》，《中国职业技术教育》，2013 年第 26 期，第 89 – 91 页。

⑦ 黄志良：《基于价值、制度与技术视角的高职校园文化建设路径研究》，《职教论坛》，2013 年第 25 期，第 37 – 39 页。

业性技能人才的造就进行探索与实践，以期为本领域的研究提供一定的理论与实践基础。

第三节　研究思路与研究方法

一、研究思路

本研究在结合当前社会发展的背景、通过对相关文献的回顾、了解关于技能人才培养现状的前提下，首先对职业学校与行业性技能人才的关系作了总体概述，包括概念、特点、行业性技能人才与行业经济社会、职业学校与行业性人才培养，以及目前职业学校技能人才培养存在的问题与影响因素等几个方面。其次结合常州建设高等职业技术学校对行业性技能人才培养的具体实践阐述课程、教学以及保障措施，包括课程的开发与实施、教学模式与教学方法的创新以及人才培养的保障性政策措施。主要内容见图 1-1。

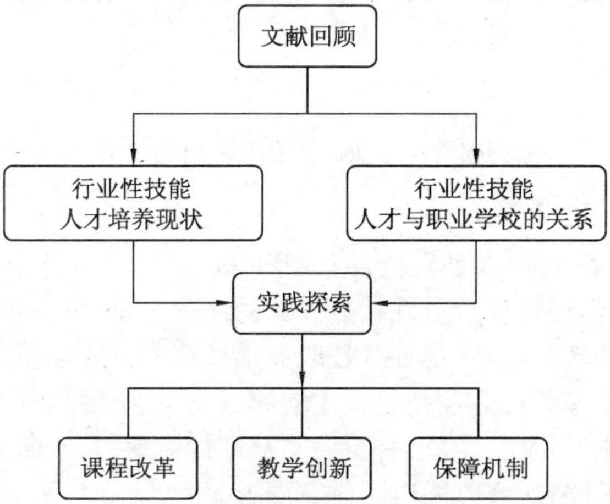

图 1-1　研究思路

二、研究方法

方法是为获取某种东西或达到某种目的而采取的方式与手段，本书根据研究内容的需要，主要采用了以下研究方法。

（一）文献分析法

文献分析法即通过对文献（图书、档案、资料、文件等）的分析研究，来论证、说明和解决问题。① 本研究以图书馆和期刊网为平台，以相关关键词等为主题词来搜集文献，并阅读大量相关的文献资料，如著作、论文、报纸等，同时对其进行梳理，归纳、分析这一领域的研究现状和趋势。在此基础上开展相关研究，并在研究的过程中，不断汲取新的养分、开阔研究视野、规范研究方法，从而为行业性技能人才造就的研究奠定理论基础。

（二）调查研究法

调查研究是科学研究的重要方法，也是获取客观材料最直接的方法之一。

1. 问卷调查法

问卷调查法是指对较大群体样本，采取提问的方式获取数据资料，从而对所关心问题的现状进行统计性的描述、评价、解释和预测的一种研究方法。② 该方法有利于大范围、大规模地收集信息。本研究采用此方法并就一些专业对行业企业岗位工作任务与职业能力进行调查，以便更加科学合理地开发与实施课程。

2. 访谈法

访谈法指的是研究者与受访者通过言语或者非言语行为来获取信息的一种方法。本研究以半结构性访谈为主要方式，收集行业企业对毕业生的要求与看法、对学校课程开发与实施的看法等信息，为学校人才培养目标的制定以及课程与教学的开发、实施提供参考。

第四节　本书的基本内容

本书包括五章，第一章是导论，第二章是职业学校与行业性技能人才的培养，第三章是职业学校培养行业性技能人才的课程改革，第四章是职业学校培养行业性技能人才的教学创新，第五章是职业学校培养行业性技能人才的保障。

第一章主要是鉴于行业性技能人才培养的重要性，揭示其对学校、行业甚至整个区域发展的重要意义。对已有相关文献进行梳理，为本研究提供佐证，同时说明本书的研究思路、研究方法以及研究内容。

第二章具体对行业性技能人才的概念、特点作了界定，并对行业性技能人才与学校以及与经济社会发展的关系进行了阐述，其中结合研究的主题，特别对当前职业学校人才培养存在的问题以及影响因素进行了探讨。

第三章从课程改革的角度，讨论了人才培养目标与培养规格的关系，明确培养规格的相关内容以及专业设置，包括品牌专业的一些审核标准等，重点对常州

---

① 刘蔚华、陈远：《方法大辞典》，济南：山东人民出版社，1991 年，第 354 页。

② 张红霞：《教育科学研究方法》，北京：教育科学出版社，2009 年，第 229 页。

建设高等职业技术学校建筑装饰工程技术专业的人才培养方案进行了具体阐述。

第四章从教学创新的角度，分析讨论了常州建设高等职业技术学校的教学设计创新与教学方法创新，并从理论教学与实践教学两个方面，具体阐述了学校的教学过程，最后介绍了学校的教学管理体制创新举措，即“两级教学管理体制”。

第五章讨论了职业学校培养行业性技能人才的保障措施，主要分为战略规划、建章立制、队伍打造、能力提高、校园文化建设五个方面。在战略规划方面，分析了学校发展的基础与背景，并对相应的战略目标与战略举措进行了阐述；在建章立制方面，介绍了学校在教学计划、教学大纲及教材管理制度、教学行政管理制度、教学质量检查制度、实训教学管理制度、校企合作管理制度等方面做出的探索；在队伍打造方面，阐述了学校打造教师队伍的六项工程；在能力提高方面，阐述了学校的实训基地与信息化建设；在校园文化建设方面，阐述了学校打造绿色校园的规划措施。

第二章

职业学校与行业性技能人才的培养

第一节 行业性技能人才的概念、特点

行业性技能人才是一种有着特定面向范围的群体,充分了解其概念体系以及所具备的特点对于合理制定人才培养目标、探索人才培养的实践模式有着重要意义。

一、技能人才的概念

人才,在人类社会发展过程中扮演了重要的角色,“人成其才、人尽其才、才尽其用”可以说是其最本质特征的反映。20 世纪 70 年代,王通讯便创立了人才学,但最早提出人才概念的是雷祯孝,他在《应当建立一门“人才学”》一文中提出“人才指的是那些用自己的创造性劳动成果,对认识自然、改造自然,认识社会、改造社会,对人类进步做出了某种较大贡献的人”。随着人才学的兴起,关于人才的概念也得到进一步完善,学术界也基本形成了统一的说法,以王通讯、叶忠海、罗红铁为代表,他们对人才的定义都在不同程度上反映了其应具备的特征。王通讯认为,人才指的是为社会发展和人类进步进行了创造性劳动,在某一领域、某一行业或某一工作上做出较大贡献的人;叶忠海在《普通人才学》中认为,人才是在一定的社会条件下,能够以其创造性的劳动,对社会或者社会某方面的发展做出较大贡献的人;罗红铁则在其《人才学基础理论研究》一书中说道:人才就是那些具备良好的素质,能够在一定条件下通过不断地取得创造性劳动成果,对人类社会的发展产生了较大影响的人。① 综观这三位学者关于人才

---

① 曹成伟等主编:《技能型人才创造品格与素质培养》,海口:南海出版公司,2009 年,第 1 – 2 页;赵恒平、雷卫平:《人才学概论》,武汉:武汉理工大学出版社 ,2009 年,第 1 – 3 页。

的定义，可以发现“创造性劳动”、“做出贡献”、“素质”应该是人才概念组成的最基本的要素。

由此，我们可以将人才理解为具备良好的素质，在一定的社会历史条件下，凭借一定的手段进行创造性的劳动，为社会或人类发展做出贡献的人。不同的分类标准、不同的行业要求对人才的分类都存在一定的区别，其中技能人才就属于人才的一种。

在职业教育领域中，培养技能人才被广泛提及，但究竟怎样来定义技能人才仍然是一个值得思考与探讨的问题。顾明远的《教育大辞典》、夏征农等编的《辞海》以及《现代汉语词典》等重要辞书中都没有对技能人才进行专门的定义。另外，在大部分关于技能人才的重要专著中，如《技能教育的理论与实践》《高级技能人才培养》《制度是如何演化的：德国、英国、美国和日本的技能政治经济学》《高技能人才开发探索与实践》《担当与探索——技能型人才培养方略》《高技能人才培养模式的理论与实践》等也没有专门对技能人才进行界定。因此，至今还没有一个被学术界广泛认可的概念，“仁者见仁，智者见智”，只有少量书籍或论文对其进行了界定，这部分内容在本书的第一章中已有介绍。

本书在已有研究的基础上，将技能人才定义为面向一线岗位的，集知识、技能、素养于一体，即具有一定的理论知识（包括专业知识以及相关性知识）、比较熟练的操作技能、中初级的管理技能以及良好的职业素养的人。

二、行业性技能人才的概念

“行业”是经济发展中用来体现并区分社会分工的通用概念，是指将客观存在的事物按照其功能、性质等分门别类。《辞海》中关于“行业”的解释指的就是“职业的类别”。“行业”指的就是人们为了研究和管理社会经济系统，并对独立经济单位的经济活动进行分类指导，按照一定的原则和分组标志进行的分类。① 从宏观经济角度来看，行业是国民经济的组成部分，它是按生产的种类、提供服务的性质、经营项目以及服务对象等分门别类的；从微观角度看，行业是企业之上的更高层次的经济系统，是宏观经济和微观经济之间的中间环节，是国家经济组织和经济结构的中间层次的反映。② 因此，我们就可以弄清行业与企业的联系与区别，即行业可包括若干个同类性质的企业，企业则是行业的基本组成单位，二者相当于整体与部分的关系。

按照 2011 年修订的《国民经济行业分类》标准，我国行业分为 20 个门类，96

---

① 杨金土：《90 年代中国教育改革大潮丛书·职业教育卷》，北京：北京师范大学出版社，2002 年，第 189 页。

② 梁姣荣：《我国的行业企业参与职业教育的对策研究》，天津大学学位论文，2011 年，第 12 页。

个大类,433 个中类,如建筑类行业就包括房屋建筑业、土木工程建筑业、建筑安装业、建筑装饰和其他建筑业 5 个大类,这里面的每一个大类又可分为若干个中类和小类。总体而言,此次关于行业分类的标准,相比较前两次的分类,呈现更加细化的趋势。因此,对行业性技能人才的理解应以“技能人才”和“行业”的概念界定为基础,即可以将行业性技能人才界定为:适应行业发展需要的,掌握本行业不同岗位发展所需的知识、技能以及具有较高的职业素养,同时具备行业中企业的不同岗位所需的职业资格的人。

具体而言,即首先要掌握行业中不同岗位所需的知识体系,包括专业知识以及其他相关性知识,如基础管理类知识。以建筑装饰工程技术专业的室内设计员为例,不仅要掌握建筑装饰材料的识别、检测、选用、保管和建筑装饰构造、设计、施工、工程计量与计价、竣工验收保养等方面的基本理论和专业知识,而且还要了解建筑装饰水、电、智能化设备等安装的相关知识,建筑装饰企业经营管理的基本知识,建筑装饰工程建设的相关法律法规知识以及基本的文化基础知识等。其次就是要有熟练的技能知识,包括专业性技能以及基础管理技能,如楼宇智能化系统中的施工员,就须要具备规划设计楼宇智能化工程的能力以及安装、调试和维护楼宇智能化设备和处理一般故障的技能,同时又要具备一定的管理技巧,以便在现场可以更加顺利地指导他人开展工作。再次就是要有良好的职业素养,尤其是职业道德与职业伦理,其他还有一些诸如社交礼仪风度等。在建筑行业,安全极为重要,作为一个现场的施工员,必须要对现场的任何一个细节进行仔细检查,切忌因为一些利益关系而引起一些不必要的灾难或损失,避免“楼歪歪”事件的一再上演。最后就是技能人才还须要具备一定的职业资格,职业资格是人才进入行业的“敲门砖”,这就要求相关职业资格认定部门应对职业资格证书的考核严格把关,保证技能人才的质量。

三、行业性技能人才的特点

行业作为一个广泛的领域,其对人才的要求也表现出高度的综合性。因此,行业性技能人才作为一种特定的人才类型,其培养必须与行业发展相匹配。它与其他类型的人才既有着共同的特征,又有其自身的特性,主要表现为素质的高综合性、行业的强导向性、知识的泛迁移性、技能的广适应性、理念的先进性。其中素质的高综合性是任何人都必须要具备的,这是一个普适性特点;行业的强导向性则是行业性技能人才呈现出的最直接特点。而依据行业发展的关联度特色,行业性技能人才又具备另外几个显著性特点:知识的泛迁移性、技能的广适应性和理念的先进性。

（一）素质的高综合性

具有高尚的、综合性的素质是各类人才所必需的共同特征，行业性技能人才也不例外。综合性的素质内容包括很多方面，其中如职业道德（伦理）、职业态度、职业素养、职业习惯以及身心素质等，这些将会渗透到工作的各个环节。市场经济条件下，任何一个行业的发展都是以实现利益最大化为根本目标，而要实现这一目标，不仅仅依靠员工的知识与技能，同时对员工的综合素质也有很大的依赖，尤其是职业道德素质，显得特别重要。员工的职业道德素质与职业伦理息息相关，职业伦理揭示的是职业活动中涉及的道德关系以及活动主体的道德行为。如建设行业中的建筑工程技术人员，必须要具备相应的责任伦理，遵守安全与环境伦理规范，要时刻将公众的安全置于首位，在立项、设计、施工、监理和验收等各个阶段要保证工程的质量，同时积极将低碳、节能的"绿色"理念引入其中，积极处理好建筑、自然界以及与人之间的关系。所以具备高度的综合性素质也是行业性技能人才所具备的一个特点。

（二）行业的强导向性

行业性技能人才的培养，从办学理念、专业建设、师资构成、课程体系等方面都要求职业学校根据行业发展的需求进行设计并实施，即行业对其具有很强的导向性。首先，从办学理念上来说，学校应主动适应经济建设与社会发展，并具有突出的行业特点。如常州建设高等职业技术学校就是长期秉承"崇德尚能、知行统一、全面发展"的教育理念，紧紧围绕地方经济社会和城乡建设事业发展，在实践中形成了具有鲜明行业特点和职教特点的"一体两翼、三方联动"的办学模式，特色突出，业绩丰硕。其次，就专业建设而言，是学校发展的主线，也是凸显学校特色的"牌子"。行业性技能人才的培养要求专业的设置要与行业的职业岗位对接，即专业群与岗位群的对应。常州建设高等职业技术学校始终坚持为建设行业服务的宗旨，依托行业开发设置专业，在行业发展导向下，目前开设了城镇规划等 14 个五年制高职专业，建成了覆盖住房和城乡建设全行业的专业链群，是江苏省建设大类专业设置最为齐全的职业院校，也是江苏省唯一开设城市燃气工程技术和城市交通运输（公交运营）专业的职业院校。经过若干年的发展，依托行业的专业建设取得了良好的效果。再次，从师资队伍构成来说，行业性技能人才的培养要求职业学校的师资构成必须包括学校专业教师以及行业企业的工作人员，两支队伍紧密合作，相互配合。最后，就课程体系而言，课程是学校培养人才的基本组成单元，是学校将人才培养规格具体化的一个"缩影"，其开发与实施应主动适应行业发展要求。随着近年来课程改革的进行，常州建设高等职业技术学校致力于对行业岗位的工作任务以及对应的职业能力的分析，开发了一套模块化的项目课程体系，具体的课程内容见下面章节。

（三）知识的泛迁移性

“迁移”是一个心理学名词，指的是一种学习对另一种学习的影响，有正迁移与负迁移之分，一般都是指正迁移。知识迁移可以理解为学习的一种或一类知识运用到某一种或某一类情境当中。“行业”是一个很广泛的领域，包括若干个企业，企业又由多个工作岗位所组成，每一个岗位或每一类岗位群对知识的要求又是不一样的。在此需要特别说明的是，“知识的泛迁移性”是相对于某一特定行业而言，指的是掌握某一行业内所要具备的知识，并在这一行业中进行知识的迁移。如建筑行业中，楼宇专业与装饰专业面向的岗位不一样，但很多知识是相通的。因此，行业性技能人才的培养，不同于其他如单纯的应用型人才的培养，它对知识的广泛性要求很高，尤其是对自身培养所面向的行业类知识，既包括形成技术应用能力必需的基础知识，也包括行业所囊括的学科专业知识。知识广度与深度达到一定程度后，他们可以将所学到的一些知识进行合理迁移，从一个岗位迁移到整个岗位群，如建筑安装业与建筑装饰业对知识的要求虽然各有侧重，但对于人才培养来说，却不能仅仅只是传授某一种或某一类专业知识，对相关性知识也要进行传授。知识了解或掌握的广度与深度直接影响到毕业生能否在本行业内实现广泛迁移，与他们的未来生涯发展也息息相关。因此，知识的泛迁移性，对行业性技能人才来说主要侧重的是行业知识，这是行业性技能人才的一个突出特点。

（四）技能的广适应性

同理，技能的广适应性也是相对于某一特定行业而言的，技能的习得与娴熟是职业学校培养目标的特色所在，而对行业性技能人才来说，要求他们的技能要具有广泛的适应性，不仅仅是适应行业中某一岗位的要求，而是要尽可能地适应更多岗位的需求。行业性技能人才是行业实现可持续发展的动力，但关键在于他们掌握技能的宽度、深度、非常规程度、互补程度等，其中宽度就是技能掌握的范围，深度则是技能的纵深程度，非常规程度主要侧重于“应付变化的技能”和“处理异常的技能”两方面，而互补程度指的是个人掌握的技能在组织内部或组织之间的依赖和促进程度。因此，把握好技能的这几个“度”，增强其适应行业发展的能力，也是行业性技能人才的显著特点之一。对于建设行业来说，随着技术化程度的不断提高，行业中各岗位的关联度增强，如果仅仅掌握某一个岗位所应具备的技能，适应性很弱，将会很难适应行业发展的需要。

（五）理念的先进性

1987年，世界环境及发展委员会在《我们的未来》这一报告中，正式提出了可持续发展的概念，被世界各国广泛采纳并实施，至今这一理念已深入人心。社会发展的进步以及生活质量的提高，对环保、节能、低碳产品的需求也越来越大，行业企业为适应这一趋势需要，对人才在理念上的要求也越来越高。建设行业作为能耗大户，培养能够适应其转型升级、实现可持续发展、具有绿色理念的“绿色技能型人才”将成为行业企业用人的重要标准。因此，可持续发展理念、绿色理念等一些先进理念也应该是行业性技能人才应具有的重要特征。常州建设高等职业技术学校致力于绿色校园的打造，绿色理念弥漫在校园的各个角落，尤其是新校区的建设，从设计、施工到运行、管理等都将绿色理念融入其中，新校区也因此于2012年被确定为首个以校园为单位的建筑节能和绿色建筑示范区。这一工程势必会对学校的人才培养带来潜移默化的影响，将有利于提升毕业生的就业能力，提高行业企业对学校技能人才培养的认可与青睐。

第二节　行业性技能人才与行业经济社会发展

人才培养与经济社会的发展相互影响、相互制约，人才是经济发展的动力，经济发展又为人才的培养提供必要的条件。当前，行业经济作为整个国民经济的重要组成元素，特别是对于区域经济发展来说，表现尤为显著。因此，弄清行业经济发展与行业性技能人才之间的关系，对提升行业的竞争力以及促进区域经济发展将会起到重要的作用。

一、行业经济的不断发展对技能人才提出更高的要求

科学技术的发展是经济社会不断发生转型的重要影响因素，社会分工越来越细，行业的种类也迅速增加，使得对人才的需求以及要求也随之发生变化。今天，人类已经在不同层次上认识自然界的许多性质与规律，其实这些成就的出现经历了一个漫长的历史过程。在这一过程中孕育出来的技术，形态各异，对生产主体的技能要求也呈现出各自的特点，即技术的形成与发展要求行业的发展也要遵循由低级的、掠夺性的开采利用自然资源和人工劳务输出逐步向技术密集型、知识经济型转变，从纯粹的输出自然资源逐步向以输出工业产品、知识产权、高科技人才为主转变。

恩格斯早在《劳动在从猿到人的转变中的作用》一文中指出，从猿到人转变的关键是劳动，手的发展就是从在劳动中制造工具开始的，劳动促成了人类手脚分工及语言的产生，于是人类进入了打磨石器以及人工取火的时代。这一时期人类的一系列活动仅仅是为了生存的需要，从某种意义上只能算得上是技术萌芽的初期，技术与人之间的相互需求关系还没有出现。行业的发展、技术的进步对生产者的需求主要是得益于制陶技术的产生。大约在8000—9000年前，制陶

技术开始出现,这一技术的形成与原始社会人类对火的使用有关,为了获取熟食,人类用食物放在木制容器中,但木制容器容易被火烧坏,于是便在这些木制容器外围附上一层黏土,黏土经过火加热发生硬化并脱落形成器皿,这一现象启发了人们直接用火烧制陶器。到了新石器时代晚期,制陶技术已经发展到相当高的水平,彩绘工艺也得以发展。制陶业的发展,造就了一批技术比较高超的手工技术工人,这些人专门从事制陶业,制陶行业随之出现,人类社会再一次出现了大分工。

手工业范围的扩大,对手工艺技术工人的需求也在不断增加,这一时期的技能人才主要是手工业作坊者、个体手工业者以及个体劳动者群体,他们手艺精湛,通晓某一工种的全部操作技术,是一种以手工操作为主的技术性工人,对系统的理论知识了解甚少,正是所谓的“能工巧匠”,如木匠、砖瓦匠、铁匠、泥工等。因此,传统手工业时代的行业发展对人才的要求仅仅是需要他们会操作就行,知道手工艺品或者房屋建筑的生产过程,并制成成品,产品质量的提升更多的是靠工人自身经验的积累,强调的是实践经验与操作技能。就像徐匡迪所言:“在该时期的技术进步中,能工巧匠的经验发挥了核心作用,虽然他们的发明创造从现代科学角度来分析是符合科学原理的,但那些发明创造并不是在科学原理的指导下创造出来的。”①

工业时代的到来带来了行业经济发展的大转变,行业发展规模越来越大,传统的手工操作生产效率低下,已不能满足行业经济发展的需求。工业革命的展开,使得产业结构发生变化,人类社会也由以传统的农业技术和手工业为主要内容的时代转变为以机械化生产与能源动力发展为主的时代,工业技术取代农业技术成为这一时期社会发展的主流。技术的发展需要在科学理论知识的主导下展开,科学理论知识在技术的检验下也变得更加实用,不再单纯地依靠劳动生产者的生产经验。机器的发明、能源动力的发展,使各行业中的生产规模逐渐扩大。一般而言,流水线生产成为大部分行业发展的主要方式,这就必然造成人才类型的多样化以及人才需求的扩大化。为了培养大批的技能人才,学校教育取代传统的学徒制进行大班教学,对学生进行系统的知识与技能教育。由此可以看出,这一时期行业经济的发展对人才的要求不仅仅是有实践经验、会操作技能,而是须要掌握一定的理论知识,懂得生产操作的流程,具有使用新技术与新设备、管理和保养新设备等能力以及这一过程中所需要的其他能力,如协作技能、人际能力甚至是管理技能等,凸显了行业经济发展将从知识、技能等方面对技能人才提出更高的要求。

---

① 徐匡迪:《树立工程新理念 推动生产力的发展》,《学习时报》,2004 年 2 月 26 日。

网络信息革命与材料技术革命时代的到来，网络与新材料技术相结合，计算机辅助设计（CAD/CAM）、3D打印机技术、嵌入式“核”技术、云智慧技术等的诞生，人们在计算机上进行图纸设计、模型设计，通过3D成型打印机将其打印成三维模型，实现虚拟世界创造与现实世界创造的无缝对接。新科技、新知识的涌现加快了行业经济发展资源更新换代的速度，对劳动力的渴求不仅仅是局限在数量上，更多地依靠劳动力的质量与素养，生产者能够应对新技术革命带来的一系列挑战，能够凭借良好的人格素养、职业素养顺应本行业发展的趋势，将成为行业选拔人力资源的重要依据。当前我国正处于新型工业化道路发展的重要时期，坚持以信息化带动工业化，以工业化促进信息化，科技含量高、经济效益好、资源消耗低、环境污染少、人力资源优势得到充分发挥是各行业发展正在追求的目标，加之产业结构的升级、经济增长方式的转变都对人才资源提出了更高的要求，建设一支高素质、有知识、懂技术、会管理的行业性技能人才队伍势在必行。

总之，不同时期行业经济的发展呈现出不同的特征，对人力资源的要求与需求也存在差异。因此，行业性技能人才的培养一定要在顺应时代发展趋势的要求下，满足行业经济发展需求，有理有节地开展。

二、行业性技能人才是构筑行业竞争优势的核心要素

知识经济时代，全球化、信息化和市场化趋势不断增强，行业经济发展面临着激烈的竞争。在这种条件下，拥有一支可持续发展的技能人才队伍是构筑行业竞争优势的必然选择。将行业性技能人才队伍作为行业经济持续增长的基础，增强其应对国内外市场变化的弹性适应能力。行业性技能人才凭借其掌握的知识、技能、技术，一方面可以通过高新技术对行业传统的支柱型项目进行加工改造，延长这些项目的生命周期，维持其已有的“支柱”效应，以此占据一定的市场，获取竞争优势；另一方面可以加快行业领域中正在形成和壮大的主导项目的发展，通过生产过程创新、工艺创新、设计创新、产品创新等，降低新产品的生产成本，扩大生产规模，迅速在激烈的市场竞争中占据一席之地；再者就是新时代的行业性技能人才因为观念、思维的差异可以对新设备、新技术以及其他人力、物力进行有效管理，管理模式的先进性也是形成行业竞争优势的重要因素之一。

“十一五”期间，江苏省住房和城乡建设事业取得了长足发展，城市化和城乡一体化发展进入了新阶段，住房城乡建设领域总体实力和重要指标保持全国领先水平。与此同时，住房和城乡建设系统从业人员学历层次低、专业技术人员少，仍是制约全省城乡建设事业又好又快发展的重要瓶颈。随着国家工业化、信息化、城镇化、市场化、国际化向纵深发展，江苏省“节约型城乡建设”和“建筑强

省”战略的深入实施,江苏的住房和城乡建设事业必然迎来更大的发展机遇。同时,随着经济结构调整和产业升级,建设行业对高技能人才的需求必然持续增长,常州市建筑业近年来也取得了突破性进展。鉴于此,常州建设高等职业技术学校努力培养行业性技能人才既是抓住重要的发展机遇,更是肩负更大的使命与责任。未来学校将充分利用行业办学优势,通过组建江苏(常州)建设职教集团、成立理事会等方式,加强与省、市建筑行业龙头企业的联系与合作。学校一方面将全面加强专业课程建设,通过理念渗透、增加课程模块、开发新专业等方式体现绿色建筑、一体化建设以及其他行业发展的新需求,为行业转型升级培养更多更好的高素质高技能专门人才;另一方面将充分发挥建在校内的江苏建设行业职工培训基地功能,开展建设行业的高技能培训、就业再就业培训和新技术新工艺推广应用培训,与企业共同开发订单培训项目、共同开展工法研究与技术革新,为行业企业转型升级和持续发展提供服务。以此,构筑行业经济发展的核心竞争优势,以促进其更好更快地发展。

三、行业性技能人才是区域经济发展的重要推动力量

近年来,随着国家一系列政策扶持与经费的投入,区域经济发展取得了较好的效果,使得产业与行业形成了对人才的特殊需求,其中不乏对技能人才的需求。广州市城市社会经济调查队课题组曾经为了分析经济发展与技能人才相关的密切程度,选择广州市国内生产总值(GDP)和广州市技能人才人数作为两组变量并进行计算分析,结果发现国内生产总值与技能人才人数的皮尔逊相关系数 r p = 0.996,双尾检验概率 P 值 = 0.000,小于 0.05,两者之间呈显著相关关系。[①] 国内生产总值作为地区经济发展水平的重要标志,产业或者行业又是区域经济发展中生产总值的重要来源,行业性技能人才的作用自然不可忽视。

人是生产力中最活跃的因素,区域行业经济的建设与发展,归根结底取决于劳动者的素质与质量,这就需要以科技为支撑,以行业性技能人才培养为核心。一方面根据新增长理论,人才资源的一种特殊形式——知识和技术是区域经济增长的决定性内生变量,知识的积累取决于经济当事人用于研究、开发、教育、培训等方面的投资,行业性技能人才是区域经济增长的动力源。当前,我国的综合国力与国际地位得到大幅度提升,但国际国内形势瞬息万变,经济发展依然面临着一些挑战,迫切须要培养能够适应区域经济发展需要,能够适应区域内产业或行业结构升级、产品更新需要的行业性技能人才,以促进区域经济发展乃至整个经济社会与国家竞争力的长效发展。另一方面,后发优势理论告诉我们,人才资

① 广州市城市社会经济调查队:《广州市经济发展与技能人才问题研究——广州“十五”时期技能人才的需求预测》,《广东经济》,2004 年第 2 期,第 76 页。

源是可再生资源,具有创新的潜质和后发的优势。① 区域经济的发展可以充分利用人才资源、创新机制优势,借助优质的行业性技能人才,获取更大的经济效益和更快的经济增长速度。行业性技能人才是区域发展人才资源中的基本组成部分,是实现区域经济增长方式转变的重要推动力量,行业性技能人才的培养与开发,可以优化区域人才资源结构,提高区域生产要素的利用与配置效率,实现区域经济持续、快速、协调、健康发展和社会全面进步。区域经济大发展和产业结构的升级换代,需要大批高素质行业性技能人才的支撑。因此,行业性技能人才是区域行业经济发展的关键因素,是推动区域经济发展的动力源泉和主要力量。

在江苏省"节约型城乡建设"和"建筑强省"战略的推动下,常州建设高等职业技术学校本着服务区域经济发展的要求,倡导绿色校园建设,将绿色、低碳作为生活理念与生产方式,通过建设绿色校园,开展绿色建筑教育,让学生在学校里体验绿色、感悟绿色,成为切实掌握绿色建筑相关技术的合格人才,走上工作岗位后成为绿色的"种子",推动 4 000 万建筑业从业人员改变思维和生产方式,推进建设行业转型升级和绿色发展。

第三节　职业学校与行业性技能人才培养的关系

古代的"庠、序"就有学校之义。孟子说:"庠者养也,校者教也,序者射也。"学校作为历史悠久、广泛存在的特殊的社会组织,源自于人类对知识及其传播的专门化要求,其有计划、有组织、有系统地进行教育教学活动,承担着培养社会所需要人才的重大使命,即所谓的"教书育人",这也是其区别于其他社会组织的本质特征。

然而,社会的发展,使得社会分工不断细化,根据人的成长规律以及学习的差异性,不同级别、呈现层次化的教育组织越来越多,其中职业学校近年来的发展势头迅猛。相关调查显示,我国现有中等职业学校 1.3 万所,在校生 2 113.7 万人;高等职业学校 1 297 所(民办学校除外),在校生 759.7 万人。与普通教育相比,职业教育最大的特点在于它们的培养目标,即培养适应社会发展需要的应用型、实践性人才,学生毕业后凭借所学的知识、技能进入相关行业企业工作,这在某种程度上揭示出职业学校与行业性技能人才之间的双向关系,二者相互影响,相互制约。

---

① 徐一畅:《基于区域经济发展的创新人才培养模式研究》,吉林大学学位论文,2009 年。

一、职业学校是行业性技能人才培养的重要载体

行业性技能人才是适应行业发展需要的,掌握本行业不同岗位发展所需的知识、技能以及具有较高的职业素养,同时具备行业中企业的不同岗位所需的职业资格的人。这一概念就表明职业学校是行业性人才培养的重要载体,主要表现为:一方面与普通教育相比,职业教育的特色决定了其能够更加贴近行业的需求来培养应用型人才;另一方面与社会培训机构相比,它又可以更加系统全面地向学生传授基本的理论知识并进行良好的道德教育。

首先,职业学校是为培养行业性技能人才提供基础文化知识服务的载体。基础文化知识的学习既是加强与普通教育沟通的需要,也是促进学生专业知识与技能学习的需要,正如杜威所说,狭隘的职业训练也许能培养呆板的机械的技能,但是它将会牺牲人的敏捷的观察和紧凑、机灵的计划等理智方面的能力,使人呆板、僵化。① 他认为:"职业教育的内容要包括有关部门目前状况的历史背景的教学,包括科学的训练,给人以应付生产资料和生产机构的智慧和首创精神,包括学习经济学、公民和政治学,使未来的工人能接受当代的种种问题遗迹所提出的有关改进社会的各种方法。"②职业学校按照一定的比例能够比较全面系统地同时又有针对性地开设一些相关的基础类、文化类课程,凭借相应的师资队伍以及课程资源,可以从时间、空间以及效果保障上为学生提供优质的服务。

其次,职业学校是为培养行业性技能人才提供职业知识服务与职业技能服务的载体。职业知识与职业技能的培养是职业学校的重要任务,在职业学校的课程与教学活动中,都或多或少地蕴含着职业知识的传授以及职业技能的训练。职业知识与职业技能的传授是职业学校最基本也是最核心的教育内容,学生知识与技能掌握水平的高低直接反映出学校的办学质量与办学效益。因此,职业学校在自身具备的课程开发能力、教学能力以及科研能力基础上,结合自身与行业紧密联系的特点,可以将行业发展的趋势以及岗位工作任务与职业能力的要求纳入学校的课程、教学与科研当中,为行业性技能人才提供更加有针对性的服务。

再次,职业学校是为培养行业性技能人才提供职业素质与道德教育的载体。教育的专门化并不意味着忽视对人的全面素质与道德精神的培养,缺乏素质与道德教育的纯专门化教育,不仅会限制个体的全面发展,而且会影响个体的专业化发展。美国教育家孟禄认为在培养工人职业技能,提高生产效率的同时,不能忽视对工人进行陶冶,否则工人虽有工作效率,却会成为机械奴隶。邹韬奋也指

① 转引自徐国庆:《职业教育课程论》,上海:华东师范大学出版社,2008 年,第 199 页。

② 杜威:《民主主义与教育》,王承绪译,北京:人民教育出版社,1990 年,第 334 页。

出，职业生活仅是人的生活的一个方面，职业责任仅是人承担的诸多责任中的一种，在进行职业教育时往往只看重了个人职业效率和社会经济的需要，在传授职业知识技能时往往忽略了人的生活、人的精神世界的非职业的其他方面。① 职业学校凭借其自身的师资、课程等优势，能够系统地为行业性技能人才的培养提供职业素质与道德精神的教育，有利于行业性技能人才综合素质的提升，促进其全面发展。

二、行业性技能人才规格是培养方案制订的前提

人才培养规格主要是指学生完成某一阶段学习任务或毕业时应具有的知识结构和能力结构，是人才培养目标的具体化，既规定了学生应达到的质量标准，同时也是制订专业教学计划和各种教学文件、编写教学大纲和教材、组织教学过程、检查和评估教学质量的依据。② 人才培养规格在人才培养过程中起着承上启下的作用，直接反映了不同的办学理念。

人才培养方案是对人才培养工作的总体设计和实施蓝图，是学校开展人才培养工作的根本性指导文件，是学校人才培养工作的指导思想和整体思路。人才培养方案秉着教书育人的原则，对学校的培养目标、课程开发、教学内容、教学方法与评价模式进行准确定位，这一定位不是凭空进行的，需要一定的依据支撑。其中对行业所需的人才规格进行分析就是制订人才培养方案必不可少的前提。人才培养方案的制订是一个长期而又复杂并呈现动态性特征的过程，必须经过严密的市场调研，科学地分析、修改与完善。

首先，人才培养方案的制订，要进行需求分析，弄清某一专业对应职业岗位的人才需求情况，这些岗位对学生提出了什么要求？学生通过本专业知识、技能的学习是否能胜任行业岗位的工作任务？这一系列问题的求解过程也就是人才培养目标的确定过程。其次，人才培养方案的制订，需要对岗位职业能力进行明确划分，并使其与相应的课程、教学相对应，坚持校企共建的原则。结合行业岗位的工作任务要求，对学生应具备的职业能力进行系统分析，并对各项能力进行分解剖析，形成具体的课程体系与实训项目，这一过程的设计要按照具体专业的特点，选择合适的方法，如行动领域设计法、学习领域设计法、项目课程设计法等。再次，人才培养方案的制订，还须要结合行业岗位对知识与素养的要求，合理开发与实施相应的文化基础课、职业指导课、职业道德课等，并可以结合日常的校园活动、公益讲座等形式来强化这一要求。如学校举办的“绿色读书节”活

---

① 刘三林、刘桂林：《邹韬奋论职业教育的目的》，《教育与职业》，1996 年第 2 期，第 35 - 37 页。

② 胡勇信、白义：《借鉴“职业带”理论设计高职教育人才培养规格》，《教育与职业》，2007 年第 29 期，第 7 - 8 页。

动，不仅可以开拓学生的知识视野，丰富学生的学习内容，而且还可以教导学生培养良好的职业意识与职业道德，环保、低碳等理念将对学生产生潜移默化的影响。最后，人才培养方案的制订，还要结合行业岗位对职业资格证书的要求，将职业资格证书的相关内容纳入学校的课程与教学安排中，设置与职业资格证书所要求的知识、技能、素养相对应的课程，使教学内容与职业标准趋于一致。

所以，一个学校对人才培养方案的制订，必须要做充分的准备工作，尤其要对行业岗位的人才规格进行认真细致的分析，进而设置科学的课程体系，选择恰当的教学方法，有针对性地培养行业所需的人才，即行业性技能人才的规格是职业学校人才培养方案制订的前提。

三、行业性技能人才的需求影响学校的发展规模

经济体制改革的推进、行业经济的发展对技能人才的需求越来越大，职业学校可以以此为契机，充分发挥教育教学优势，按照行业发展的要求确定相应的人才培养方向，优化专业设置，为行业经济发展提供可持续发展的人力资源；充分发挥校内教育资源与科研优势，为行业开展社会培训，创新技术，提高行业内劳动者的知识技能水平，进一步优化人力资源结构。然而，职业学校这些优势能否充分发挥，在某种程度上还是取决于行业发展对人才的需求，最根本的就是行业经济发展水平。行业经济是区域经济的重要组成部分，受区域经济发展的影响较大，如今区域经济发展的不平衡问题是世界各国经济发展都面临的问题，这一现状的存在必然会使行业经济发展也处于不均衡状态，例如江苏省苏南、苏中、苏北的经济发展就有明显的区别，行业布局差异较大。

坚持“以服务为宗旨，以就业为导向，走产学研结合的道路”是职业教育发展应该遵循的原则，产学结合、校企合作也因此被作为职业学校办学的重要任务。区域行业的发展决定了人才的需求数量与需求质量，也就对职业学校的运行产生重要的影响。一方面行业发展的规模决定了其容纳人力资源的数量，这对职业学校的发展以及招生人数、专业设置等都产生直接影响；另一方面行业经济发展的层次性与差异性对技术与人才的需求质量要求不同，影响了行业对职业学校的人力、物力、财力的投入水平，以及学校的办学规模、培养层次。因此，行业性技能人才的需求数量与质量是影响职业学校发展规模与速度的重要因素。但需要注意的是，在此提及的职业学校发展规模与速度并不是侧重校园、校舍的数量等，而是更加侧重于学校的内涵与特色发展，以提升服务区域经济、行业经济的能力。

第四节　职业学校人才培养存在的问题

随着国家对职业教育的投入越来越大,近些年来,大部分职业学校不管是在硬件优化,还是软件提升方面都有了一个质的变化,实训实习设备增多,使用效能提高,师资队伍力量得到增强,但在发展的同时仍然存在一些问题,主要表现为服务行业经济发展的意识不强、人才培养模式存在缺陷、校企合作不够深入等。人才培养的过程就如一棵树的生长过程,办学理念、服务意识、培养模式等都是这棵大树的重要组成部分,在此可以将服务行业经济意识理解为“树根”,办学理念与人才培养模式是“树枝”,即对于职业教育而言,只有具备较强的服务行业发展的意识,才能合理地制定出适合自身以及行业发展的培养目标,才能有针对性地培养行业发展所需要的人才。

一、办学理念难以适应时代发展的趋势

自2005年《国务院关于大力发展职业教育的决定》提出要“进一步建立和完善适应社会主义市场经济体制,满足人民群众终身学习需要,与市场需求和劳动就业紧密结合,校企合作、工学结合,结构合理、形式多样、灵活开放、自主发展,有中国特色的现代职业教育体系”以来,现代职业教育体系的建设便被提上日程。2010年《国家中长期教育改革与发展规划纲要》再一次明确提出:“到2020年,形成适应经济发展方式转变和产业结构调整要求、体现终身教育理念、中等和高等职业教育协调发展的现代职业教育体系。”至此,现代职业教育体系的建设成为职业教育发展的主旋律,国家以及地方相关部门纷纷进行现代职业教育体系的探索与实践工作,江苏省已经开展了两年的试点,工作运转呈现良好势头。

面对这一趋势,职业学校传统的办学理念已不再适应,出现了一些矛盾与冲突。现代职业教育体系既要适应经济发展方式转变和现代产业体系建设,又要适应学生终身发展需求和学习型社会建立。这既要求职业学校的发展应以“就业”为导向,着力提升学生的职业能力、职业素质以及就业创业能力,又要求做好中高职的衔接与贯通,即迫切要求解决好教学和岗位“无缝对接”的功利性与学生终身发展的育人性的矛盾,迫切要求解决好坚持“以就业为导向”的办学理念与构建中高职衔接带来的就业和升学的矛盾,迫切要求解决好用人单位对职业学校毕业生首岗胜任能力要求的针对性与增强学生发展潜力和岗位迁移能力的矛盾,实现满足国家中长期发展需要、企业当下人力资源开发需要和学生个人

综合素质提高需要之间的动态平衡。[①] 职业学校的办学理念面临着价值观念冲突上的两难选择，究竟怎样来平衡这些矛盾与冲突，怎样根据自身特色以及行业要求优化办学理念等，这一系列问题仍然是当下职业学校面临的又须尽快解决的课题。

二、职业学校服务行业经济发展的意识不强

职业教育主要是服务区域经济发展，为区域经济发展提供必要的技术支持和人才支持。行业性技能人才的培养也就是为行业经济发展提供相应的服务，这一服务必须具有针对性、特色性、专业性的特征，其中专业设置是其重要的体现。教育部[2002]2号文件明确指出："专业设置是社会需求与高职实际教学工作紧密结合的纽带，专业建设是学校教学工作主动、灵活地适应社会需求的关键环节，要根据高职教育的培养目标，针对地区、行业经济和社会发展的需要，按照技术领域和职业岗位(群)的实际要求设置和调整专业。"2011年11月，教育部向社会发布信息，将探索建立高校毕业生就业和重点产业人才供需年报制度，健全专业动态调整和预警、退出机制，对就业连续两年低于60%的专业，调减招生计划直至停招。[②] 可见当今许多职业学校普遍存在的问题是专业设置同质化、与行业对接不紧密等，这一现象归根结底就是服务行业经济发展的意识不强。

第一，专业设置覆盖面太广，同质化现象严重。如今，许多职业学校在利益、名誉的驱动下盲目跟风，纷纷开设市场需求量大的"热门"专业，如计算机类、管理类、财会类、文秘类等，其中有不少学校开设的专业几乎能涵盖所有的行业，但因为没有形成专业特色，不能发挥专业集群的优势，反而产生了一些负面效应。盲目扩大专业设置的覆盖面，使原本就有限的学校教育资源更加分散，甚至出现严重的浪费，如基础设施设备、实习实训基地、师资队伍力量等，不仅会使原有专业失去自身的优势，同时因为新专业的开设对教育资源提出了新的挑战，加之经验不足，导致新设专业质量偏低，缺乏竞争力，毕业生就业前景不容乐观。职业学校应该结合自身的办学特色，以及地方行业经济发展的趋向，综合分析考虑开设什么样的专业，努力在这些专业方面做精、做强。

第二，专业设置与行业对接不够紧密。行业的形成是社会分工的结果，从事某种行业性活动必须要具有适合本行业发展的专门人才，职业学校作为地方行业经济发展所需人才的主要载体，在这一方面将承担着重要的责任。专业设置与行业需求是一个双向互动的过程，行业经济、文化与技术的发展，为专业的设

---

① 上海市教育科学研究院麦可思研究院编著：《2012中国高等职业教育人才培养质量年度报告》，《中国教育报》，2012年10月17日，第5-7版。

② 范唯：《专业是高职学校的品牌和灵魂》，《职业技术教育》，2012年第6期，第24页。

置提供了物质基础,同时又决定了专业设置发展的规模、类型,对专业教育的内容与方法产生重要影响;而学校通过专业设置又可以培养行业发展所需的各种人才,可以根据行业发展需求及时调整,灵活应对。专业是学校服务经济和社会发展、对接行业企业的桥梁与纽带,是用人单位选择和接收毕业生的主要依据。① 职业学校的专业设置是否实现与行业的紧密对接直接影响其人才培养的质量,因此充分进行行业需求调研,优化学校的专业设置是当今许多职业学校面临的一个重要问题。专业口径内涵不能进行弹性设置,不能充分根据岗位群对专业进行灵活增减,以及没有根据行业对某一岗位人才需求的周期设置长线专业与短线专业,人才与岗位的需求不能实现有机结合,导致许多学校的人才培养目标模糊,“岗位寻人”、“人找岗位”现象频频出现,这些都是专业设置没有与行业形成紧密对接的突出表现。

合理设置专业、优化专业结构是提升职业学校服务行业经济发展意识的重要手段,在激发这一意识的前提下,进行充分的市场调研,紧密结合行业经济发展结构、发展特色,开设与之相对应的专业,以便更加合理、高效地为行业经济发展贡献更大的力量,实现双赢。

三、职业学校的人才培养模式存在缺陷

人才培养模式,指的是在一定的教育思想和教育理论指导下,为实现人才培养目标并且围绕目标组织起来的比较稳定的教育活动的结构样式和运行方式,即通常所说的“培养什么样的人”和“怎么培养”的问题,一般包括专业设置模式、课程体系构造形态、培养途径及知识发展方式、教学运行机制、教学组织形式与淘汰模式等6个要素。② 本书在此重点对人才培养目标、人才培养制度存在的问题进行阐述,在后面的章节里将继续探讨培养内容与培养手段等问题。

(一)培养目标不够清晰

人才培养目标体现着所要培养的人才的根本特征,经过目标分解转化为课程目标与非课程目标,分别进入课程教学、学术活动、科学实验与社会实践等不同的培养途径中。③ 职业学校的人才培养目标是否明确,直接关系到其是否能办出特色,以及培养的学生是否适应社会发展的需要。培养目标定位不够清晰是当今职业学校在人才培养过程中普遍存在的一个问题。许多学者认为技能型人才主要是由中等职业教育进行培养,技术型人才则是由高等职业教育进行培

① 王晓江、殷锋社:《高职高专院校专业设置现状分析与建议》,《中国职业技术教育》,2012年第32期,第15-19页。

② 刘国钦等:《高校应用型人才培养的理论与实践》,北京:中国人民大学出版社,2007年,第140页。

③ 同上书,第110页。

养,这样的划分太过绝对,缺乏弹性。现代社会中的任何一个职业都特别注重人的综合素质,不仅仅是会做某一工作,单纯地讲培养技能型人才或者技术型人才是不可取的。于是为避免这种划分带来的不足,又有了诸如“高素质技能型人才”、“高端技能型人才”、“技术技能型人才”,甚至是“复合型、发展型、创新型技能人才”的称谓,许多学校由于种种原因,纷纷将自己的培养目标转向这些人才类型。目标表述的变化是否就意味着学校的人才培养目标真的在发生变化?学校中的任何一个专业是否都可以以“高素质技能型人才”、“高端技能型人才”或者“技术技能型人才”来作为培养目标呢?这些问题都是当下许多职业学校在制订人才培养方案、进行人才培养目标定位过程中确实存在的。

(二) 校企合作不够深入

“制度”一词源于拉丁词 institutio,意为风俗、习惯、教导、指示等,被普遍认为指的是一系列被制定出来的规则、守法程序和行为的道德伦理规范。① 人才培养制度有广义与狭义之分,广义的指从国家到地方到学校,从招生到就业,从校园文化到学生生活等有关人才成长的方方面面的制度、规则;狭义的则是指与学校教育教学过程和教育教学活动相关的制度、规则。② 职业学校人才的培养与行业密切相关,在此重点讨论职业学校人才培养制度中的校企合作问题。

职业教育与企业有着天然的联系,职业教育产生于行业,也是行业的组成部分,校企合作是职业教育的本质要求,学校和企业都是职业教育实施的主体,二者缺一不可,离开了企业就不能称之为真正意义上的职业教育。③ 当前,技能人才短缺仍然是许多行业面临的一个重要难题,学校培养出的毕业生难以适应行业发展的需求,作为培养技能人才的主要载体——职业学校尤其要重视校企合作。近年来,许多职业学校通过校企合作的开展也取得了一些进展,但仍然没有“浸”入深处,只是停留在“进”的层面。就职业学校来说,大部分都是积极主动地寻找一些合适的企业进行合作,努力为学生创造更好的条件。如常州建设高等职业技术学校在“十一五”期间,校企共建实训基地、新增校外实训基地 100 余个,吸收企业资金 300 余万元在校内建设实训室 5 个,学校实训基地建设在省教育厅专家组评估中成绩均为“优秀”,并被列为 2011 年国家实训基地建设项目。与香港港华公司、常州公交集团公司拓展了城市燃气、城市交通运输(公交运营管理方向)高职专业的订单培养,汶川地震后与港华公司共同招收了燃气“四川”班,2010 年开始招收燃气职工班。物业管理、园林工程技术等专业积极

① 贺武华:《高等教育发展的制度变迁理论解释》,广西师范大学学位论文,2003 年。

② 罗星海:《高职人才培养制度与人才培养模式的变革历程》,《教育与职业》,2013 年第 6 期,第 15 - 17 页。

③ 李葳:《校企合作的高等职业教育发展问题现状研究与对策》,山西财经大学学位论文,2012 年。

与企业合作探索“5+2”、“3+3”、“5122”、课堂进企业等工学结合人才培养模式。学校与常州一建、易居中国等企业开展全面战略合作，常州一建在学校设立60万元专项奖学金。在“十二五”期间，将继续搭建校企合作的综合发展平台，建立研发中心、科研生产联合体、培训中心、职业技能鉴定中心，建立“校中厂”、“厂中校”实习实训基地和产学研结合技术服务中心，到规划期末，稳定的校外实习基地将达200个左右（每个专业10个左右），与学校深度融合的企业达到60家左右（每个专业3家左右），新增订单培养专业2~3个、订单培养合作企业10家左右。然而并没有很多企业会主动寻求职业学校作为合作伙伴，他们更多承担的是为学校提供实习基地、员工培训基地，没有深入到学校的人才培养方案的制订过程中来，课程开发、教学开展仍然是学校单独进行，同时学校的教师也因为自身教学、科研、行政等各项事务的压力，没有更好地深入到企业中去，这种意义上的合作还只是停留在项目实施的表层，深度的校企合作机制仍没有形成，在一定程度上制约了行业性技能人才的培养。

第五节　职业学校行业性技能人才培养的影响因素

行业性技能人才的培养是一个系统复杂的过程，在这一过程中，将会受到诸多要素的影响。传统的思想观念影响了社会各界对职业教育、行业性技能人才的看法，并且这一影响直接贯穿于职业学校人才培养的整个过程。因此，转变这一观念是行业性技能人才培养的先导；培养主体的多样化选择可以为行业性技能人才的培养提供多样化的制度、资金、资源选择；职业学校的基础设施设备、实习实训基地以及师资队伍建设决定了技能型人才培养的质量；课程与教学作为职业学校开展教育教学活动的核心，是行业性技能人才掌握必要的知识、技能，提高素养的关键。

一、观念转变的迫切性：行业性技能人才培养的先导

“观念”一词，源自于哲学，辩证唯物主义认为观念是对客观现实的反映形式，包括人们所拥有的价值观、信念、道德伦理等，具体指人们对社会、对事物、对他人、对人生所形成的看法和期望。① 传统观念对行业性技能人才培养的影响主要体现在社会对职业教育的认可度以及职业教育适应社会可持续发展的能力两个方面。

---

①　罗必良：《观念、制度与思想解放》，《广东社会科学》，2008年第6期，第13－15页。

首先,传统的"学而优则仕"、"重学历轻技能"、"唯学历至上"的人才观念在当今社会仍然没有被完全消除。职业教育被冠以"失败教育"、"断头教育"之名,被认为是那些在学术教育中失败者的无奈选择①,由于先天的缺陷,至今仍然不能真正得到社会的认可。即使当前职业教育得到了法律的支持、政策的保障,如杨金土所说虽然在法律上和一般理论观点中都已经明确"职业教育是国家教育事业的重要组成部分",然而在许多人包括部分教育决策者的潜意识中,职业教育仍然是低于普通教育的次等教育,是普通教育的补充。② 这一现状并没有从根本上改变,职业教育的吸引力仍然很低,加之许多行业企业对技能人才的用工制度、评价考核机制都存在偏差,技能人才的社会地位依旧不高。

职业教育吸引力不强一方面导致职业学校的生源状况堪忧,出现"招生难"现象,而作为人才培养的主要载体,如果不能招收足够的学生,那行业性技能人才的供给来源便是一个很大的问题,基本的人才需求都不能得到保证;另一方面则影响了职业学校人才培养的质量,如果不能凭借自身优势吸引优质的行业企业、吸收优秀的人才队伍的支持,培养出来的学生将很难满足社会发展的需求,如此恶性循环,只会越来越降低人们对行业性技能人才的认可度。

其次,从职业教育适应社会可持续发展的能力看。1858 年,博物学家索罗提出了"生态"(ecology)一词,随后对生态学的研究日益兴盛。随着生态学研究领域的不断扩大,许多学者也对教育生态学的研究产生了浓厚的兴趣。教育生态学研究源于对人类行为与生态环境的研究,主要是用生态学的原理来思考教育问题,正如克雷明指出的"根据教育生态学的观点来思考教育问题,要坚持三种思考方式:全面地思考,联系地思考,公开地思考,即运用生态学的系统观、平衡观、联系观、动态观来考察教育问题"。职业教育作为教育学领域的一个分支,同样适用于这一理论。翟国静在《高等职业教育生态可持续发展的理论框架》一文中提到高等职业教育生态可持续发展特征包括教育发展的持续性、教育视野的前瞻性、教育生态的平衡性、教育发展的协调性、教育功能的整体性,同时指出可以从内部环境(物质环境、组织环境、规范环境、教学内容)和外部环境(政治环境、经济环境、文化环境)对高等职业教育生态可持续发展进行调控。③这就要求职业学校在教育教学过程中,要根据社会发展需要、行业发展要求,适时更新或者引入一些符合伦理的先进理念。

---

① Phillip Hughes:《为什么人人可接受 TVET 对达到全民教育目标是必需的》,《教育展望》,2005 年第 3 期,第 12 - 14 页。

② 杨金土:《职业教育兴衰与新旧教育思想更替———百年职业教育回顾》,《职教论坛》,2004 年第 2 期,第 36 - 37 页。

③ 翟国静:《高等职业教育生态可持续发展的理论框架》,《职业技术教育》,2010 年第 4 期,第 11 - 14 页。

观念是行动的先导，行业性技能人才的培养必须要在先进的思想观念指导下开展。当前，必须要弱化传统观念对职业教育的偏见，强化先进观念的引导作用，发挥其“灵魂”效益。2013年1月1日，国务院办公厅转发发展改革委和住房城乡建设部《绿色建筑行动方案》（国办发[2013]1号），标志着绿色建筑行动已经上升为国家战略。校园作为社会的重要组成部分，由于其建筑存量大、设施多样、人口稠密，本身就是社会能耗的大户，同时由于校园还是为国家提供发展支撑力量的重要摇篮和基地，因此校园的节能减排和绿色发展极具现实意义和深远影响。① 常州建设高等职业技术学校积极响应这一理念，力倡“绿色校园”建设，在此理念下，加快专业升级和内涵建设，对接行业要求，依托绿色校园建设开发教学资源，培养低碳生活理念。这一行动符合时代发展的要求，有利于促进职业学校的可持续发展，有利于增强学生对社会发展要求以及工作岗位发展的适应能力。

二、办学主体的多元性：行业性技能人才培养的前提

职业教育办学体制指的是确定职业教育的办学主体，设置办学机构，在办学活动中各当事人权、责、利的划分和相应的运行机制等制度的总称。② 随着市场经济改革的不断深入，国家所有制经济与多种所有制经济共同发展，职业教育办学体制也发生了重大的变化，一方面政府由直接管理向政策导向、决策咨询、立法等方向转变，学校则由作为政府的执行机构逐步向面向市场自主办学转变，学校内部管理由计划管理向按需办学、优胜劣汰、多种方式并存转变③；另一方面通过社会力量兴办的职业培训机构越来越多，成为职业教育事业发展的另一支重要力量。

1993年，中共中央、国务院颁布的《中国教育改革和发展纲要》就指出：“必须充分发挥各级政府、社会各方面和人民群众的办学积极性，坚持以财政拨款为主、多渠道筹措教育经费。”④ 2002年国务院《关于大力推进职业教育改革与发展的决定》中提出“深化职业教育办学体制改革，形成政府主导、依靠企业、充分发挥行业作用、社会力量积极参与的多元办学格局”⑤，并对地方政府、行业企业

---

① 吴志强、汪滋松：《〈绿色校园评价标准〉编制要点及评估案例》，《建设科技》，2013年第6期，第82-86页。

② 吴庆国：《新时期高等职业教育办学主体多元化建设的思考——以皖江城市带承接产业转移示范区为例》，《青海师范大学学报（哲学社会科学版）》，2012年第3期，第136-138页。

③ 牛征：《职业教育办学主体多元化的研究》，《教育研究》，2001年第8期，第58-62页。

④ 中共中央、国务院：《中国教育改革和发展纲要》。http://www.eol.cn/guojia_3489/20060323/t20060323_49571.shtml.

⑤ 国务院：《关于大力推进职业教育改革与发展的决定》。http://www.gov.cn/gongbao/content/2002/content_61755.htm.

参与办学提出了具体要求。到2011年,国务院办公厅又在《关于开展国家教育体制改革试点的通知》中指出:“建立健全政府主导、行业指导、企业参与的办学体制机制,创新政府、行业及社会各方分担职业教育基础能力建设机制,推进校企合作制度化,并在全国部分地区开始试点。”①职业教育办学主体多元化已在政策上形成一种合力,实质是呈现了投资主体多样化和管理主体多样化的趋势。从投资主体多样化来看,目前我国职业教育主要有中央部委办学、教育主管部门办学、地方政府办学、行业企业办学、集团办学、政企合作办学等。② 然而,多元化主体的格局虽已形成,但发展很不平衡,行业企业以及社会力量参与职业教育办学还没有获得明确的法律地位,政府也没有给予其相应的优惠政策,只是一直提供鼓励、引导的形式,没有给予他们实质性的地位,使得他们的积极性与参与动力不足。另外,集团化办学程度还不高,资源整合不力,共享优势没有得到充分发挥等。

行业性技能人才的培养离不开多元办学主体的支持,基于此,在今后的职业教育发展中,不仅要继续强化政策保障,完善相关的法律法规体系,制定切实可行的职业教育发展规划,明确行业企业以及社会力量参与职业教育办学的法律地位,并给予相应的优惠政策;而且要加大行业办学和集团办学的力度,如可以实行行业连锁办学,即以行业办学为主体,通过行业内学校连锁和专业连锁实行“双主体”办学管理机制。其中学校连锁指的是由行业主管部门在所属产业聚集区举办一所针对行业发展的职业学校,并以这所学校作为牵头学校,在行业主管部门协调下向其他产业区进行连锁化办学;专业连锁则是行业主办的职业学校与综合类职业学校以行业类专业培养为基础,借助网络教育资源平台,开展专业连锁式联合培养,以满足行业发展对人才的需要。③ 当然,行业连锁办学与集团办学都必须是在服务区域经济发展的前提下开展,这样既可以充分发挥地方行业的各种资源优势,节约办学成本,又可以提高职业学校培养人才的社会适应能力,以进一步助推行业性技能人才的培养。

三、教育资源的多样性:行业性技能人才培养的保障

教育资源是指用于教育活动的人力、物力、财力等资源的总称,是人类进行教育活动的物质基础,旨在开发教育对象的创造潜质。④ 教育资源的种类很多,

---

① 国务院办公厅:《关于开展国家教育体制改革试点的通知》。http://www.gov.cn/zwgk/2011-01/12/content_1783332.htm.

② 王剑:《我国职业教育办学体系主体结构特征研究》,《职教论坛》,2013年第10期,第77-80页。

③ 吴庆国:《新时期高等职业教育办学主体多元化建设的思考——以皖江城市带承接产业转移示范区为例》,《青海师范大学学报(哲学社会科学版)》,2012年第3期,第136-138页。

④ 胡淑文:《职业学校教育资源合理配置研究》,天津大学学位论文,2003年。

在此将以学校为主体,从硬件和软件两个方面展开讨论,其中硬件教育资源主要是指学校的基础设施设备和实训基地,软件教育资源主要是指师资队伍。

（一）师资队伍

教师是学校教育教学活动开展的中坚力量,师资队伍则泛指学校所有的教学组织人员和管理人员,他们的知识、能力、素质水平直接关系到学校人才培养的质量。与普通教育类学校相比,职业学校的教师类型更加丰富多样,学术型的科研人才与专家型的技术能手并存,凸显出鲜明的职业教育特色。经过多年的改革运行,职业学校专兼结合的"双师型"教师队伍不断扩大,教师队伍的整体素质在培训的促进下获得了很大程度的提高,教学理念有所创新,并取得了一些教学成果。

行业的发展对职业教育人才培养提出了更高的要求,为了适应这一要求,必须提高人才培养的质量和适应性,而师资队伍在很大程度上决定了行业性技能人才培养的质量。首先,职业学校教师是否能将相关行业对人才的知识、技能、素质要求转化为教育内容,融入日常的教育教学活动当中并成为核心要素,对学生的知识、技能学习,素养形成以及对未来岗位的适应能力将会产生直接的影响。其次,职业学校教师能否根据行业变革发展带来的知识更新、技术进步等完善课程内容、改进教学方法,将会对学生未来岗位的发展能力、创新能力有着重要影响。再次,职业学校教师在与学生相处过程中表现出的一系列适应能力、迁移能力、变通能力以及人格魅力等,将会对学生产生潜移默化的影响,这对学生在未来职业岗位上的发展都会发挥重要作用。另外,当前学科专业带头人以及教师的科研服务能力和攻关能力还比较薄弱,能够为行业发展提供的科研服务还相当有限,这也在很大程度上制约了行业性技能人才的培养。

除此之外,职业学校管理人员对行业性技能人才的培养也产生了重要影响。管理人员能否积极学习先进的管理理论、管理模式并适时将其转化为实际行动,能否结合行业的管理模式、行业文化灵活转换学校的教育教学活动,都与行业性技能人才的培养息息相关。

（二）课程资源

课程资源指的是课程设计、实施和评价等整个课程教学过程中可以利用的一切人力、物力以及自然资源的总和,包括教材、教师、学生、家长以及学校、家庭和社区中所有有利于实现课程目标,促进教师专业成长和学生个性的全面发展的各种资源。[①] 课程资源的开发与利用形式受到地域、文化观念、学校性质与规模以及办学目标等因素的影响,因此学校开发与利用课程资源必须要充分考虑

① 余文森、洪明:《课程与教学论》,福州:福建教育出版社,2007 年,第 115 – 116 页。

这些影响因子。课程是课程资源的主要表现形式,课程资源是课程的基本来源,是学校得以生存与发展的生命线,在学校发展中占据了非常重要的地位。

对于职业学校而言,尤其是培养行业性技能人才,其课程资源的开发与利用要进行周密的行业分析,结合地方经济发展特点与行业发展动态,将地方资源与行业资源融入课程的开发过程,并进行职业能力与工作任务分析,进而设计出一套与学校发展特色与规模相匹配、与行业发展相适应的课程体系,尽可能地实现价值最大化。关于课程开发的具体内容与案例将在后面章节具体呈现。

(三) 实训基地

实训是职业技能实际训练的简称,指的是在学校的控制和组织安排下,按照人才培养规律与目标,根据社会职业的需求和就业岗位的基本知识要求,遵循一定的标准,针对学生职业技术应用能力进行的旨在提高其从事专业领域工作的基本能力和基本技能的校内、校外一系列训练的实践教学过程。① 实训基地指的是在职业教育中配合理论教学而设置的为学生提供实践学习、保证学生掌握一定职业技能的一系列要素的统一体,包括场所、设备、教学指导人员、教学计划等,是实施职业技能训练的保证,其水平的高低直接影响到职业院校的教学质量。②

当前职业教育正处于快速发展阶段,实训教学是职业学校培养实践型、应用型、技能型人才必不可少的教学环节,实训基地则是实训教学顺利开展的物质保障与重要依托,是学校实施实训教学、开展教育教学研究与技术服务、进行职业技能训练的平台。实训基地的经费投入与使用效能是影响职业学校行业性技能人才培养的主要因素,表现在:第一,实训基地涉及的设备、设施很多,如建筑施工技术专业的实训基地就包括管理区、展示区和实操区,其中管理区又包括教学模型展示、科研成果展示、实训成果展示、基础工程展示(基坑支护、砖基础、挡土墙、混泥土基础等)、主体结构展示(钢结构、框架结构、砖混结构、木结构、网架结构、管道、电线等)、防水工程展示(屋面防水、地下室防水、卫生间防水等)、新设备展示、新工艺展示、新技术展示、机械设备展示;实操区主要包括项目管理实训室、钢筋工实训室、工程测量实训室、工程造价与管理实训室、镶贴实训室和建筑结构实训室。③ 这些设施设备用地规模较大,对资金投入提出了很高的要求。目前职业学校实训基地建设经费的来源主要有政府全额投入,政府支持、行业企业参与投入以及校企合作投入,但因为经济发展的差异性,使得实训基地的

---

① 黄光杰:《高职院校企业实训基地建设的思考》,《职业技术教育》,2007 年第 5 期,第 60 - 61 页。

② 宋辉:《新时期加强高等职业教育实训基地建设的思考》,《吉林省经济管理干部学院学报》,2005 年第 6 期,第 129 - 130 页。

③ 仲昭泓:《浅析建筑施工技术专业实训基地在教学中的作用》,《黑龙江科技信息》,2012 年 2 月15 日。

发展呈现出很不平衡的态势，许多职业学校的实训基地建设面临了很大困难，造成服务区域行业经济发展的技能人才出现短缺。第二，实训基地的使用效能（包括实训设备利用率、实训教学的效果）的高低直接关系到职业学校培养目标的实现、学生职业技能的提高以及教师教学水平、科研水平的提升，这些都是培养行业性技能人才必须重视的要素。为此，近年来常州建设高等职业技术学校不断加强实训基地建设，并结合新校区建设，在规划期内将创建3—5个国家级、省级高水平示范性实训基地，创建1—2个融教学、培训、职业技能鉴定、生产和技术研发为一体的校内实训基地，努力提升学校教育教学水平，培养更加贴近行业发展所需的技能人才。

（四）基础设施

基础设施指的是学校的教学设备，如教室、多媒体、图书馆、师生活动场所、食宿场所等，是教育教学活动顺利开展的基本前提。教室的利用情况、图书资料的使用情况、信息化教学的使用情况等物力资源是否得到合理利用，对教师的教学、科研、业余活动以及学生的学习与业余活动都会产生影响。职业学校应该结合自身的办学特色，以服务行业经济发展为依托，统筹规划，提高这些物力资源的利用率，以便为行业性技能人才的培养提供良好的基础环境。

第三章

职业学校培养行业性技能人才的课程改革

第一节　职业学校人才培养目标和行业性技能人才规格

理论是实践的先导，职业学校培养行业性技能人才必须要在相关的人才结构理论指导下，并在找准与人才培养规格契合点的基础上，结合学校自身的规模、特色等条件进行具体操作。

一、人才培养目标的定位

经济社会的发展对同一行业不同岗位以及不同行业不同岗位的人才素质提出了不同的要求，由此也就形成了不同的人才结构，主要有以下几种人才结构理论①：

（一）传统人才结构理论

传统的人才结构理论主要是以工程技术人才为中心进行分层，主要有“金字塔”理论、“职业带”理论和“阶梯型”理论。

1. 金字塔理论

金字塔理论将人才分为高级工程师、工程师、技术员、技术工人四类（见图3-1），这一理论对人才的层级划分非常明确，四个层级也就代表着四个类型，从某种意义上说符合人才的成长规律，但过于分明的层级划分又会限制较低层级人才的发展，相互之间泾渭分明，在实际工作中难以有效开展。

---

① 参见刘国钦等：《高校应用型人才培养的理论与实践》，北京：人民出版社，2007年，第81－84页。

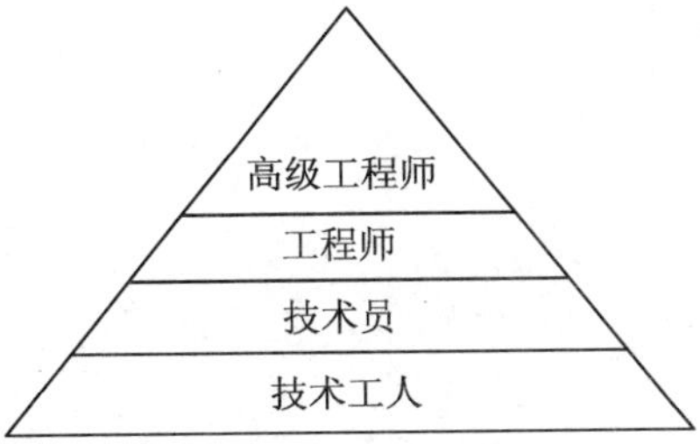

图 3-1　人才结构理论的“金字塔模型”

2．“职业带”理论

“职业带”理论将人才分为三类，用连续的职业带来表示各类工程技术人员的地位、特点、演变与其所受教育的关系。将这条类似于长方形的“职业带”分成几个部分，每一类人才都占据其中一个部分，从 A 至 B 为技术工人区域，从 C 至 D 为工程师区域，从 E 至 F 为技术员区域，其中技术员地位居中，称作中间人才。由于职称与应付实际工作并无明确的分工界限，各类人才交界处是重叠的，图中 A′D 的左上方代表手工操作和机械技能，右下方代表科学和工程理论知识，对技术工人的主要要求是掌握操作技能，工程师则主要是侧重理论知识的把握，技术员两方面都需要，如以 GG′G″表示某一职业岗位，其对操作技能与理论知识两方面要求分别用线段长度 GG′与 G′G″表示，见图 3-2。这一理论明确了不同层次人员的各自特长，但各层次人员之间在知识、技能等方面又是相互影响、相互融合的，不可能单独形成某一层次人才。

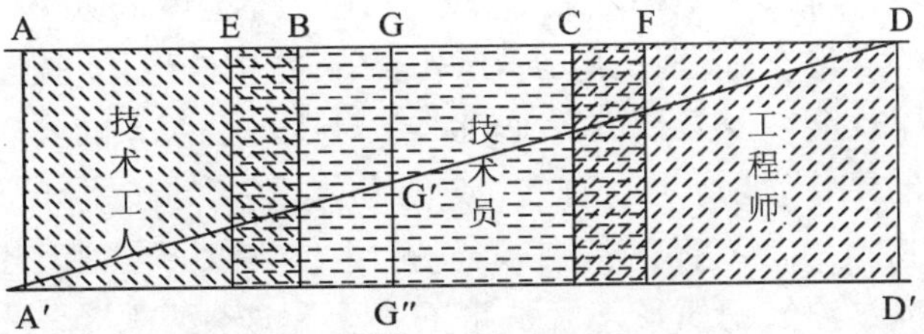

图 3-2　“职业带”人才结构理论模型

3．阶梯型理论

“阶梯型”理论呈现出全方位的、立体的结构，主要内容有三类结构，每一类结构都呈现出层次性，划分非常细致，对人才所应具备的管理等素质有着明确的比例要求，不同类型的人才有着相同的知识与技能共享，要求较高，见图 3-3。

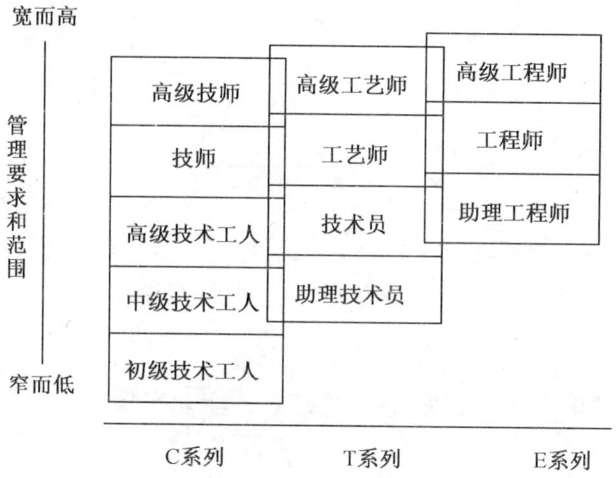

图 3-3 “阶梯型”人才结构图

（二）现代人才结构理论

现代人才结构理论将人才分为学术型人才、工程型人才、技术型人才、技能型人才，其中学术型人才主要是从事研究和发现客观规律的工作；工程型人才主要是从事与为社会谋取直接利益有关的规划、决策、设计等工作；技术型人才是在生产一线从事为社会谋取直接利益的工作，应用智力和技能使工程型人才的规划、决策、设计等变成物质形态；技能型人才依赖操作技能来实现规划、决策、设计的具体目标和将其物化。

根据以上对传统人才结构理论和现代人才结构理论的分析发现，技术型人才要求有一定的理论基础，但更应强调理论在实践中的应用；技能型人才则要求掌握熟练的操作技能以及必要的专业知识。对技术型人才的要求是能具体地从事某一种职业的工作，能运用已有的、成熟的、规范化的技术和管理规范直接生产现实的社会物质财富或提供各类服务，把学术型和工程型人才的理论、设计、规划和决策变成具体的物质形态。从事的主要是职业实践，是一种智能型的操作人才，须要具备一定的学术（学科）能力和基础学科课程知识，更多强调的是理论在实践中的应用，学科理论知识满足“必需、够用”即可。另外综合运用各种知识解决实际问题的能力也应更强，由于技术型人才所从事的生产现场的劳动常常是协同工作的群体活动，对人际关系能力、组织能力、交流能力等也具有较高的要求。技能型人才主要是在生产现场从事技术操作工作，运用操作技能直接实现物化并取得相应利益，这类人才的知识要求是技术知识和操作知识，其能力要求是具有很强的技术能力和操作能力。基于此，职业学校的人才培养目标定位不应一概而论，必须要对其进行具体分析。

(三)职业学校的人才培养目标定位

当前职业学校关于人才培养目标的定位主要在"高素质技能型人才"、"高端技能型人才"、"技术技能型人才"等之间徘徊,仍然比较模糊,有必要对其定位过程中应该注意的两个问题进行阐述。

1. 职业学校的特色发展与人才培养目标的定"岗"问题

发展职业教育,最根本的就是要突出与普通教育的区别,凸显其特色。职业学校的特色发展可以有很多种,有的以专业发展为特色,有的以综合性发展为特色,其中以专业特色发展为主的学校更多是基于行业性发展需求来培养人才。常州建设高等职业技术学校就是以建设行业为导向,培养有特色的建设类行业性技能人才;江苏农牧科技职业学院则是以畜牧类行业为导向,培养对应的农牧业所需的技能人才。因此,职业学校的人才培养目标定位一定要结合自身特色,对准学生未来的就业岗位,是培养某一特定行业岗位的人才还是培养兼顾多种行业的综合性人才,即人才的定"岗"问题要在学校特色发展的前提下,成为人才培养目标定位的基本问题。

2. 职业学校的规模发展与人才培养目标的定"格"问题

职业学校的规模发展包括学校的"硬件力"和"软件力",其中硬件主要涉及学校建筑面积、基础设施设备、实习实训基地等的规格,软件则主要涉及学校的师资队伍力量(包括教学与科研能力)、网络信息化情况等,这些直接决定了学校能够培养出什么规格的人才,如果以"高端技能型人才"为目标,就必须考虑这些现有的条件能否实现这一目标。因此,职业学校的发展规模从根本上决定了其人才培养的规格。

结合人才结构理论,职业学校培养的人才首先要掌握技能以及相应的理论知识、素养等,但定"岗"与定"格"问题还是要结合自身发展的特色,根据学校已有的发展实力明确其服务范围或岗位,确定培养人才的层次,进而开展相关的教育教学活动。

二、行业性技能人才规格与人才培养目标的契合度分析

行业性技能人才培养是职业教育发展的重要组成部分,其培养目标不仅要全面贯彻国家的教育方针,符合国家关于职业教育人才培养的总目标,同时又必须要适应经济、社会以及行业企业发展对人才的要求,必须符合行业性技能人才培养和成长的规律,并且与所在学校的办学层次和办学条件相适应。行业性技能人才规格是相关学校的学生经过学校的培养和自身的努力,获得的知识、技能与素质在毕业时能够达到行业岗位发展所要求的基本质量标准,不同专业培养的人才面临的行业岗位也存在差异,但每一专业学生毕业后所从事的工作基本

都包括基本技能操作，新产品与新工艺的设计、创造，产品的制造、运行、维护、营销、管理等，这些活动将会受到社会、经济、伦理、理念、环境等因素的制约。因此，行业性技能人才规格与培养目标的契合度也要从专业领域和非专业领域两个方面进行讨论。

就专业领域而言，行业性技能人才应具有与其培养目标相适应的专业基础知识，包括相关的文化基础知识和学科基础知识。如工程造价专业就须要具备基本的数理知识、图解知识与方法和工程科学基础知识，同时又要学习施工图的阅读与理解、安装工程的施工流程、工程量计算、安装工程量清单编制及投标报价等专业学科内容，以及利用图书、外语、计算机等工具收集处理信息、获取新知识以及创新的能力等，这些知识与能力对于不同岗位不同层次、同一岗位不同层次的人才都有不同的要求，这些要求都应在培养目标中得以体现。从非专业领域来说，主要是通过学习相应的政治、德育、人文社会科学等课程，以形成基本的伦理道德、社会公德和职业道德，培养学生的概括、判断和推理能力以及一定的组织管理能力。这些知识与能力的要求也是行业性技能人才培养规格目标中的重要内容。

因此，人才培养规格的实质就是学校确定的人才培养的质量标准，是学校人才培养目标的具体体现。行业性技能人才的培养规格具有普遍性与特殊性的双重特点，即既要符合人才所须要具备的专业知识与非专业知识，又要结合不同行业的发展要求以及同一行业不同岗位的发展要求，进行具体的人才规格分析，进而通过人才培养目标来实施。

第二节　职业学校行业性技能人才培养规格的基本要求和内容

人才培养规格是培养目标的具体化，行业性技能人才的培养规格是职业学校在人才培养质量与层级上的指标体系的客观要求。一般对职业学校来说，行业性技能人才的要求具体表现为知识、能力、素质三个方面，三者相互促进、相互影响，共同构成了行业性技能人才规格的具体内容。

一、职业学校人才的知识结构与行业性技能人才的培养规格

知识结构是人才培养规格的重要组成部分，是“不同内容与形式的知识在学习主体的认知结构中所积淀的某种层次与比例关系”①，是衡量人才培养质量

① 龚怡祖：《论大学人才培养模式》，南京：江苏教育出版社，1999 年，第 117－119 页。

的重要标准。文化基础知识、工具性知识、专业性知识以及相关性知识构成了行业性技能人才知识结构的内容体系，本着文化基础知识要够用、专业性知识要精深实用、工具性知识与相关性知识要灵活运用的原则，使学生能够顺利地进入某一岗位并能在这一岗位上有所发展。

职业学校培养行业性技能人才，首先要强化学生对文化基础性知识的学习，包括语文、数学、历史、地理、政治等科目，它是学生毕业后从事任何一个岗位都必须具备的条件性知识；其次就是要注重工具性知识的学习，全球化、信息化时代对外语能力、计算机能力都提出了很高的要求，是毕业生进入某一岗位的基础，也是后面接受继续教育的基础；再次就是行业专业知识的学习，包括行业中涉及的专业基础知识与专业核心知识，这是行业性技能人才知识结构中最为重要的一部分，要求学生了解的不是某一专业的知识，而是对本专业涉及的行业知识也应该掌握，这关系到学生未来整个职业生涯的发展；最后还要注重向学生教授一些相关的法律法规知识、经济知识等，尤其是与行业相关的经济、法律知识，这有利于增强毕业生对现代社会的适应能力。

二、职业学校人才的能力结构与行业性技能人才的培养规格

能力是指“影响掌握和运用知识技能效率，使学习、工作、创造活动顺利进行的个性心理特征”①，即完成某一工作任务所要具备的条件。不管是普通教育还是职业教育，能力的培养都是教育的重要内容，只是不同类型的教育培养能力的侧重点有所差异，就职业教育培养行业性技能人才而言，一般以培养学生的岗位胜任能力、行业通用能力以及学习与迁移能力为主要目标。行业岗位胜任能力主要包括行业中某一特定岗位所要具备的专业核心技能与在本岗位上发展的能力，如管理能力与决策能力；行业通用能力比较宽泛，是当今从事任何一个岗位都必须具备的，如问题解决能力、人际沟通能力、团队合作能力等。另外学习与迁移能力主要是针对行业中不同岗位发展需要而培养的，每一行业包含的岗位很多，如果要顺利地实现转岗，就必须具备较强的学习与迁移能力。各种能力相互促进，共同形成了行业性技能人才应该具备的职业能力结构。

三、职业学校人才的素质结构与行业性技能人才的培养规格

随着社会的不断发展进步，行业之间的竞争不再局限于规模、质量的竞争，行业性技能人才的素质也逐渐加入竞争。素质指的是“人在先天生理的基础上，受后天环境、教育的影响，通过个体自身的认识与社会实践，养成的比较稳定

① 韩永昌:《心理学》，上海:华东师范大学出版社，1990 年，第 250 – 254 页。

的身心发展的基本品质”①。素质结构包含的内容很多，在此将重点讨论行业发展应具备的职业道德素质。

职业学校培养行业性技能人才要特别注重教育他们应具有坚定的社会信念，树立正确的人生观、价值观、世界观，具备高尚的社会公德与职业道德，自觉遵守行业的各种规定，恪守一些伦理道德规范，爱岗敬业，诚实守信。“学会做人”、“学会做事”、“学会生存”是行业性技能人才应当有的基本特征。

四、职业学校行业性技能人才培养规格的实证案例

经过广泛的市场调研，认真分析行业发展的需求，常州建设高等职业技术学校在建筑装饰工程技术、楼宇智能化工程技术、园林工程技术等专业上探讨并确定了比较科学的人才培养规格。

（一）建筑装饰工程技术专业的人才培养规格

1. 知识要求

（1）具备高等教育专科层次的文化基础知识；

（2）具备建筑装饰材料的识别、检测、选用、保管的基本知识；

（3）具备建筑装饰构造的基本理论和专业知识；

（4）具备建筑装饰设计、建筑装饰施工、建筑装饰工程计量与计价、竣工验收保养等专业知识；

（5）具备建筑装饰水、电、智能化设备等安装的相关专业知识；

（6）具备建筑装饰工程建设相关法律法规知识；

（7）具备建筑装饰企业经营管理的基本知识；

（8）具备建筑装饰工程建设中环保、节能、安全等基本知识；

（9）具备一定的社交礼仪知识；

（10）熟悉生态城市、绿色建筑评价标准。

2. 能力要求

（1）具有正确识读与绘制建筑装饰工程方案图与施工图的基本能力，以及装饰施工图纸绘审的能力；

（2）具有正确选用绿色环保建筑装饰材料并进行识别、检测、保管的能力；

（3）具有应用计算机进行辅助设计的工作能力；

（4）具有室内外装饰工程项目设计的能力；

（5）具有建筑装饰工程项目施工及现场组织、管理和协同工作的能力；

（6）具有编制建筑装饰工程项目概预决算的能力；

---

① 郭文安：《试论有关青少年学生素质的几个问题》，《教育研究》，1994年第4期，第16页。

（7）具有建筑装饰工程项目施工组织方案设计和编制建筑装饰工程项目投标文本的能力；

（8）具有建筑装饰工程项目竣工验收、保养及室内环境检测的能力；

（9）具有建筑装饰工程技术资料收集、整理和归档的能力；

（10）具有借助工具书阅读和翻译本专业外文资料的初步能力；

（11）具备搜集建筑装饰工程新材料、新工艺、新技术、新方法等相关信息的能力及一定的创新能力；

（12）具备一定社会、艺术审美与创新能力。

3. 素质要求

（1）具备良好的政治思想素质、职业道德、公共道德和法律意识；

（2）具有健康的心理和正确的世界观、人生观、价值观；

（3）具有创新精神、自觉学习的态度和创业意识；

（4）具有良好的文化艺术审美修养；

（5）具有良好的团队合作精神和客户服务意识；

（6）具有健康的体魄，能适应建筑装饰工程设计与施工管理岗位对体质的要求；

（7）具备绿色设计与施工的基本理念。

（二）楼宇智能化工程技术专业的人才培养规格

1. 知识要求

（1）掌握相当于高等教育专科层次的文化基础知识；

（2）掌握专业所必需的计算机基础知识，掌握计算机的接口技术，具有管理和维护计算机的实际知识，具有计算机网络和通讯的基础知识，能熟练地进行计算机录入操作和使用计算机；

（3）掌握本专业必需的电工和电子技术基础知识；

（4）掌握建筑工程的基本知识，掌握暖通、给排水基本知识；

（5）掌握电气设备控制的基本原理和传感技术的基本知识；

（6）掌握楼宇智能化系统的相关设备的基本原理和使用方法；

（7）掌握综合布线的方法和技术，能从事智能大厦的设计和网络布线等工作。

2. 能力要求

（1）具有较好的文字表达能力和一定的人际交往能力；

（2）具有良好的交往、合作和协调能力；

（3）具有借助辞典阅读本专业外文资料的能力；

（4）具有自学和获取信息的能力；

（5）了解建筑电气的设计规范，具有规划设计楼宇智能化工程的初步能力；

（6）具有安装、调试和维护楼宇智能化设备以及处理一般故障的能力。

3. 素质要求

（1）遵纪守法，具有良好的思想品质和职业道德；

（2）努力学习马克思主义、毛泽东思想、邓小平理论和"三个代表"重要思想；

（3）积极进取，具有较强的责任感和敬业精神；

（4）具有一定的体育和军事基本知识及卫生保健知识，养成良好的卫生与锻炼身体的习惯，掌握基本的运动技能，具有健康的体魄和良好的心理素质。

（三）园林工程技术专业的人才培养规格

1. 知识要求

（1）具有使用显微镜、识别植物形态的知识；

（2）具有识别常见园林植物的知识；

（3）具有栽培和养护常见园林植物的知识；

（4）具有园林绿地设计的知识；

（5）具有园林工程的放样、定位知识；

（6）具有工程量计算、园林编制施工预算的知识；

（7）了解常见的仿古园林建筑；

（8）具备工程建设相关法律法规知识；

（9）具有园林企业经营与成本控制的相关知识。

2. 能力要求

（1）具有正确识读园林专业施工图的基本能力；

（2）具有正确使用园林材料并进行检测、保管的能力；

（3）具有一至两个主要工种操作的基本技能；

（4）具有工程项目招标和经营管理的能力；

（5）具有较强的处理施工技术问题的能力；

（6）具有较强的施工现场组织、管理与协同工作的能力；

（7）具有园林工程技术资料收集、整理和归档的能力；

（8）具有良好的人际交往能力、团队合作精神和客户服务意识。

3. 素质要求

（1）热爱中国共产党，热爱社会主义祖国，拥护党的基本路线和方针政策，坚持正确的政治方向，事业心强，有奉献精神。

（2）具有正确的世界观、人生观、价值观，遵守相关法律法规、标准和管理规定，为人诚实、正直、谦虚、谨慎，具有较强的社会责任感和良好的职业操守，严谨务实,爱岗敬业,团结协作。

(3) 拥有健康的体魄,能适应岗位对体质的要求;具有健康的心理和乐观的人生态度;朝气蓬勃,积极向上,奋发进取。

(4) 具有“安全至上、质量第一”的理念,坚持安全生产、文明施工;具有节约资源、保护环境和绿色施工的意识。

(5) 具有创新精神、自觉学习的态度和立业创业的意识,初步形成适应社会主义市场经济需要的就业观和人生观。

第三节　职业学校培养行业性技能人才的专业设置

产业结构的升级与分化,社会分工越来越细,使得学科也开始分化,不同学科门类的出现就规定了专业的划分,即所谓的专业设置。学校的专业设置是对其培养人才的业务规格和就业方向的一种反映,其种类、发展的历史与规模将直接影响到学校的招生、学生的就业以及教育质量的评估。职业教育承担着服务地方经济发展的重要职能,然而不同地域的经济发展对劳动力的承载力、同一地域不同时期经济发展对劳动力的承载力都存在很大差异。这就要求职业学校不可盲目设置专业,必须与地方产业、行业结构以及发展程度相适应,同时又要依据产业行业结构的升级适时进行调整,努力发展自己的特色专业。

一、专业设置的原则

面对生源逐年下降的趋势,学校专业的合理化、科学化、规范化设置更应遵循一些基本原则。

(一) 适应性原则

教育既属于上层建筑范畴,又属于生产力范畴,具有双重属性,正是因为这一双重属性的存在,决定了教育必须是为一定的经济政治服务的。职业学校专业设置的适应性原则表现在三个方面:

第一,适应区域经济发展。职业学校作为为地方经济发展培养人才的重要载体,如果离开这一特定的服务对象,就失去了其最基本的功能。不同地方经济社会发展的不平衡性导致了在专业上要根据区域自身发展水平对人才所需的情况进行设置,职业学校在设置专业之前,必须要对服务区域内的宏观与微观经济环境进行充分调研,分析经济建设对人才的需求,尽可能保证所设置的专业能够适应地方经济发展的需要。

第二,适应行业发展需求。职业学校培养行业性技能人才过程中,在专业设置方面必须满足行业发展对人才的需求，能够适应行业不同岗位发展的需要，能够适应产业结构升级与技术结构优化的需要，积极根据这些变化进行专业结构的调整。

第三，适应受教育者发展需求。除了要注重区域发展需求和行业发展需求之外，求学者对未来的职业需求也应该考虑在内，即职业学校专业设置不仅要满足地方经济与行业发展的要求，还应满足受教育者的职业需求，设置专业之前有必要对他们的需求进行调查，以吸引更多的生源，增强服务能力。

（二）整合性原则

整合性原则就是通过整合区域内教育资源，设置专业群，充分发挥专业集群的优势。专业群指的是由一个或多个办学实力强、就业率高的重点建设专业作为核心专业，若干个工程对象相同、技术领域相近或专业学科基础相近的相关专业组成的一个集合。① 职业学校充分发挥专业群的优势，可以优化教育教学资源，提高资源的利用效率；可以提高人才培养质量，增强学校的竞争力。因此，职业学校的专业设置按照整合性的原则，就要做到以主要行业与相关行业为依据，形成以主干专业为核心、相关专业为主体的专业群，尽量覆盖更多更广的岗位，以利于毕业生未来发展的需要。

（三）可行性原则

可行性原则指的是专业设置必须要考虑职业学校本身的办学基础与办学条件。教育教学资源是影响职业学校专业设置的基本要素，学校的基础设施设备、实习实训基地、师资队伍力量、管理制度、图书资料、网络资源等是专业设置的物质基础，是实现人才培养目标的前提条件。这些教育教学资源是相互影响的，并不是只满足其中一个就行，因此，职业学校设置专业应认真考虑自身的人力、物力、财力条件，只有条件具备了，才能在激烈的竞争中占据一席之地。

（四）灵活性原则

职业学校专业设置的灵活性原则，指的是在专业建构上，既要适应当前岗位群对技能人才的需求，又要树立长远的眼光，灵活设置。一方面因为许多行业的岗位在当前这一时期内是非常急需的，但随着科技进步，技术结构优化，经过几年的发展可能就面临着需求的饱和，不再受到社会的欢迎，专业的发展也就面临着被淘汰的趋势；相反，随着一些行业逐渐衰落，又有一些新兴的行业发展起来，这又须要设置新的专业来满足这些需求。所以，职业学校设置专业时既要考虑未来行业发展的需求，对其进行综合的分析与科学的预测，又要考虑专业建设的周期性，及时分析专业发展所处的阶段，灵活设置，做到有的放矢。

---

① 方光罗：《高职院校专业设置的原则探析》，《中国高教研究》，2008 年第 5 期，第 22－24 页。

(五) 宽窄并重原则①

职业学校在设置专业时还要考虑专业面的宽窄以及口径的大小,专业面宽、口径大的专业适应性较强,具有明显的综合性、交叉性和复合性特点,但不能突出专业的针对性;而专业面窄、口径小的专业针对性强,知识、技能的学习比较精深,但适应性比较弱。这就要求职业学校要根据专业所属的行业特点与职业分类情况,综合考虑,遵循宽窄并重的原则。对于那些社会覆盖面广、职业通用性强的专业,可以宽口径设置,尽可能覆盖更多的职业岗位,以拓宽就业面。

二、专业设置的内容

(一) 明确专业培养目标与培养规格

职业学校以培养适应区域经济发展需要的各类应用型、技能型人才为主要目标,这一目标的实现主要得益于专业的设置。不同学校的相同专业与同一学校不同专业的培养目标与培养规格的差异,具体都是表现在专业培养目标与培养规格的业务性质与范围上。如前者就旅游管理专业而言,中等职业学校主要是培养具备熟练的操作技能的人才,即能够熟练从事基本的餐饮或者客房服务;高等职业院校培养的人才则不仅仅要掌握基本的操作技能,还要注重专业理论知识的学习以及应用能力的培养等,诸如主体餐厅的宴会设计等。后者如常州建设高等职业技术学校,专业类别虽然是以建设类为主,但涉及的具体专业因为面向的行业岗位的差异性,培养目标又存在一些差异。

因此,专业设置中,必须要明确专业的业务性质与业务范围,实现共性与个性的统一。

(二) 专业培养目标与规格的具体内容

专业培养目标与培养规格不仅规定了专业应该培养什么样的人以及培养哪一层次的人,而且还要求对这种专门人才所应具备的具体素质做出明确的规定。一般而言,专业培养目标与培养规格都包括这样一些内容:思想政治教育方面,诸如拥护中国共产党的领导,拥护社会主义制度,具有爱国主义和集体主义的精神,等等。知识能力方面,既包括计算机、外语等工具性知识,也包括专业涉及的专业性知识;既包括行业通用能力的培养,也包括专业所要求形成与发展的职业能力等。职业素质方面,如爱岗敬业、具备良好的职业道德等。这些要求都不能笼统地体现在专业培养目标与培养规格中,必须要具体化。

(三) 专业培养目标与规格的实现路径

专业培养目标与培养规格并不是纸上谈兵,必须要付诸实践,选择一些可行

① 张雄:《福建省高职院校专业设置研究》,福建师范大学学位论文,2011 年。

的路径去实现。

1. 课程设置

课程设置包括专业课程设置、公共基础课程设置以及课外讲座的安排。其中专业课程的设置就是对专业课程的分类,许多职业学校都将其分为专业基础课、专业核心课、专业拓展课三大模块,专业基础课是学生学习核心课程应具备的基础条件,专业核心课程直接关系到学生的专业知识功底和专业知识结构,专业拓展课程有利于增加学生学习专业知识的深度和广度。公共基础课程是每个学生都必须学习的,由当今社会发展的国情所决定。课外讲座的安排可以帮助学生了解该领域的一些前沿性知识、技能,有助于拓展学生的知识视野。以上三类课程的比例会因学校、专业的不同而存在差异,要具体情况具体分析。

2. 师资配置

教师是学校教育教学的中坚力量,决定了知识、技能传授的程度。专业课程的具体实施必须通过专业教师的教学活动进行,不管专业教学计划的蓝图设计得多么完美,如果没有一支知识范围广、业务能力强、综合素质好的师资队伍将其付诸实践,将永远是一纸空文,没有任何意义。因此,师资的配置也是专业设置的一项关键性内容,直接决定专业教学计划的实施程度,影响人才的培养质量。

3. 实训教学

实训教学是职业学校培养技能人才的必不可少的环节,在学生技能的习得、养成、熟练甚至精通这一过程中,起到了举足轻重的作用,同时也是将理论知识运用于实践的最直接、最迅速的手段。因此,在每个职业学校的专业人才培养方案中,都要结合专业特点,适时安排实训项目,以更好地促进学生职业能力的形成与发展。

4. 科研辅助

凭借较高的科研能力适时对专业人才培养方案与培养规格进行调研、分析,是优化专业设置的重要手段。科学理论指导与实证调研相结合,专业的设置会更加贴近行业发展的需要,培养目标也将更容易实现。

5. 图书资料等的配置

不管是学校的管理者,还是一线课堂的专业教师,在从事教育教学活动过程中,都需要有图书资料、网络资源或者实验设备等为其补充能量,单靠仅有的教材或者已经掌握的知识、技能等,是很难适应不断变化的社会需求的,因此,专业人才培养目标与培养规格的实现离不开这些资源的配置。

三、品牌专业的打造

品牌在商业领域出现的频率较高,最初来源于欧洲,即 brand,中文译为烙印，当时指的是西方游牧民族在马背上打上烙印，以此对不同部落之间的财产进行区分。著名品牌大师奥格威认为，品牌是一个错综复杂的象征，它是品牌属性、商标、包装、名称、价格、历史、声誉、广告风格的无形总和。① 美国营销学会将品牌定义为一个名称、名词、符号或设计，或者是它们的组合，其目的是识别某个销售者或某群销售者的产品或劳务，并使之同竞争对手的产品和劳务区别开来。② 可见品牌具有很强的认知识别与甄别区分功能。除此之外，品牌在不同的领域中还会表现出不同的价值，具有附加增值功能。专业是根据社会分工需要和学科体系建设的内在逻辑需要而划分的不同门类，是学校教学的基本组成单元。当前，社会发展变革的大浪潮中，普通高等教育注重学校的学科建设，对于职业教育而言，以深化改革、提升人才培养质量的专业建设成为职业学校建设工作的重中之重，尤其是要注重品牌专业的建设。品牌专业的建设与打造过程是一个复杂、长期的过程，要求我们对其特征、内涵以及指标体系进行探讨。

2011 年，《教育部财政部关于支持高等职业学校提升专业服务产业发展能力的通知》（教职成[2011]11 号）出台以来，职业学校在地方政府相关部门的指导下，纷纷启动了品牌专业的建设工作，科学地进行专业定位、优化人才培养方案、加强师资队伍建设、完善课程体系、加大实训基地建设等成为其品牌专业建设的重要内容。然而，关于品牌专业的概念，在学术界还没有达成一致的意见，主要有以下几种理解：一种观点认为，指办学条件、建设水平和管理水平、教改成果和人才培养质量在省内达到一流水平，在国内达到领先水平，具有很高的社会声誉，得到社会公认的专业③；另一种观点认为，指的是经过长期文化积淀形成的，在同一高职教学组织管理形式中具有特色和优势的，得到社会认可并具有广泛社会需求的，具有核心竞争力的专业④；还有观点认为，指的是专业特色鲜明、人才培养质量高、毕业生就业率高、社会声誉好的专业，通常是由历史文化积淀而成，专业力量较强，市场前景广阔。⑤

结合职业学校关于品牌专业建设的实践探索以及学者们的研究，我们可以将品牌专业定义为符合行业发展需求、拥有优质的专业教学团队、具有较强的社会服务能力以及一定的国际化服务水平，并且能够用来附加增值的专业。一般

---

① 贺艳珍：《杂谈品牌与名牌》，《商场现代化》，2007 年第 8 期，第 7 页。

② 朱栋、高杰：《论非营利品牌的价值评估》，《企业研究》，2008 年第 4 期，第 25 – 27 页。

③ 贡福海、孙绍君：《优化学科专业结构　创建品牌特色专业》，《扬州大学学报》，2002 年第 4 期，第 74 – 76页。

④ 赵立增、吴建华：《基于高职院校核心竞争力培育的品牌专业建设策略研究》，《继续教育》，2006 年第 8 期，第 4 – 6 页。

⑤ 林年冬、何真：《调整专业结构　服务海洋经济》，《海洋开发与管理》，2004 年第 4 期，第 65 – 67 页。

来说,品牌专业具有以下几个突出的特性:1)突出的服务能力。这主要表现在两个层面,一是品牌专业建设的前提是要符合行业发展的岗位和工作任务要求,是为行业经济发展提供人才服务的;二是品牌专业建设的保障要求有专业的师资团队为其提供服务,没有突出的师资服务,品牌专业的建设与发展都将面临困难。2)突出的就业能力。就业能力不仅仅是指学生毕业后的就业率,它更注重的是学生进入某一岗位并能够在这一岗位上发展的能力或者是转向同行业中其他岗位的能力,品牌专业应该具有提升毕业生这些能力的优势与公信力,要不然很难凸显其特色。3)突出的增值能力。品牌专业一旦形成,必然会带来一定的效益,商业领域中,品牌产品的增值功能异常明显,而且更多的是一种显性形式存在的价值。对于职业学校的品牌专业而言,它的增值功能则是以隐性的价值存在为主,如提升了学校的人才培养质量与办学能力,增强了学校的竞争力,提高了社会的认可度等,这些价值将很难用实实在在的物品进行衡量。

构建特色学校、树立品牌专业是职业学校适应区域经济发展、为区域经济建设服务、在市场竞争中立于不败之地的重要保证。江苏省有关部门为了更好地发挥其引领作用,在《教育部财政部关于支持高等职业学校提升专业服务产业发展能力的通知》(教职成[2011]11 号)文件精神的指导下,"十二五"期间将组织实施职业学校专业规范化、特色化、品牌化建设。到 2015 年,全省所有设置专业均达到合格水平,同时面向主导产业、支柱产业、特色产业以及战略性新兴产业,创建 300 个中等职业教育、100 个五年制高等职业教育品牌专业,创建 150 个中等职业教育、50 个五年制高等职业教育特色专业。根据该省经济社会发展的新形势和职业教育专业建设的新要求,由江苏省教育科学研究院组织专家研究制定了《江苏省中等职业教育和五年制高等职业教育专业建设标准》,两类专业建设均设合格、特色、品牌三个标准。"品牌专业建设标准"旨在引导职业学校创建通用性强,与区域内主导产业、支柱产业、战略新兴产业相适应,能够发挥示范作用的专业。品牌专业标准采用三级评价指标体系,设 6 个一级指标、14 个二级指标、32 个三级指标,其中 14 个核心三级指标均须达标,18 个非核心三级指标中 14 个达标。核心指标在建设标准中均用"★"标出。表 3-1 呈现出五年制高等职业教育品牌专业建设的标准。①。

---

① 《江苏省中等职业教育和五年制高等职业教育专业建设标准》。资料来源:http://wenku. baidu. com/link? url = N6Gr6gqAPH8aEp3NeZLawapP2zkyqEOT6PtUlvu1lKPjIREZd5rN4mvrNwzc59wwWrW7w0qbiuzTD1TSCxvTiQqia5YUV5cMXymyyngaa_a.

表 3-1　江苏省五年制高等职业教育品牌专业建设标准

一级指标	二级指标	三级指标	指标内涵	资料要求
1 专业开发	1-1 专业定位	1-1-1 专业调研论证 ★	1. 专业设置具有五年制特质,有效对接区域主导产业、支柱产业、战略新兴产业,特别是高端制造业、现代农业和现代服务业,关注社会发展和服务民生; 2. 建立了由行业企业专家和职业教育专家为主体的专业建设指导委员会,行业企业深度参与专业建设和教学过程,定期开展市场调研和相关论证活动,形成科学的调研报告,调研成果在人才培养中充分体现。	相应的行业产业发展规划,专业建设指导委员会职责及名单,调研报告及过程性资料,专家论证报告,实施性人才培养方案等。
		1-1-2 岗位能力分析 ★	1. 建立专业负责人、骨干教师和行业企业专家组成的专业建设工作团队,对相应职业岗位进行广泛调研和深入分析,形成岗位能力分析报告; 2. 分析成果在专业课程体系中有效转化,并在课程设置和教学基本要求中充分体现。	工作团队职责及名单,岗位能力分析报告及过程性资料,实施性人才培养方案及相关课程教学基本要求等。
	1-2 专业发展	1-2-1 专业建设规划与实施	1. 专业建设规划及调整符合区域主导产业、支柱产业、新兴产业发展趋势; 2. 本专业建设在学校专业发展规划中地位凸显,分期建设目标明确、思路清晰、措施得力; 3. 年度工作计划和总结有效指导、充分反映本专业分期建设目标的实施和达成情况。	学校专业发展规划、本专业建设规划、年度工作计划和总结等。
		1-2-2 专业拓展 ★	1. 针对行业、产业的变化,依托本专业形成不少于 2 个专业组成的专业群(链); 2. 针对职业岗位(群)的变化,专业(技能)方向不少于 2 个。	专业群(链)和专业(技能)方向一览表,相关专业调研论证材料、专业(技能)方向教学基本要求及实施资料。
	1-3 专业文化	1-3-1 物质性文化	有充分反映职业教育特征和本专业特点以及行业企业要求的、具有视觉冲击力和专业吸引力的专业环境及其文化陈设,形成全时空的环境育人良好氛围。	反映专业环境及其文化陈设的场景、图片和文字等。
		1-3-2 非物质性文化	有充分体现现代职业教育思想和本专业特质、可传承发展的办学理念、育人特色和教风学风等,并在课程教学、学生管理、社团活动中有机渗透,具有强烈的感染力和育人熏陶作用,学生职业素养得到有效培养。	诠释办学理念、育人特色、教风学风及其育人过程的场景、图片和文字等。

续表

一级指标	二级指标	三级指标	指标内涵	资料要求
2课程建设	2-1课程体系	2-1-1人才培养方案★	1. 根据国家和省指导性人才培养方案以及本专业调研成果,贯彻五年制高职人才培养要求,制订实施性人才培养方案,并根据行业产业发展适时滚动修订,审批严格规范。 2. 按照五年制高职的学制特点和人才培训规律,构建以能力为本位、以职业实践为主线、以项目课程为主体的模块化专业课程体系;按照国家和省相关要求,开齐开足国家和省规定课程,合理确定公共课、专业课、实践课的学时比例,并有效实施。 3. 自主开发1门以上或参与开发2门以上校本专业课程。	指导性人才培养方案、实施性人才培养方案、滚动修订的过程性资料、审批报告、教学进程表,校本专业课程及其教学基本要求开发的过程性资料等。
		2-1-2课程标准★	1. 规范执行国家和省公共基础课程标准,学生思想品质、文化素养目标达成度高; 2. 规范执行国家和省已有的专业课程标准,联合行业企业共同开发其他的专业课程教学基本要求,有机渗透技能大赛标准; 3. 专业课程内容与职业标准有效对接。	公共基础课程标准、专业课程标准,开发的专业课程教学基本要求等。
	2-2课程管理	2-2-1课程实施	1. 有科学规范的课程管理制度,并严格执行; 2. 开齐开足国家和省规定的课程; 3. 教学进程安排科学有序,教学资源配置合理高效。	课程管理制度,实施性人才培养方案,教学进程表、授课计划等课程实施的过程性资料。
		2-2-2教材选用与开发★	1. 有完善的教材选用和开发制度,并严格执行; 2. 公共课统一使用国规、省荐教材,专业课、实践课按要求使用国规、省荐教材,使用率70%以上; 3. 根据行业、产业的发展以及专业特点,联合行业企业及时更新、补充教学内容,积极开发活页讲义、学习手册、多媒体课件和校本教材等教学资源。	教材选用和开发制度、教材选用及发放清单、审批资料、国规省荐教材使用率统计表、开发的活页讲义和学习手册等。
		2-2-3精品课程与示范课	1. 制订精品课程建设方案; 2. 有1门校级以上精品课程; 3. 有1名以上专业教师获得省级示范课,或两名以上专业教师获得省级研究课,或2名以上专业教师获得省级以上信息化教学大赛二等奖以上奖项。	精品课程建设方案及建设成果,省级"两课"、信息化教学大赛评比的获奖证书和相关资料等。

续表

一级指标	二级指标	三级指标	指标内涵	资料要求
3 教学团队	3-1 专业负责人	3-1-1 基本条件★	1. 相关专业本科以上学历，副教授以上职称（五年制高职办学点为高级讲师以上职称），从事本专业教学5年以上； 2. 具有技师以上职业资格或非教师系列本专业中级以上技术职称，熟悉行业产业和本专业发展现状与趋势，经常性参加行业企业的相关活动。	教师业务档案。
		3-1-2 知名度	1. 主持省级以上课题研究并结题，或有3篇以上论文在省级以上刊物公开发表； 2. 主持或参与技术研发或技术服务并获得市级以上奖项，或在省级以上竞赛中获三等奖以上奖项，或市级专业带头人，或省职业教育教科研中心组成员，或省职业教育领军人才。	教师业务档案。
	3-2 专业教师	3-2-1 数量结构★	1. 专任专业教师数与本专业在籍学生数比不低于1∶27。 2. 专任专业教师本科以上学历100%，研究生学历（或硕士以上学位）40%以上，高级职称30%以上。获得高级工以上职业资格的90%以上，获得技师以上职业资格或相关专业非教师系列中级以上技术职称的50%以上；或获得有关行业执业资格的60%以上。 3. 兼职教师占专业教师比例20%~30%，均具有中级以上技术职称或技师以上职业资格证书，40%以上具有高级职称或高级技师职业资格。	专任专业教师和兼职教师名册、在籍学生花名册、专任专业教师业务档案、兼职教师聘任资料及相关统计表等。
		3-2-2 能力素质	1. 为人师表，从严治教，课程教学改革与创新意识强，胜任理论实践一体化教学，课堂教学目标达成度高； 2. 能熟练使用计算机及网络资源，具有信息化教学设计能力； 3. 除专业负责人外，有教师主持或作为核心成员参与省级以上教学改革研究课题，或在省级以上竞赛中获奖，或指导学生在省级以上竞赛中获得二等奖以上奖项，或60%以上教师有论文在省级以上刊物发表或获奖。	相关教案、课件、软件，课题、论文、获奖证书及相关统计表等。
		3-2-3 培训与教科研	1. 制订“五课”教研工作方案，普遍开展“五课”教研和校本培训，每年有20%以上专任专业教师参加市级以上培训、进修，年均师资培训经费不低于教师工资总额的8%； 2. 建立专业教师企业实践制度，专任专业教师每两年到企业实践不少于两个月； 3. 有兼职教师管理制度，并有效实施。	学校“五课”教研工作方案及本专业教研活动记录，校本培训制度及实施资料，市级以上培训统计表及佐证材料，教师到企业实践的统计表及过程性资料，培训经费统计表，兼职教师管理制度及过程性资料等。

续表

一级指标	二级指标	三级指标	指标内涵	资料要求
4 教学设施	4-1 实训基地	4-1-1 校内实训基地★	1. 设施设备先进,数量和工位与办学规模相适应,具备实践教学、职业资格鉴定、技能竞赛、社会服务等功能,建有真实(仿真)环境的教学工场,建成本专业大类的省级以上实训基地; 2. 生均教学仪器设备值:理工医类 8 000 元以上,其他类 6 000 元以上; 3. 有健全的实训基地管理制度并严格执行,实验实训开出率 100%,自开率 95% 以上,实训基地平均利用率 70% 以上。	校内实训基地基本情况一览表及平均利用率统计表,教学仪器设备的固定资产账册及生均值统计表,校内实训基地管理制度,校内实验实训项目及开出情况统计表等。
		4-1-2 校外实训实习基地★	1. 有不少于 8 个、合作协议满 3 年的校外实训实习基地,其中辖市区域内的不少于 4 个,骨干企业不少于 4 个; 2. 有健全的校外实训实习基地管理制度并严格执行。	校外实训实习基地基本情况一览表,实训合作协议、管理制度及实施资料等。
	4-2 信息资源	4-2-1 专业图书	生均专业图书 10 册以上,并有计划地逐年增加,每年新购专业图书生均 0.5 册以上,订阅专业期刊 10 种以上,图书流通率较高。	专业图书统计表及可供核对的图书信息系统,每年新购专业图书及订阅专业期刊目录等。
		4-2-2 数字化教学资源	1. 充分利用学校数字化学习资源管理和应用平台,积极研发和引进数字化教学资源,本专业主干课程配有数字化教学资源; 2. 数字化教学资源普遍进课程、进课堂,利用率高、成效显著。	数字化数字资源建设、使用和反映建设成效的佐证资料等。
5 教学实施	5-1 常规管理	5-1-1 课堂教学管理	1. 有健全的教学管理组织和制度,教学管理规范、有序; 2. 教师教学水平高,课堂教学规范、高效; 3. 有完善的教学质量监控体系,并运行良好。	教学管理组织机构、职责和名单,教学质量管理与监控制度,教学管理的过程性资料等。
		5-1-2 顶岗实习管理★	1. 有健全的学生顶岗实习管理制度、完善的管理机制和配套措施,执行有力,运行规范有效; 2. 顶岗实习专业对口,工作学习内容科学合理; 3. 全面落实学生顶岗实习责任保险制度,学生能按时获得合理的实习报酬,学生对顶岗实习的满意度较高。	校企实习协议、管理制度、管理机构、职责和名单,实习教学计划、教师实习指导记录、学生实习手册,顶岗实习责任保险的相关材料,学生对顶岗实习的满意度调查表等。

续表

一级指标	二级指标	三级指标	指标内涵	资料要求
5 教学实施	5-2 教学改革	5-2-1 教学模式改革 ★	1. 遵循职业教育规律和五年制高职人才成长规律,推行教学做合一,注重学思结合,实现知行统一; 2. 教学方法多样、教学手段灵活,专业课程普遍采用多媒体教学、现场教学,效果良好; 3. 建立促进学生发展、科学多元的评价方式。	教学模式改革方案及阶段性改革成果,实施过程记录、典型案例等。
		5-2-2 教学管理创新	1. 校系二级管理组织体系健全、职责明确,建立了与校企合作、工学结合相适应的服务性、开放性的管理组织和制度,普遍使用数字化、网络化管理手段; 2. 适应学分制和弹性学制的需求,整合专业教育教学平台,实现教学资源全时空开放; 3. 围绕教学项目开发、精品课程建设、技术服务等,组成 2 个以上的教师工作团队,形成教师合作发展机制。	教学管理机构、职责和名单,反映行业企业参与教学管理的资料,数字化教学管理系统及运行情况,学分制和弹性学制实施方案及实施资料,开放教学资源的相关资料,专业教师工作团队建设的有关资料。
6 质量效益	6-1 办学规模	6-1-1 学历教育人数 ★	连续招生 6 年以上,年招生 2 个班以上,每班 30 人以上,在籍学生规模 300 人以上。	在籍学生统计表及可供核对的学籍管理信息库。
		6-1-2 非学历教育人数	每年承担相关专业领域的社会培训人数达到在籍学生数 90% 以上(参培学员接受培训满 12 课时计 1 人次)。	培训通知、花名册、培训计划、考勤考核资料等。
	6-2 培养质量	6-2-1 双证率 ★	1. 毕业生 95% 以上取得本专业中级工以上职业资格证书,80% 以上获得本专业高级工以上职业资格证书,或 80% 以上获得相关行业执业资格证书(个别特殊专业除外); 2. 毕业生具有较强的计算机应用能力、语言表达能力、社会交往能力,相关应用水平等级考试取证率 80% 以上。	毕业生名册,职业(执业)资格证书获得情况统计表及证明资料,应用水平等级考试相关资料及统计表等。
		6-2-2 竞赛与成绩	1. 开展校级技能大赛、创新大赛,本专业学生参赛率 100%; 2. 本专业学生在技能大赛、创新大赛中获得省级三等奖以上奖项。	校级技能竞赛、创新大赛方案及实施资料,参加省级以上技能大赛或创新大赛获奖情况及证明资料等。

续表

一级指标	二级指标	三级指标	指标内涵	资料要求
6 质量效益	6-2 培养质量	6-2-3 就业与创业★	1. 毕业生就业率95%以上，对口就业率80%以上，当年度劳动合同签订率80%以上； 2. 毕业生就业质量高、起薪较高、满意度较高； 3. 开展职业生涯指导和创业教育，有本专业学生创业实践基地和创业项目，毕业生就业创业典型多，事迹汇编成册。	毕业生就业情况统计表，劳动合同、高校录取通知书复印件，就业创业教育、创业实践基地和项目的相关资料，就业创业典型事迹，反映就业满意度的资料等。
		6-2-4 社会声誉	1. 在校学生对本专业的满意度达90%以上； 2. 用人单位对毕业生综合素质满意度达90%以上。	学生满意度调查表，用人单位对毕业生满意度调查表及相关统计表等。
	6-3 社会服务	6-3-1 技术服务	参与行业企业技术项目研发与服务，取得良好的经济效益和社会效益。	技术项目研发与服务取得效益的证明资料。
		6-3-2 资源共享	利用本专业的设施、设备、师资等资源，承担本地区行业部门或职业学校技能大赛、职业资格鉴定，开展校企合作、校校合作，发挥示范和引领作用。	反映专业资源共享和发挥示范、引领作用方面的资料等。

常州建设高等职业技术学校通过若干年来的发展，结合江苏省关于品牌专业认定的标准，具有三个品牌专业，分别是建筑装饰工程技术专业、楼宇智能化工程技术专业、园林工程技术专业。下一节将选择建筑装饰工程技术专业为例，对本专业的人才培养方案进行具体分析，包括人才培养的现状、目标、措施等。

第四节　常州建设高等职业技术学校建筑装饰工程技术专业的培养方案

人才培养方案是职业学校开展教育教学工作的指导性文件，直接关系到人才的培养质量以及学校的整体影响力。常州建设高等职业技术学校一直都将人才培养方案作为学校办学的重要任务，下面将对该校建筑装饰工程技术专业的人才培养方案进行具体介绍。

一、建筑装饰工程技术专业人才培养的现状

江苏省建筑装饰行业在“十一五”期间，由于经济发展、社会进步和人民生活质量不断改善而得到持续发展，已经成为拉动江苏国民经济发展又一新的经济增长点。根据江苏省装饰装修行业协会统计，目前全省有装饰企业（含幕墙、门窗）1 161 家，其中一级装饰资质 60 家、二级装饰资质 324 家、三级装饰资质 777 家、甲级设计资质 22 家。目前全省有 12 个地方协会，省装饰协会下设家装委员会、幕墙委员会；另有非常设机构如专家工作委员会、自律工作委员会等。平均每年产值增长 18%~20%。常州市建筑装饰行业在江苏省内占有较为重要的地位，有常泰、大成、大地等 20 多家知名装饰企业。

通过对江苏省部分建筑装饰企业现状的调研可知，江苏省建筑装饰行业取得了长足发展与进步，呈现出竞争格局多元化、专业分工越来越细、行业发展的法律体系逐渐规范化的特征，但行业发展仍属于粗放型增长，施工技术传统，高新技术研发与推广步伐缓慢，从业者队伍的素质低，资源利用和环保问题比较突出，等等，这正好为本专业的人才培养提供了发展的契机。

常州建设高等职业技术学校建筑装饰工程技术专业创办于 1994 年，是该校开设较早的重点专业，也是该校招生规模最多、就业形势最好的专业之一。该专业坚持“以能力为本位”的特色教育原则，升学与就业兼顾，一方面与南京艺术学院、南京工业大学、苏州科技学院、南京林业大学等建立了良好的合作关系，开通了“艺术设计”专业、“工程管理”专业等的“专接本”教育，为有志于进一步提高学历的装饰专业学生开辟了顺畅的升学渠道；另一方面与江苏建设装饰工程有限公司、江苏京城装饰工程有限公司等 20 多家公司进行合作，从实际、实用和实效出发，大力推行项目导向、任务驱动教学模式，融教、学、做于一体，强化学生能力培养，逐步形成“社会型项目教学”、“仿真型项目教学”、“实践探究式教学”等多样化教学方法。近年来，师生在参与省、市各级各类环艺设计比赛中多次获得金奖、银奖，成果丰富。

建筑装饰工程技术专业人才属国家紧缺型人才，行业发展的人才需求量大。据常州建设高等职业技术学校 2010—2012 届毕业生就业情况统计，该专业总人数 210 人，就业人数 162 人，升学人数 48 人，协议人数 161 人，专业对口人数 160 人，就业率 100%，协议率 99.4%，专业对口率 98.8%，为建设行业的发展提供了大量的技能型人才，一定程度上提高了本行业发展的质量。

二、建筑装饰工程技术专业人才培养的目标

本专业培养能够适应社会主义现代化建设需要的德、智、体、能全面发展的、具备建筑装饰工程设计与施工管理技术的高素质技能型专门人才。以建筑装饰设计员、装饰施工管理员、预算员、绘图员等为主要职业目标，就业岗位有建筑装饰设计部、施工管理部、工程概预算部、材料部、业务部等。结合这一培养目标，对本专业所面向的行业岗位对人才规格的要求也做了具体分析，此内容已在第二节作了阐述。

三、建筑装饰工程技术专业人才培养的措施

结合具体的人才培养目标与人才培养规格，本专业主要采取了以下措施：

（一）以职业能力为导向，构建项目课程体系

按照职业教育研究理论，以就业为导向的职业教育，课程内容应以过程性知识为主、陈述性知识为辅，即以实际应用的经验和策略的习得为主，以适度够用的概念和原理的理解为辅，按照工作过程来序化知识，将陈述性知识与过程性知识、理论知识与实践知识整合。于是，“职业能力”与“项目课程”成为职业教育领域中的高频词汇，一直以来，这两大概念的发展经历了千变万化的理解，至今依然历久弥新。

1972年，德国著名职业教育家梅尔滕斯提出了“关键能力”（schluessel competencies）这一概念，主要是为培养学生对职业变化的适应力，被认为是“进入日益复杂的和不可预测的世界的工具”以及“促进社会变革的一种策略”。[①]随后，在此基础上，不同机构和学者们不断对职业能力提出新的见解。如1984年英国继续教育处（the further education unit 简称FEU）将职业能力界定为“是为胜任社会工作角色的要求所必须拥有的充分的技能、合适的态度和经验，即能力不仅包括就业和工作的其他方面的技能，也包括作为能力要素的经验”[②]。1991年，德国学者通过客观取向的研究认为，职业能力是个历史性概念，其内涵具有历史发展性，是伴随着社会的发展进步和科学技术的更新而发生相应改变的，呈现出逐步丰富与宽泛的态势，职业能力是建立在丰富、动态的职业工作环境及职业劳动组织的基础上，展示劳动者对于自在发挥工作的胜任程度。[③] 荷兰CBL（compentency-based learning）体系认为，职业能力应该是综合知识、技能、态度

---

① European Centre for the Development of Vocational Training (CEDEFOP). Training for a Changing Society: A Report on Vocational Education and Training Research in Europe. 1998:174.

② Harris, R. Competency-Based Education and Training: Between a Rock and a Whirlpool. 1995:20.

③ 姜大源：《当代德国职业教育主流教学思想研究》，北京：清华大学出版社，2007年，第94页。

和个性的特点,为个体能够符合特定的工作、教育和社会文化的要求发挥作用,由工具包(知识+技能+价值观)、情境 +角色、行动、结果、自我反思、洞察力和标准等构成。① 另外,我国学者也对职业能力进行了研究。邓泽民认为,职业能力指的是个体将所学的知识、技能和态度在特定的职业活动或情境中进行类化迁移与整合所形成的能完成一定职业任务的能力,其具有应用性、复合性、方向性、差异性、动态性等特征。② 赵志群将职业能力理解为"一个人在现代社会中生存生活,从事职业活动和实现全面发展的主观条件,包括职业知识和技能,分析和解决问题的能力,信息接收和处理能力,经营管理、社会交往能力,不断学习的能力"③。可见职业能力的内涵一直被注入新鲜的"血液"。

同理,对项目课程这一概念的引入与发展,也如职业能力发展那般鲜活。项目课程源于罗马圣路卡艺术与建筑学院(Accademia di San Luca),当时主要是以"项目"的形式展开教学。目前,职业教育中的项目课程是教师与学生通过共同实施一个完整的"项目"工作而进行的教学活动,既是一种课程形态,也是一种教学方法。④ 项目课程的开发是建立在专业所面向的岗位定位、岗位的工作任务定位和任务的职业能力定位三个层次的基础之上,开发过程中应遵循任务优先、项目分解、目标突出、经验递进的原则。⑤

正是因为职业能力对职业者的从业要求有了明确的规定,而项目课程又能将这些要求予以细化并形成体系,使得以职业能力为导向,分析岗位工作任务,构建项目模块课程是职业学校课程改革过程中采取的重要措施,特别是对行业性职业学校而言,其优势更加明显。与其他综合类职业学校相比,行业性职业学校面对的岗位更加具有针对性,采用职业能力导向下的项目课程体系实施起来更加方便、快捷。常州建设高等职业技术学校建筑装饰工程技术专业根据建筑装饰工程施工的顺序,及计算机辅助设计绘图员、施工员主要岗位要求和工作内容,分析各个职业领域工作任务,对建筑装饰工程技术专业学生主要工作任务与职业能力进行分析,如表 3-2 所示。

---

① 郭炯:《职业能力研究的文献综述》,《高等职业教育(天津职业大学学报)》,2009 年第 18 期,第 18 - 20 页。

② 邓泽民、陈庆合、刘文卿:《职业能力的概念、特征及其形成规律的研究》,《煤炭高等教育》,2002 年第 2 期,第 104 - 107 页。

③ 赵志群:《对职业能力的再认识》,《职教论坛》,2008 年第 6 期,第 1 页。

④ 赵志群:《职业教育工学结合一体化课程开发指南》,北京:清华大学出版社,2009 年,第 10 页。

⑤ 徐国庆:《职业教育课程论》. 上海:华东师范大学出版社,2008 年,第 39 页。

表 3-2　职业行动领域工作任务与职业能力分析

工作内容	工作任务	职业能力
1. 招投标	1-1　招标信息搜集与发布	1-1-1　搜集招标信息 1-1-2　拟订招标公告和投标邀请书 1-1-3　发布招标公告
	1-2　投标	1-2-1　编制工程项目投标文件 1-2-2　报送投标书
	1-3　中标	1-3-1　接中标通知书 1-3-2　查看中标内容 1-3-3　签订合同
2. 工程项目方案设计	2-1　丈量尺寸与绘制原始图	2-1-1　正确使用室内测量仪器 2-1-2　测量室内平、立面及门窗等尺寸 2-1-3　绘制原始图
	2-2　初步方案设计	2-2-1　沟通与交流 2-2-2　确立设计理念与风格 2-2-3　设计与绘制平、顶面图 2-2-4　设计与绘制主要立面图 2-2-5　设计与绘制主要家具与陈设 2-2-6　运用计算机进行辅助设计及绘制效果图
	2-3　初步方案设计交底	2-3-1　装帧初步设计方案 2-3-2　汇报解读初步设计方案
	2-4　绘制施工详图	2-4-1　识读初步设计方案图 2-4-2　绘制施工详图、水电图
	2-5　总方案交底	2-5-1　编制设计与施工说明 2-5-2　装帧总方案 2-5-3　汇报解读总方案
3. 工程项目概预算	3-1　编制装饰工程设计与施工概预算	3-1-1　识读总方案 3-1-2　列分部、分项工程名称 3-1-3　计算工程量 3-1-4　套用装饰定额 3-1-5　列工程量清单及清单组价 3-1-6　编制装饰工程预算书
4. 施工	4-1　施工准备	4-1-1　识读施工图 4-1-2　配备施工技术力量 4-1-3　准备施工物质材料 4-1-4　确定施工场地条件 4-1-5　编制施工组织设计文件
	4-2　施工与管理	4-2-1　应用施工技术手段 4-2-2　正确操作施工机械与设备 4-2-3　组织施工与管理施工现场 4-2-4　检查、控制与验收施工过程及质量

续表

工作内容	工作任务	职业能力
5. 竣工验收	5-1　竣工验收准备	5-1-1　组建竣工验收小组 5-1-2　准备竣工验收资料
	5-2　竣工验收	5-2-1　按国家装饰工程验收标准验收评定完成的分项、分部工程,单位工程 5-2-2　验收工程项目水电暖通设备的正常运转 5-2-3　检测验收环境质量与安全保障 5-2-4　装饰工程资料归档
	5-3　绘制竣工图及决算	5-3-1　绘制竣工图 5-3-2　编制决算书
6. 工程保修	6-1　签订保修合同 6-2　按合同实施保修	6-1-1　签订保修合同 6-1-2　按合同实施保修
7. 建筑装饰主要工种操作	7-1　涂裱工、木工、抹灰工、水电工、镶贴工、油漆工、焊工等工种操作	7-1-1　安装一般吊顶 7-1-2　铺贴楼地面 7-1-3　贴挂涂裱墙面 7-1-4　安装门窗隔断 7-1-5　安装铺设管道电器 7-1-6　油漆木质、金属等饰面

结合工作任务与职业能力的分析,按照“以能力为本位,以职业实践为主线,以项目课程为主体的模块化专业课程体系”的总体设计要求,构建以工作任务模块为中心的项目课程体系。打破传统的学科课程设计思路,紧紧围绕项目课程体系完成的需要来选择和组织课程内容,突出工作任务与知识的联系,让学生在职业实践活动的基础上掌握知识,增强课程内容与职业岗位能力要求的相关性,提高学生的就业能力。本专业的课程有建筑画、建筑装饰制图、办公空间装饰技术、家居空间装饰技术、餐饮空间装饰技术、计算机辅助设计、专业工种实训等,下面将选取部分课程的具体设计内容进行叙述。

1. 建筑画课程的项目—模块分析

建筑画课程是本专业的基础课程,本课程的学习为后续设计课方案效果图的绘制打下基础,强化了专业特点的教学,有选修与必修之分,其中选修包括一个项目,必修包括三个项目,具体内容如下:

① 必修项目一　表现技法基础训练

a. 总学时:30 学时。

b. 学习目标:了解建筑画以及其表现技法的含义和相关的基础知识等内容。掌握建筑画的透视画法,把握建筑画的光影、调子和色彩,掌握不同材质的表现技法。

c. 工作任务：模块一，见表3-3；模块二，见表3-4。

表3-3　表现技法基本认识

参考学时	4
学习目标	• 了解建筑画的含义 • 掌握建筑画的透视画法 • 了解表现技法的含义和分类 • 把握建筑画的光影、调子和色彩
工作任务	• 体会理论部分内容，练习透视画法
技术实践知识	• 在设计中方案快图的表现
技术理论知识	• 建筑画的发展及其含义 • 表现技法的含义
拓展性知识	• 建筑画名作欣赏

表3-4　材质表现训练

参考学时	26
学习目标	• 掌握木纹的材质表现 • 掌握石材、砖块的材质表现技法 • 掌握玻璃的材质表现技法 • 掌握金属的材质表现技法 • 掌握其他材料的材质表现技法
工作任务	• 临摹各种材质表现的作业练习
技术实践知识	• 方案效果图中不同材质表面的绘制
技术理论知识	• 钢笔、马克笔、彩色铅笔等的绘画技巧
拓展性知识	• 不同材质物体的创造性表现

② 必修项目二　专题表现训练

a. 总学时：30学时。

b. 学习目标：掌握钢笔、马克笔、彩色铅笔等的绘画技巧，能运用绘画工具和技法进行家具、陈设的表现，以及人物、植物等配景的表现。

c. 工作任务：模块一，见表3-5；模块二，见表3-6。

表 3-5　室内陈设的表现训练

参考学时	16
学习目标	• 能根据需要合理运用钢笔、马克笔、彩色铅笔等绘画工具 • 掌握家具及陈设品绘制的表现技法 • 掌握灯具绘制的表现技法
工作任务	• 椅、凳、柜、灯具、陈设品等的专题临摹练习
技术实践知识	• 方案效果图的绘制
技术理论知识	• 钢笔、马克笔、彩色铅笔等的绘画技巧 • 透视画法
拓展性知识	• 利用所学物体的表现形式进行组合图创作

表 3-6　室内配景的表现训练

参考学时	14
学习目标	• 能根据需要合理运用钢笔、马克笔、彩色铅笔等绘画工具 • 掌握人物配景的表现技法 • 掌握植物配景的表现技法
工作任务	• 人物、植物等配景的专题临摹练习
技术实践知识	• 方案效果图中配景的运用
技术理论知识	• 钢笔、马克笔、彩色铅笔等的绘画技巧 • 透视画法
拓展性知识	• 利用所学配景的表现形式进行组合图创作

③ 必修项目三　室内空间表现技法训练

a. 总学时：44 学时。

b. 学习目标：掌握钢笔、马克笔、彩色铅笔等的绘画技巧，能运用绘画工具和技法进行室内局部空间、不同功能空间的表现。

c. 工作任务：模块一，见表 3-7；模块二，见表 3-8。

表 3-7　室内局部空间的表现技法训练

参考学时	22
学习目标	• 能根据需要合理运用钢笔、马克笔、彩色铅笔等绘画工具 • 把握局部空间的透视关系 • 掌握局部空间的表现技法
工作任务	• 室内局部空间手绘效果图临摹练习
技术实践知识	• 方案设计效果图的绘制

续表

技术理论知识	• 钢笔、马克笔、彩色铅笔等的绘画技巧 • 透视画法
拓展性知识	• 手绘局部空间效果图与室内设计的联系

表 3-8　不同功能空间的表现技法训练

参考学时	20
学习目标	• 能根据需要合理运用钢笔、马克笔、彩色铅笔等绘画工具 • 把握功能空间的透视关系 • 掌握功能空间的表现技法
工作任务	• 功能空间手绘效果图临摹练习
技术实践知识	• 方案设计效果图的绘制
技术理论知识	• 钢笔、马克笔、彩色铅笔等的绘画技巧 • 透视画法
拓展性知识	• 手绘功能空间效果图与设计的联系

④ 选修项目　室外环境的表现技法训练

见表 3-9。

表 3-9　室外环境的表现技法训练

参考学时	——
学习目标	• 能根据需要合理运用钢笔、马克笔、彩色铅笔等的绘画工具 • 把握室外环境的透视关系 • 掌握室外环境的表现技法
工作任务	• 室外环境手绘效果图临摹练习
技术实践知识	• 方案设计效果图的绘制
技术理论知识	• 钢笔、马克笔、彩色铅笔等的绘画技巧 • 透视画法
拓展性知识	• 手绘功能空间效果图与计算机效果图的联系

2. 建筑装饰制图课程的项目—模块分析

本课程的学习分成四大项目，每一项目再分若干模块进行分项教学，具体内容如下：

① 项目一　投影绘制练习

a. 总学时：14 学时。

b. 学习目标：掌握制图工具、材料的使用方法，掌握建筑制图绘制的一般步骤,掌握三视图的绘制方法,掌握轴测图的绘制方法,能通过测绘进行制图。

c. 工作任务：模块一,见表3-10;模块二,见表3-11;模块三,见表3-12。

表3-10　制图基本练习

参考学时	2
学习目标	• 了解制图常用工具和材料以及其正确的使用方法,如图板、图纸、铅笔、丁字尺、三角板等 • 了解建筑制图的一般步骤,为后面课程打下基础
工作任务	• 使用制图工具,依据制图步骤进行练习
技术实践知识	• 设计人员在实际工作中的制图步骤
技术理论知识	• 建筑制图标准
拓展性知识	• 案例图纸的初步认识

表3-11　三视图绘制练习

参考学时	6
学习目标	• 理解三视图的定义和三等关系 • 掌握三视图的不同观测方向 • 能绘制不同型体的三视图
工作任务	• 几何形体实物的三视图的测绘
技术实践知识	• 了解室内设计案例图纸与三视图的对应关系 • 绘制家具三视图 • 计算机辅助设计方案图的绘制
技术理论知识	• 建筑制图标准 • 三视图的定义
拓展性知识	• 复杂组合体的三视图绘制 • 剖面图与三视图的关系对比

表3-12　轴测图绘制练习

参考学时	6
学习目标	• 理解轴测投影的定义 • 理解轴测投影的常用类型 • 能绘制不同型体的轴测图
工作任务	• 几何形体实物的轴测图的测绘
技术实践知识	• 轴测图绘制在案例图纸中的运用 • 家具轴测图与房间轴测图在方案效果图中的表现
技术理论知识	• 建筑制图标准 • 轴测图的定义
拓展性知识	• 复杂的室内空间轴测图效果图表现

② 项目二　室内设计制图标准的学习与运用

a. 总学时：34 学时。

b. 学习目标：了解室内设计的制图标准总则，掌握图纸、图例、图线、字体、尺寸、比例等基本制图标准，学会识读室内平面图、立面图、顶面图等整套室内方案图，学会依据室内设计制图标准初步绘制简单室内方案图。

c. 工作任务：模块一，见表 3-13；模块二，见表 3-14。

表 3-13　室内设计制图标准的识读练习

参考学时	18
学习目标	• 了解室内制图标准总则 • 掌握图纸的幅面规格与编排顺序 • 掌握图例的含义与图线的标准 • 掌握制图字体的书写规范 • 掌握比例与符号的运用
工作任务	• 抄绘符合规范的室内方案图
技术实践知识	• 室内设计图纸实际绘制中制图标准的应用
技术理论知识	• 建筑制图标准 • 计算机辅助设计方案图的绘制
拓展性知识	• 实际案例图纸的初步认识

表 3-14　室内设计制图标准的运用练习

参考学时	18
学习目标	• 掌握制图标准在平面图绘制中的运用 • 掌握制图标准在顶面图绘制中的运用 • 掌握制图标准在立面图绘制中的运用 • 掌握制图标准在详图绘制中的运用 • 进行简单空间的室内设计
工作任务	• 根据制图标准进行家居室内方案图的初步绘制
技术实践知识	• 室内实例方案设计的注意事项 • 计算机辅助设计方案图的绘制
技术理论知识	• 建筑制图标准 • 平面图、顶面图、立面图等的定义
拓展性知识	• 实际案例图纸的初步认识

③ 项目三　室内设计的透视图练习

a. 参考学时：36 学时。

b. 学习目标：理解透视图的原理，掌握一点透视画室内设计透视图的方法，掌握成角透视画室内设计透视图的方法，能根据方案图纸绘制透视图。

c. 工作任务：模块一，见表 3-15；模块二，见表 3-16。

表 3-15　一点透视练习

参考学时	16
学习目标	• 了解一点透视的投影原理 • 掌握一点透视的绘制方法 • 能根据实物的测绘数据绘制一点透视图
工作任务	• 绘制一点透视的实物图和室内透视图
技术实践知识	• 了解一点透视在室内设计案例中的应用 • 了解计算机辅助设计中效果图的绘制
技术理论知识	• 一点透视的投影原理
拓展性知识	• 运用电脑软件绘制一点透视效果图

表 3-16　成角透视练习

参考学时	20
学习目标	• 了解成角透视的投影原理 • 掌握成角透视的绘制方法 • 能够根据实物的测绘数据绘制成角透视图
工作任务	• 绘制成角透视的实物图和室内透视图
技术实践知识	• 了解成角透视在室内设计案例中的应用 • 了解计算机辅助设计中效果图的绘制
技术理论知识	• 成角透视的投影原理
拓展性知识	• 运用电脑软件绘制成透视效果图

④ 项目四　实训练习

a. 参考学时：28 学时。

b. 学习目标：掌握一般室内平面、顶面、立面、剖面施工图及建筑详图的内容及其图示方法；掌握室内施工图的绘制步骤、提供绘图技巧；巩固投影的基本理论，增强空间想象能力。

c. 工作任务

见表 3-17。

表 3-17 实训练习的工作任务

参考学时	28
学习目标	• 提高绘图及识图能力 • 掌握平面、顶面、剖面施工图的绘制能力 • 掌握一点透视、成角透视的绘制方法 • 能根据实物的测绘数据绘制一点透视、成角透视图
工作任务	• 绘制某家居空间平、项、立面施工图和建筑详图以及室内一点、成角透视图
技术实践知识	• 了解室内施工图及透视图在室内设计案例中的应用
技术理论知识	• 施工图绘制方法、成角透视的投影原理
拓展性知识	• 运用电脑软件绘制成角透视效果图

3. 装饰类技术课程的项目—模块分析

建筑装饰类的技术课程包括很多,有办公空间装饰技术课程、餐饮空间技术装饰、家具空间装饰技术等,这些课程的学习存在相通之处,在此以办公空间装饰技术课程为例,本课程设置一个项目,包括 17 个模块。模块一,见表 3-18;模块二,见表 3-19;模块三,见表 3-20;模块四,见表 3-21;模块五,见表 3-22;模块六,见表 3-23;模块七,见表 3-24;模块八,见表 3-25;模块九,见表 3-26;模块十,见表 3-27;模块十一,见表 3-28;模块十二,见表 3-29;模块十三,见表 3-30;模块十四,见表 3-31;模块十五,见表 3-32;模块十六,见表 3-33;模块十七,见表 3-34。

表 3-18 办公室方案一草设计

参考学时	10
学习目标	• 理解绿色设计概念 • 能读懂建筑平面图 • 会丈量空间尺寸 • 会结合要求进行资料搜集 • 会确定办公室装饰风格 • 能在装饰风格统一要求下进行办公室的平面布局、顶面造型设计 • 能按制图规范手绘办公室的平面布局、顶面造型设计的初步方案图
工作任务	• 办公室方案一草设计,即平面布局、顶面造型设计
技术实践知识	• 了解建筑平面图和设计要求 • 丈量空间尺寸 • 按设计要求,学生先查找有关平面布局、顶面造型设计的资料 • 自己进行装饰风格的初步定位 • 在风格统一要求下构思办公室的平面布局、顶面造型设计 • 手绘办公室平面布局、顶面造型设计的方案草图,要求按制图规范标注尺寸、标明标高

续表

技术理论知识	• 下达项目任务并详细解释项目设计要求 • 资料搜集的方法与注意事项 • 丈量空间尺寸的方法 • 图纸上与该设计相关的民用建筑构造知识(房屋结构) • 手绘方案草图的方法及其注意事项
拓展性知识	• 绿色设计原理

表 3-19　办公室常用顶、地面材料识别与选用

参考学时	4
学习目标	• 理解精美的设计意图须要用适合的装饰材料来体现 • 能识别办公室设计常用的不同类型顶、地面材料 • 能熟记办公室常用的几种顶、地面材料 • 能在离开材料后,从记忆中选择出适合自己方案风格的顶、地面材料
工作任务	• 办公室设计中常用顶、地面材料识记与选用
技术实践知识	• 在专用教室内,学生轮流四遍自行识别并记忆贴有注明品名、规格、产地等标签的常用顶、地面材料 • 结合方案,初步选择自己认为合适的顶、地面材料 • 面向大家说出自己选用该材料的理由 • 结合讲授知识审视并确定自己的选材,纠正自己选材的不足
技术理论知识	• 轮流四遍自行识别并记忆常用顶、地面材料的步骤与方法 • 不同顶、地面材料的特点及适用范围 • 选择适合于办公室的常用顶、地面材料的方法
拓展性知识	• 去专业材料市场了解新型绿色顶、地面材料

表 3-20　办公室常用顶、地面材料常规构造与施工

参考学时	6
学习目标	• 理解精美的设计意图须要用正确的构造方法与精湛的施工工艺来实现 • 能识别花岗石、复合板、乳胶漆等常规构造组成部分的材料 • 能理解顶、地面常规构造组成的原理及方法 • 能绘制顶、地面上不同材料的常规构造图 • 能口述顶、地面上不同材料的常规构造组成及其施工要点 • 能选择适合于办公室的常用顶、地面构造方法
工作任务	• 办公室设计中常用顶、地面材料常规构造与施工

续表

技术实践知识	• 在专用教室内,轮流观看顶、地面上不同材料常规构造的断面 • 在施工现场,观看顶、地面上不同材料的常规施工操作 • 大量默绘构造图并口述构造组成 • 结合施工现场的学习,书写并口述常规施工的要点 • 确定办公室的常用顶、地面构造方法
技术理论知识	• 民用建筑构造相关的知识(楼地面) • 不同顶、地面材料的常规构造(结合构造断面讲授) • 不同顶、地面材料的施工要点(结合实际施工讲授)
拓展性知识	• 该类型材料的创意(非常规)构造

表 3-21　办公室家具的识记与选用

参考学时	4
学习目标	• 理解完美的空间须要用适合的家具来表现 • 能识别不同风格的办公室家具 • 能记住不同风格的家具造型、颜色、体量等 • 能在选用家具的同时激发空间设计灵感,以便修改一草的不足 • 能在专业市场上选中 2 ~ 3 款适合自己方案的家具,并能最终确定 1 款
工作任务	• 办公室家具的识记与选用
技术实践知识	• 带着构思去家具市场,识记大量的办公室家具 • 结合方案构思,选中 2 ~ 3 款家具 • 反复比较最终确定 1 款家具,并按制图规范标注尺寸等
技术理论知识	• 家具与整体装饰的关系 • 带着构思去家具市场学习、了解识记与选用家具的方法与注意事项

表 3-22　办公室方案一草修改

参考学时	4
学习目标	• 能发现平面布局的不合理及顶面造型设计的不足 • 能继续进行资料搜集 • 能最终确定办公室风格 • 能修改平面布局、顶面造型设计至基本符合要求 • 能修改未按制图规范绘制处 • 能发现选材、构造与整体风格的不协调,并能重新选准
工作任务	• 办公室一草修改(平面、顶面及其选材、构造)

续表

技术实践知识	• 按设计要求结合讲授知识继续查找资料 • 结合讲授知识和资料，反复推敲平面布局、顶面造型设计 • 结合讲授知识和资料，反复推敲平面、顶面的选材及其构造 • 结合讲授知识和资料，反复推敲家具的选用 • 按制图规范手绘修改后的平面布局、顶面造型设计、家具初步定稿草图，并进行顶、地面的材料标注
技术理论知识	• 初步设计中存在的问题 • 办公室平面空间设计的原理及方法 • 办公室风格定位的基本知识 • 反复推敲修改的方法

表 3-23　办公室方案二草设计

参考学时	8
学习目标	• 会结合要求进行办公室里面设计的资料搜集 • 能在整体风格要求下进行办公室立面造型设计 • 能按制图规范手绘立面造型设计的初步方案图
工作任务	• 办公室二草设计，即空间内里面各造型设计
技术实践知识	• 再次理解设计要求 • 按设计要求，学生先查找有关立面造型设计的资料 • 构思不同立面的造型设计 • 手绘不同立面造型设计方案草图，要求按制图规范标注尺寸、标明标高等
技术理论知识	• 下达项目任务并详细解释立面造型设计的要求 • 立面资料搜集的方法与注意事项 • 图纸上与该设计相关的民用建筑构造知识 • 办公室里面造型设计的原理及方法 • 反复修改立面的原理及方法
拓展性知识	• 办公室的风水

表 3-24　办公室新型绿色环保节能墙面材料识别与选用

参考学时	4
学习目标	• 能正确识别与合理选择办公室绿色环保墙面材料 • 能熟记办公室常用的几种墙面材料
工作任务	• 办公室设计中绿色环保节能墙面材料识记与选用

续表

技术实践知识	• 在专用教室内，学生自行识别与识记贴有注明品名、规格、产地等标签的绿色环保节能墙面材料 • 结合方案，初步选择自己认为合适的绿色墙面材料 • 面向大家说明自己选用的理由 • 结合讲授知识审视并确定自己的选材，纠正自己选材的不足
技术理论知识	• 自行识别的方法 • 不同绿色墙面材料的特点及适用范围
拓展性知识	• 新型绿色环保墙面材料相关指标体系

表 3-25 办公室绿色墙面材料构造与施工

参考学时	6
学习目标	• 理解绿色建材的构造方法与施工工艺 • 能识别玻化砖、装饰面板、乳胶漆、墙纸等常规构造组成部分的材料 • 能理解墙面常规构造组成的原理及方法 • 能绘制出墙面上不同材料的常规构造图 • 能口述墙面上不同材料的常规构造组成及其施工要点 • 能选择出适合于办公室的常用墙面构造方法
工作任务	• 办公室设计中常用墙面材料常规构造与施工
技术实践知识	• 在专用教室内，轮流观看墙面上不同材料的常规构造断面 • 在施工现场，观看墙面上不同材料的常规施工操作 • 大量默绘构造图并口述其构造组成 • 结合施工现场的学习，书写并口述常规材料常规施工的要点 • 确定办公室的常用墙面构造方法
技术理论知识	• 民用建筑构造相关的知识（墙体） • 不同墙面材料的常规构造（结合构造断面讲授） • 不同墙面材料的施工要点（结合实际施工讲授）
拓展性知识	• 该类型材料的创意（非常规）构造

表 3-26 办公室灯具、窗帘等的识记与选用

参考学时	4
学习目标	• 理解完美的空间须要用适合的灯具、窗帘等来表现 • 能识别不同风格的办公室用灯具、窗帘等 • 能记住不同风格的灯具、窗帘等造型、颜色、体量等 • 能在选用灯具、窗帘等的同时激发空间设计灵感，以便修改二草的不足 • 能在专业市场上选中 2 ~ 3 款适合自己方案的灯具、窗帘等，并最终确定 1 款灯具、窗帘等

续表

工作任务	• 办公室灯具、窗帘等的识记与选用
技术实践知识	• 带着构思去灯具、窗帘等市场，识记大量的办公室用灯具、窗帘等 • 结合方案构思，选中 2 ~ 3 款灯具、窗帘等 • 反复比较最终确定 1 款灯具、窗帘等，并按制图规范标注尺寸等
技术理论知识	• 灯具、窗帘等与整体装饰的关系 • 带着构思去专业市场学习、了解识记与选用灯具、窗帘等的方法和注意事项
拓展性知识	• 办公室的风水

表 3-27　办公室方案二草修改

参考学时	4
学习目标	• 能发现立面造型设计得不合理及不美观 • 能继续进行资料搜集 • 能修改立面造型设计至基本符合要求 • 能修改未按制图规范绘制处 • 能发现选材、构造与整体风格的不协调，并能重新选准 • 能发现所选灯具、窗帘等与整体风格的不协调，并能重新选准
工作任务	• 办公室二草修改（不同的立面及其选材、构造、家具、灯具和窗帘）
技术实践知识	• 按设计要求结合讲授知识继续查找资料 • 风格定位 • 结合讲授知识和资料，反复推敲立面造型设计 • 结合讲授知识和资料，反复推敲立面的选材、构造 • 结合讲授知识和资料，反复推敲灯具、窗帘等的选用 • 按制图规范手绘修改后的立面造型设计、灯具和窗帘初步定稿草图，同时，还要注明所选家具、灯具、窗帘等的具体名称、规格等并进行不同立面上的材料标注
技术理论知识	• 立面造型设计中存在的问题 • 办公室立面造型设计的原理及方法 • 反复推敲修改的方法

表 3-28　办公室方案三草设计

参考学时	6
学习目标	• 理解办公空间局部个性设计的要求及市场对个性设计的期待 • 会结合要求进行办公室局部个性设计的资料搜集 • 能在整体风格要求下进行办公室局部个性设计 • 能在整体风格要求下挑选局部用个性灯具、窗帘、工艺品等 • 能按制图规范手绘表现个性设计的初步方案图

续表

工作任务	• 办公室方案三草设计，即进行局部个性设计，提升品位
技术实践知识	• 又一次理解设计要求 • 按设计要求，学生先查找有关办公室局部个性设计的资料 • 构思办公室局部个性设计的造型 • 手绘个性设计方案草图，要求按制图规范标注尺寸、材料等
技术理论知识	• 下达项目任务并详细解释办公室局部个性设计的要求 • 办公室局部个性设计资料搜集的方法与注意事项 • 办公室局部个性设计及反复修改的原理及方法 • 手绘表现个性设计的方法

表 3-29　办公室个性材料、构造与施工

参考学时	4
学习目标	• 理解精美的个性设计须要用适合的个性（非常规）材料来表现 • 理解精美的个性设计须要用适合的创意构造（个性材料的常规构造或常规材料的非常规构造）来体现 • 理解精美的个性设计须要用适合的非常规的施工方法来实现 • 能发现办公室用非常规装饰材料 • 能进行构造的创意设计、绘制 • 能阐述个性材料的施工要点
工作任务	• 办公室个性材料、构造与施工
技术实践知识	• 在专用教室内，学生轮流四遍自行识别并记忆贴有注明品名、规格、产地等标签的个性材料 • 在专用教室内，轮流观看个性材料的构造断面 • 结合方案，外出搜集自己认为合适的个性材料 • 面向大家口述自己选用该个性材料的理由及其构造设计 • 在施工现场，观看不同个性材料的施工操作 • 结合施工现场的学习，书写并口述个性材料的施工要点
技术理论知识	• 个性材料的特点、适用范围及其与整体装饰的关系 • 选择适合于办公室的个性材料的方法 • 个性材料的构造（结合构造断面讲授） • 个性材料的施工要点（结合实际施工讲授） • 带着构思去学习、了解收集个性材料的方法与注意事项

表 3-30　办公室方案三草修改并定稿

参考学时	4
学习目标	• 能在装饰风格统一的要求下，整体审视局部个性设计造型、选材与平面及家具、顶面、立面造型以及选材等的整体性，发现并修改其不协调处 • 能在整体风格统一的要求下，整体审视局部用个性灯具、窗帘等与所选全部灯具、窗帘配饰物等的和谐性，发现并修改其不协调处 • 能完成修改后的方案定稿，按制图规范手绘其方案图

续表

工作任务	• 办公室方案三草修改并定稿
技术实践知识	• 理解设计要求,审视整体设计,发现并修改不符合要求处、不协调处 • 按制图规范手绘完成定稿的方案图 • 按制图规范手绘完成定稿方案中的节点处常规构造图
技术理论知识	• 下达项目任务并详细讲授办公室整体修改至定稿的要求及方法 • 反复修改整体方案的方法

表 3-31　办公室方案正稿拷贝

参考学时	8
学习目标	• 理解精美的图纸是方案中标的重要因素之一 • 能正确进行拷贝正稿前的各项准备 • 能运用针管笔、尺规等专用工具按制图规范拷贝方案的正稿
工作任务	• 办公室方案正稿拷贝
技术实践知识	• 硫酸纸、各种制图工具的选用 • 绘图板的准备 • 拷贝正稿,并及时处理拖墨等缺陷 • 保管好拷贝的正稿
技术理论知识	• 拷贝正稿前的各项准备 • 拷贝正稿及其缺陷的整修 • 拷贝后正稿的保管

表 3-32　办公室方案效果图绘制

参考学时	12
学习目标	• 理解准确表达设计意图且美的效果图是方案中标的重要因素之一 • 能正确进行方案效果图绘制前的各项准备 • 能手工绘制出透视准确的铅笔稿方案效果图 • 能运用笔、界尺等专用工具按透视规律绘制出逼真彩色效果图
工作任务	• 办公室方案效果图绘制
技术实践知识	• 图纸、界尺、各种绘图软毛笔、颜料等的选用 • 绘图板的准备 • 按透视规律手绘铅笔稿方案效果图并能整修其缺陷 • 快速裱纸及其缺陷的整修 • 拷贝手绘铅笔稿方案效果图至裱好后的纸上 • 绘制彩色效果图并能整修其缺陷 • 保管好绘制后的彩色效果图

续表

技术理论知识	• 方案效果图绘制前的各项准备 • 铅笔稿方案效果图绘制及其缺陷整修的方法与注意事项 • 快速裱纸及其缺陷整修的方法与注意事项 • 彩色效果图绘制及其缺陷整修的方法与注意事项 • 彩色效果图的保管

表 3-33　办公室方案预算

参考学时	20
学习目标	• 理解准确的方案预算是方案中标的重要因素之一 • 掌握方案预算的步骤及方法 • 能准确罗列出预算的各个项目 • 能按定额正确计算各个项目的工程量 • 会套用省、市及企业装饰定额 • 能使用 Excel 软件或专用预算软件(如赛德预算软件)预算出自己方案的总造价 • 能了解当前市场的人工工资标准及自己方案中所选材料的市场价格,以此初步核算按定额预算的利润
工作任务	• 办公室方案预算
技术实践知识	• 熟悉 Excel 软件或专用预算软件(如赛德预算软件) • 确定预算的各个项目 • 按定额要求计算各个项目的工程量 • 套用定额使用软件进行预算 • 材料、人工工资市场价格的调研 • 按材料、人工工资市场价格标准,核算按定额预算的利润
技术理论知识	• 方案预算的方法及步骤 • 确定预算项目的原则 • 按定额正确计算各个项目的工程量的方法及注意事项 • Excel 软件或专用预算软件(如赛德预算软件)的使用方法 • 材料、人工工资市场价格的调研的注意事项 • 核算按定额预算后利润的方法

表 3-34　办公室方案交底

参考学时	4
学习目标	• 理解透彻的方案交底是方案中标的重要因素之一 • 掌握方案交底的步骤及方法 • 会写设计说明 • 能准确进行自己方案的交底
工作任务	• 办公室方案交底

续表

技术实践知识	• 撰写设计说明 • 将设计说明、墨线图、彩色效果图、预算书等精美装裱于一体 • 进行自己方案的交底
技术理论知识	• 设计说明撰写的方法 • 图纸装裱的方法与注意事项 • 方案交底的方法与技巧

结合以上专业的学习以及相关实践，通过自身的努力，学生毕业后可获得室内装饰设计员、室内装饰设计师、建筑装饰助理设计师、计算机辅助设计绘图员、镶贴工、装饰装修工等资格证书，毕业后直接上岗，并胜任相关工作。

（二）项目化与信息化手段相结合，并开设课外讲座

项目教学方法的思想可以追溯到卢梭、裴斯泰洛奇等人的自然主义教育理念，而真正实施的应该是实用教育主义者杜威，他在《明日之学校》一书中描述了对多种项目教学的尝试。随后，克伯屈对项目课程的理论框架进行了完善，并逐渐被引入到职业教育领域。项目教学是一种师生为共同完成某一项工作而进行的教学活动，教学内容以专业面向的岗位工作任务为主要内容，要求教师要熟悉整个实践的操作流程。常州建设高等职业技术学校建筑工程装饰技术专业结合专业特色，努力加强专业教学内容与课程体系建设与改革，积极探索采用装饰企业工作岗位最常见的“项目组工作法”来组织课堂教学，以相关项目的工作任务激发学生学习兴趣，营造真实岗位场景，采取理论实践一体化教学模式；专业具有与装饰工程相关的软件，如工程项目管理软件、装饰工程造价软件等，充分利用投影、多媒体等信息化的教学手段。同时，为加强专业文化建设，更好地塑造学生的综合职业素养，实现教学目标，积极开展课程教学方案设计、教材建设工作，加强校本教材的开发力度。

除此之外，开设课外讲座也是本专业的一大特色。苏联教育家凯洛夫说过：“知识讲座有助于拓宽学生的知识面，有助于学生养成善于想象与思考的习惯，帮助他们了解当前自然科学与社会科学发展的现状……”①课外讲座，也被称为“第二课堂”或者“第二渠道”，对于理论知识相对贫乏的职业学生来说，不定期开设一些课外讲座不仅有利于开拓学生的视野，向学生传达行业内一些先进的理念，也有利于学生自身综合素质的养成。常州建设高等职业技术学校一般选择每周三下午开设一些专题讲座，如道德讲堂等，以扩大学生的知识深度与广度，深化绿色理念的渗透，促进学生的全面发展。

① 伊·阿·凯洛夫：《教育学》，陈霞等译，北京：人民教育出版社，1957年，第402页。

（三）专兼职教师队伍并行发展

著名教育家陈鹤琴先生曾经说过："没有教不好的学生，只有不会教的老师。"从某种意义上说这句话可能比较绝对，却可以说明教师队伍在人才培养方面占据着举足轻重的地位。师资力量是影响人才培养质量高低的重要因素，对行业性职业学校来说，强烈的行业导向为学校教师队伍增添了另一道"风景"，即不论是专职教师队伍，还是兼职教师队伍，学校都引入了行业专家，这对学校的课程设置、教学开展、实习实训等有着重要的促进作用。通过这些年的努力，常州建设高等职业技术学校建筑装饰工程技术专业已经初步具备了综合素质较高的教学团队，"双师"队伍比例迅速增加，主要由专业负责人、专任专业教师以及兼职教师构成。

本专业负责人应在本专业方面学术造诣较高，大学本科以上，具有副高以上职称，并具有较高的教学水平和实践能力，从事本专业教学 5 年以上，具有行业、企业技术服务或技术研发经历，在本行业及专业领域有较大的影响力。能够主持专业建设规划、教学方案设计、专业建设工作，能够为企业提供技术服务，主持或参与过市级以上教学或应用技术科研项目研究或担任过校级及校级以上精品课程负责人，并属"双师型"教师。

专任教师的学历逐年提高，并且大都来自国内知名高校的相关专业，具备扎实的建筑装饰及相关专业知识和专业技能，具有较丰富的高等职业教育理论知识，掌握高等职业教育教学规律，熟练掌握本专业人才培养方案和课程标准，具备理实一体化和信息化教学的基本能力以及继续学习能力，具有一定的从事教育教学改革和科研的能力，积极参加教学研究工作。专任专业教师 25 人，其中具有高级职称的 8 人，拥有技师或执业资格证书的专任专业教师 14 人，包括装饰设计师、放线员、镶贴工、电工、工程师等。目前，对专业教师而言，重点加强的是项目课程的开发与教学，学校通过定期召开研讨会，规定专业教师到校外实习基地挂职锻炼每年不少于两个月，同时参与一定的科研工作，以提高教师的专业教学水平。

另外，学校还有一支兼职教师队伍，一般都是来自于建筑行业，如江苏安厦工程项目管理有限公司、常州市安厦建设监理咨询有限公司、常州市规划设计院等单位，70% 以上都有中高级以上职称，如高级建筑师、高级工程师等，具有丰富的实践经历和工作经验，主要是为学生的实践技能课程与顶岗实习服务的。对于这两支教师队伍，学校都会安排针对性的培训，校内教师主要是以岗位的工作任务为主要内容，增强实践动手能力；校外兼职教师主要是侧重教育教学能力的培训，专兼结合，共同提高学生的就业能力。

（四）强化校内外实习实训基地建设

实习实训基地建设是职业学校发展的重要任务，是学校实训教学开展的基本依托和物质保障，直接影响专业技能的形成与发展。然而，实习实训基地在理论与实践方面都存在一些问题，如实训教学大纲与方案的设计缺乏科学性与针对性，基地的建设难以凸显各自办学特色，很多带有明显的功利色彩等。建校以来，常州建设高等职业技术学校一直致力于行业性技能人才的培养，在行业的导向下，秉持发挥实习实训基地的专业技能教学功能、产学研相结合的功能、职业技能培训与资格鉴定功能、社会服务功能的理念，不断加强校内外实习实训基地的建设。

首先，逐步完善本专业的校内实训基地建设，以满足校内专业技能教学的需要。根据校"十二五"规划中教学实习基地建设计划要求，以本专业紧缺型人才培养方案为指导，建立"仿真加全真"的校内建筑装饰实训基地。目前，本专业建有校内实训（实验）室近30个，完全满足学生校内教学实习要求。校内实训室总体情况如前所述，其具体配置（部分）可参见表3-35、表3-36、表3-37。

表3-35　建筑装饰工程技术专业校内实训室主要设备及数量配置标准

序号	实训（实验）室名称	实训任务	主要设备设施名称	单位	数量	实训室（场地）面积
1	画室（5个）	绘画造型训练	画架	个	40	每画室不小于160m²
			画凳	张	40	
			展台	个	5	
			静物	套	5	
			石膏几何体	套	2	
			石膏像	套	5	
			投影仪	台	1	
			幻灯机	台	1	
2	建筑装饰材料、构造陈列室	建筑装饰材料、构造与施工工艺认知	金属、木质品材料展示	项	1	建筑装饰材料、构造与工艺展示室不小于300m²
			软制品材料展示	项	1	
			五金、胶、油漆材料展示	项	1	
			建筑材料展示	项	1	
			灯具、电器材料展示	项	1	
			天棚工程施工构造及工艺展示	项	1	
			墙面施工构造及工艺展示	项	1	
			地面施工构造及工艺展示	项	1	
			门窗施工构造及工艺展示	项	1	
			隔断施工构造及工艺展示	项	1	
			幕墙材料、构造及工艺展示	项	1	

续表

序号	实训（实验）室名称	实训任务	主要设备设施名称	单位	数量	实训室（场地）面积
3	装饰工种实训工场	装饰涂裱、镶贴、管道、木工等实训	水电专用机、工具	套	1	装饰装修操作技能实训工场不小于120m^2
			展示用水电材料	组	1	
			展示用水电构造件	件	各1	
			演练用水电材料	套	足量	
			铺贴专用机、工具	套	1	
			展示用铺贴材料	组	1	
			展示用铺贴构造件	件	各1	
			演练用铺贴材料	套	足量	
			木作专用机、工具	套	1	
			展示用木作材料	组	1	
			展示用木作构造件	件	各1	
			演练用木作材料	套	足量	
			涂裱专用机、工具	套	1	
			展示用涂裱材料	组	1	
			展示用涂裱构造件	件	各1	
			演练用涂裱材料	套	足量	
4	制图室	建筑装饰制图实习	桌、椅	套	40	制图实训室不小于60m^2
			2#图板	张	40	
			丁字尺	把	40	
			制图用夹子	个	80	
5	装饰施工综合实训室	建筑装饰施工技术实训	钢材机	台	1	建筑装饰施工技术实训室不小于120m^2
			激光投线仪	台	2	
			手电钻	把	8	
			电锤	把	8	
			码钉枪	把	8	
			钉枪	把	8	
			手提电圆锯	把	8	

续表

序号	实训（实验）室名称	实训任务	主要设备设施名称	单位	数量	实训室（场地）面积
5	装饰施工综合实训室	建筑装饰施工技术实训	空压机	台	8	建筑装饰施工技术实训室不小于 $120m^2$
			石材切割机	台	1	
			木工联合机床	台	1	
			修边机	台	8	
			铁艺弯花机	套	1	
			手工工具	套	8	
6	室内陈设制作与安装实训室	室内陈设制作与安装实训	计算机	台	20	室内陈设制作与安装实训室不小于 $70m^2$
			小型雕刻机	台	2	
			曲线锯	台	4	
			手电钻	把	8	
			投影仪、桌椅、资料等	套	1	
7	计算机辅助设计实训室（4个）	计算机辅助设计实训	台式计算机	台	40	计算机辅助设计实训室不小于 $70m^2$
			稳压电源	个	1	
			电脑桌、椅	套	40	
			辅助设计软件（网络版）	套	1	
			投影仪	台	1	
			投影幕	个	1	
			音箱	台	1	
			实物投影仪	台	1	
			话筒	个	2	
			多媒体控制台	台	1	
			打印机	台	1	
8	装饰工程造价与项目资料管理室	建筑装饰工程计量与计价实训、建筑装饰工程项目管理实训	计算机	台	40	建筑装饰工程预算实训室不小于 $70m^2$
			预算电算化软件（网络版）	套	1	
			施工组织设计软件（网络版）	套	1	
			投影仪、桌椅、资料等	套	1	
			资料柜	个	8	
			打印机	台	1	

续表

序号	实训（实验）室名称	实训任务	主要设备设施名称	单位	数量	实训室（场地）面积
9	建筑装饰工程质量检验与检测实训室	建筑装饰工程质量检验与检测实训	质量检验与检测工具	套	8	建筑装饰工程质量检验与检测实训室不小于100m²
			投影仪、桌椅、资料等	套	1	
			施工现场环境	套	1	
10	装饰公司情景教学室	信息化与仿真教学	投影仪	台	2	不小于160m²
			必备办公家具、用具	套	1	
			台式计算机	台	20	
			扫描仪	台	1	
			激光打印机	台	1	
			数码相机	只	10	
			施工组织设计软件	套	1	
			计算机绘图软件	套	1	
			工程文档管理软件	套	1	
			手提电脑	只	1	
			音箱	套	1	
			数码摄像机	只	1	
			一体机	只	1	
			办公空间与设备（网线电话、桌凳等）	套	1	
			装饰教学仿真软件	套	1	
			预算电算化软件	套	1	

表 3-36　建筑绘画实训室

功能	场地面积/m^2	配置标准					
		序号	设备名称	规格	单位	最低配置	适用范围（职业鉴定项目）
专业课教室		1	多媒体				
		2	专用绘图桌		张	足量	
		3					
		4					

注:配备教师授课专用画具,如马克笔、彩色铅笔等。

表 3-37　建筑装饰制图绘图室

功能	场地面积/m^2	配置标准					
		序号	设备名称	规格	单位	最低配置	适用范围（职业鉴定项目）
制图专用教室		1	制图专用桌		张	足量	
		2					
		3					
		4					

另外,除固定的绘图实训室外,还设置了以下不同类型的实训室。

(1) 校内模拟公司。按市场中型规模装饰公司配置,在校内创建模拟装饰公司两个,作为实训职业能力的特定场所,作用非常大。

表 3-38　模拟装饰公司实训室

功能	场地面积/m^2	配置标准					
		序号	设备名称	规格	单位	最低配置	适用范围（职业鉴定项目）
供认知装饰企业和交底示范、演练用	$60m^2$ 左右	1	电脑		台	3	装饰设计员
		2	打印机		台	1	
		3	投影仪		台	1	
		4	必备办公家具、用具		套	1	

(2)"项目化"教学的专业实训室。按照装修施工先后顺序的工地现场的场景,创建4个专业教室,分水电实训室、瓦工实训室、木作实训室、涂裱实训室,供材料认知和构造施工示范、演练用。每个实训室内分有对应主辅材料、工具展示区、构造施工教师示范区、学生演练区、构造施工示范必备材料堆放区。如木作实训室,教室内有木作材料(主辅料、五金)陈列和展示区、教师现场动手演示区、学生训练区等,体现教师上课"工厂化"。实训室配置见表3-39—表3-42。

表3-39　水电操作实训室

功能	场地面积/m²	配置标准					
		序号	设备名称	规格	单位	最低配置	适用范围(职业鉴定项目)
供水电材料认知和构造施工示范、演练用	60m² 左右	1	水电专用机、工具		套	1	水电安装工
		2	展示用水电材料		组	1	
		3	展示用水电构造件		件	各1	
		4	演练用水电材料		套	足量	

表3-40　铺贴实训室

功能	场地面积/m²	配置标准					
		序号	设备名称	规格	单位	最低配置	适用范围(职业鉴定项目)
供铺贴材料认知和构造施工示范、演练用	60m² 左右	1	铺贴专用机、工具		套	1	装饰铺贴工
		2	展示用铺贴材料		组	1	
		3	展示用铺贴构造件		件	各1	
		4	演练用铺贴材料		套	足量	

表3-41　木作实训室

功能	场地面积/m²	配置标准					
		序号	设备名称	规格	单位	最低配置	适用范围(职业鉴定项目)
供木作材料认知和构造施工示范、演练用	60m² 左右	1	木作专用机、工具		套	1	装饰木工
		2	展示用木作材料		组	1	
		3	展示用木作构造件		件	各1	
		4	演练用木作材料		套	足量	

表 3-42 涂裱实训室

功能	场地面积/m^2	配置标准					
		序号	设备名称	规格	单位	最低配置	适用范围(职业鉴定项目)
供涂裱材料认知和构造施工示范、演练用	$60m^2$ 左右	1	涂裱专用机、工具		套	1	装饰涂裱工
		2	展示用涂裱材料		组	1	
		3	展示用涂裱构造件		件	各 1	
		4	演练用涂裱材料		套	足量	

以上这些实训室有的已经投入使用,有的正在筹建过程中,在本专业的教学中已经或者将要发挥重要的作用。

其次,依托行业办学的优势,深化校企合作,构建产学研教学基地。建筑装饰工程技术专业积极与建设类装饰行业密切联系,以期建立长期稳定的合作关系。目前,本专业在全省范围内建立了稳定的校外实训实习基地 12 个,其中 9 个基地成为本专业的长期合作单位,如常州华东装潢有限公司、常州市大度空间室内艺术设计工作室、常州市大地装潢有限公司、南京海雅室内设计有限公司、常州柏隆装饰工程有限公司、宿迁天一装饰工程有限公司、深圳美术装饰工程有限公司栋南设计中心、常州市美丽华装饰工程有限公司、常州贝特电脑工作室、江苏延陵建筑装潢公司、常州市苹果人空间设计公司、雄伟装潢工程公司等,开展项目认识、专业调研、学生毕业设计、学生实习、工种考核、装饰工程设计项目承接、室内设计师培训等多种形式的项目合作,一方面为学生见习、顶岗实习甚至是直接就业提供了广泛的空间,另一方面为学校教师提供了良好的科研环境。

再次,充分发挥自身的教育教学优势,利用在学校设立的技术鉴定站、工种岗位培训站等条件,承担了一定的社会培训工作,并进行各种工种考核,发放工种技能证书。如表 3-43 就是该专业近几年的培训概况。

表 3-43 2010 - 2012 年度建筑装饰工程技术专业社会培训情况统计

年度	序号	培训项目名称	额定课时	人数	总课时	折合人次	年度培训人次
2010	1	质检员(土建)继续教育	16	471	7 536	628	628
2011	1	质检员(土建)	40	177	7 080	590	590
2012	1	质检员(土建)	40	398	15 920	1 326	1 326
三年培训总人次		2 544	专业学生数		624	年度平均培训人次比例	136%

最后，利用已经掌握的技术优势，充分发挥实习实训基地的社会服务功能。该校一直致力于培养一支掌握熟练技能的师生队伍，根据自己所具有的知识、能力，为地方社区、中小企业等提供力所能及的服务。这样不仅提高了整个学校的办学影响力与社会知名度，而且对教师的专业发展、学生综合素质的提升都有重要意义。

（五）完善考核评价机制，评价方式多样化

评价考核是检验教学质量、弥补教学不足、改进教学督导的基本途径，对行业性职业学校而言，应该在对接行业标准、行业要求的前提下，形成有行业特色的考核评价机制。常州建设高等职业技术学校建筑工程装饰技术专业在发展过程中，不断完善考核评价机制，基本形成了有自身特色的评价方式。

1. 评价机制的核心思想——行业标准引导下注重学生职业能力的培养

随着建设行业对各专业的人才培养提出新要求，该校建筑装饰工程技术专业教研室成员认真研读行业标准，定期召开学生考核评价机制制定会议，普遍认为新的行业标准更加重视的是学生的职业能力培养，包括学习与迁移能力、解决问题的能力、社会方法能力以及专业技术能力，应积极主动地改革传统的功利化考核倾向，以提高学生的综合素养。

2. 评价机制的主要方式——多元评价相结合促进学生职业能力的发展

建筑装饰工程技术专业的考核方式采用阶段评价与目标评价相结合，转变评价观念，评价的目的从注重甄别转变为注重激励、诊断和反馈；转变单一评价方式，注重使用多元评价方式，使终结性评价与过程性评价相结合、理论学习评价与实践技能评价相结合；采取多样化考核评价方式，除书面考试外，还采用观察、口试、现场操作等方式，进行整体性、过程性和情境性评价，有条件的课程，还与社会评价相结合，如参加考工、考级、资格认证等；加强评价结果的反馈，通过及时反馈，更好地改善学生的学习，有效地促进学生发展，在反馈中充分尊重学生，以鼓励、肯定、表扬为主。

3. 评价机制的主要内容——渗透行业参与的项目化课程考核内容

项目课程的主要特点就是对岗位工作任务、模块内容以及职业范围作了明确的规定。因此，本专业以渗透行业参与的项目课程为主要考核内容，即基于对应行业岗位的工作流程、岗位任务以及行业资格证书的要求，邀请行业专家共同参与课程的开发以及考核试题库的建设。下面以办公装饰技术课程为例，该项目课程的考核是将每位学生视为设计的乙方，将外聘有经验的1名企业从业人员和1名教师组成的考核小组视为甲方，按企业完成装饰项目的要求进行的。具体如下：

（1）考核方法

首先，将本项目学习中已识别的每种类型装饰材料的5个样本搬至教室，并将样本标签遮住。接着,让每个学生将自己的设计方案摆放在考核小组面前,进行方案交底,即让学生逐一口述介绍自己方案的构思过程,如该方案采用了什么风格?选择了什么装饰材料来表现设计意图?是如何表现的?所选材料的构造怎样?是如何施工的?这样的方案总造价是多少?等等。最后,现场指认搬至教室的装饰材料样本,让其快速准确说出所指认的10个不同装饰材料,并口述其装饰构造和施工要点。

(2) 成绩评定

总分为100分,其中分值比例分配如下:

a. 方案设计占25%,视其设计的合理、个性程度酌情给分;

b. 材料识认准确性占15%,错认一种扣1.5分;

c. 装饰构造正确性占15%,视其口述结果的正确程度酌情给分;

d. 施工要点准确性占15%,视其口述结果的正确程度酌情给分;

e. 方案预算准确性占15%,视其预算项目设定、造价准确程度酌情给分;

f. 口头表达能力占15%,视交底情况酌情给分。

最后,根据相应得分给出优、良、及格、不及格的评定。如表3-44就是某一门课程的项目成绩评定表。

表3-44 ××××课程项目成绩评定表

班级 学期

学号	姓名	方案设计25%	材料识认准确性15%	装饰构造正确性15%	施工要点准确性15%	方案预算准确性15%	方案交底15%	总分	等第

4. 评价机制的主要保障——学分与职业资格证书并存

在强烈的行业导向下,突出学生的职业能力培养。本专业不仅要求学生完成学校规定的总学分,还要求学生取得相应职业资格和技能证书,如获取全国计算机一级等级证书和至少一张与本专业相衔接的国家职业资格证书(高级镶贴工、高级管道工、施工员、质量员、安全员、材料员等)。实行学分与职业资格证书并存的考核形式,一方面可以保证学生顺利完成基本的学业;另一方面又可以帮助他们取得相应的职场通行证,提升就业能力。

第四章

职业学校培养行业性技能人才的教学创新

第一节　职业学校培养行业性技能人才的教学设计

职业学校要培养行业性技能人才，制定人才培养规格、确立专业人才培养方案以及开发相应的课程体系只是初步的工作，根本来说，还须要通过有效的教学创新来将各类培养方案和课程体系予以落实，否则，再完善、再科学的人才培养方案与课程建设也只会停留在纸面上。教学工作涉及诸多环节，然而，有效的教学设计是所有教学工作的第一步。对职业学校来说，须要紧紧围绕培养行业性技能人才这一最终教学目标来进行系统、严谨的教学设计。

一、职业学校培养行业性技能人才的教学设计概述

从一般意义上来说，教学设计是教师对课堂教学活动所做出的事先安排与计划，它对学生所要达成的教学目标和学习结果以及为促成目标所必需的教学情境都有着系统的筹划。教学设计的本质在于创设一个有效的教学系统，它是一个目标导向的系列活动，不管在哪个年级、哪个课程层次、哪个具体教学环境中开展设计，都离不开确立目标、导向目标和评价目标。① 职业学校在培养行业性技能人才的教学活动中，首先要明确教学任务，即教师要达成怎样的教学目标，学生要达成什么样的学习结果；其次在确立教学目标后，职业学校教师应采取什么样的教学策略，怎样对教学情境进行安排，以达成教学目标，这个过程就是导向目标的过程；最后要知道我们是否实现了教学目标，我们的教学策略是否有效，就必须采取一定的测量工具对教学效果进行评价，这就是评价目标。

---

①　盛群力编著:《教学设计》,北京:高等教育出版社,2005 年,第 1 页。

（一）教学设计的基本思路与框架

目标导向的教学设计以其系统与简洁的特征，表现出很强的张力，可以广泛适用于基础教育、职业教育以及高等教育等各种教育形式。依据马杰的观点，目标导向的教学设计实际上主要回答了三个类型的问题①：

① 我们要到哪里去？

② 我们怎样到那里去？

③ 我们是否到了那里？

"我们要到哪里去"即是确立教学目标的过程；"我们怎样到那里去"即是采取各种教学策略来达成教学目标的过程；"我们是否到了那里"即是评估我们是否实现了教学目标的过程。图 4-1 就是以目标为导向的教学设计模式，这也是我们进行教学设计的基本分析框架。

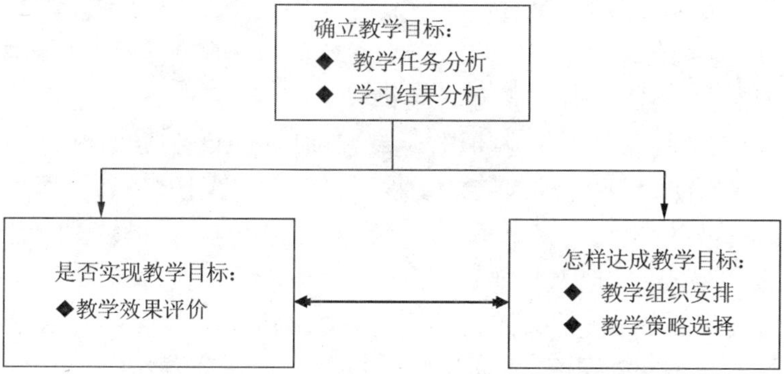

图 4-1　目标导向的教学设计基本框架

从以上框架当中的三个问题来看，教学设计的基本思路在于处理好三个方面的关系，也即学习结果、学习过程以及影响学习的内外部条件。这个思路是美国著名教育心理学家加涅于 20 世纪七八十年代提出的，他认为学习者的内部状态和学习过程表现在言语信息、智力技能、动作技能、情感态度以及认知策略等几个方面，它们也是学习者的内部学习结果；学习的外部条件包括教学环境当中的各种刺激，它们与学习者的内部条件相互作用并影响着学习者的学习结果。

学习者的学习过程包括"内部学习过程"（internal learning processes）与"外部学习过程"（external learning processes）。内部学习过程是学习者对外部的教学刺激进行内在的心理加工的过程，它通常表现为感知、记忆、思维、想象等。因此，学习者的内部学习过程是难以直接通过外部观察进行监测的。外部学习过

① Mage, R. R.：《有效教学的设计》，盛群力、高丽等编译，杭州：浙江教育出版社，2006 年，第 6 页。

程是学习者与教学环境中的外部条件如教师、同学、教学设备等进行互动所表现出的外显行为,当然这些外显行为不仅表现为与人或物的互动,也表现为观点与思想的互动,它们是教育者可以通过外部观察进行监测的。

学习者的学习结果也包括两类,一是“内部学习结果”(internal learning outcomes),二是“外部学习结果”(external learning outcomes)。内部学习结果是学习者经过内在心理加工,把学习经验转化为能够在心理上表征的知识形式,并且长期储存在记忆当中。这些内部学习结果既可以是学习者经过记诵而储存在记忆中的书本知识,也可以是智力技能、动作技能以及情感态度等。内部学习结果是学习者经过长期学习而内化在内部心理结构当中的一种能力,这种能力具有稳定性与可迁移性的特征,它可以随着学习者迁移到新的情境当中。实际上,作为一种内在的能力结构,内部学习结果也是教育者所追求的希望学生能够达成的最终学习目标。例如,就常州建设高等职业技术学校的建筑装饰工程技术专业来说,经过系统的学习,学生应能够达成这样的学习目标:具备建筑装饰构造的基本理论和专业知识,具备建筑装饰设计、建筑装饰施工、建筑装饰工程计量与计价、竣工验收保养等专业知识,具有正确识读与绘制建筑装饰工程方案图与施工图的基本能力,具有建筑装饰工程项目施工与现场组织、管理和协同工作的能力,具有良好的文化艺术审美修养,等等。外部学习结果是教育者可以观察到的,学习者所内化的知识、技能、态度等学习经验的外显行为,它们也是教学设计中作为首要环节的“教学具体目标”。以常州建设高等职业技术学校的建筑装饰工程技术专业基础课程“平面构成基本形式——重复构成”课为例,经过该课的学习,学生在知识目标方面应掌握重复构成的概念、特征、基本形、骨格;在能力目标方面,能够运用重复构成的形式完成图形设计;在情感目标方面,引导学生发现体验生活中重复图形的美感,提高审美和品鉴水平。

“教学目标”(instructional goals)通常是指学生的外部学习结果,它是在教学活动结束后,学生能够表现出来的能力。要回答“我们要到哪里去”这一首要问题,就必须确立具体而清晰的教学目标。然而,我们也应该认识到,可观察到的学生学习结果实际上是学生内部学习结果的外化,知识技能只有内化在学生的心理结构中,才会形成稳定的与可迁移的能力。

“我们怎样到那里去”说的是我们如何达成教学目标,这就涉及教学策略的选择。为促使学习者达成教学目标,教师须要设计一整套的教学策划方案,来说明选取哪些教学材料,应用哪些教学设备,采用哪些教学方法,如何安排教学情境。

那么“我们是不是到了那里”?要回答这个问题,就必须进行教学评价。要采用多样化的测量手段来评估学生教学目标的实现程度。

目标导向的教学设计具有较强的普适性，许多教学设计模式就是目标导向教学设计的扩展，目前，比较有代表性的有美国著名教学设计理论家迪克和凯里设计的“迪克和凯里模式”。

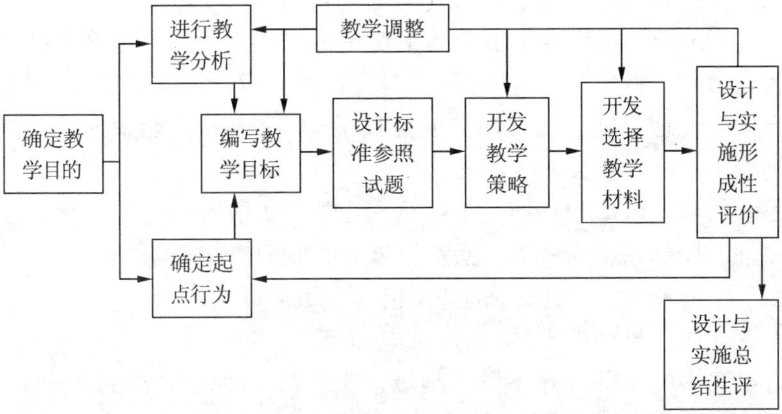

图 4-2　迪克—凯里教学设计模式①

迪克和凯里模式如图 4-2 所示，包含八个相互联系的组成要素，这些组成要素构成了一个完整的程序系统，教师或其他教育者可以借此来设计、开发、评价和调整教学活动的每一个步骤。

（二）教学任务分析

1. 行业性技能人才的教学任务分类

从教育心理学的角度来看，教学任务实际上是一种教师设定的、学生能够达成的学习结果，是学生在教学活动影响下所产生的心理变化，正确地把握行业性技能人才的教学任务的类型是我们做好教学任务分析的基础。行业性技能人才的培养目标不仅包括操作技能的养成，还包括智力、认知、态度等。借鉴加涅的学习理论，行业性技能人才的教学任务可以分为五种类型，包括言语信息、智力技能、认知策略、动作技能和态度，这种分类模式在教学设计中得到了广泛应用。

（1）言语信息

言语信息（verbal information）是一种可以被学生回忆和复述的陈述性知识，它储存在学生的长时记忆当中。加涅认为，言语信息包括四种形式，分别是称呼、事实、有组织的事实和言语锁链。

称呼（labels）是指某种符号或名称，用来指称客观的物质或抽象的事物，以便于我们描述周围的世界。例如，我们将拥有一定数量的学生与教师，并在固定

① 参见盛群力编著：《教学设计》，北京：高等教育出版社，2005 年，第 17 页。

的教学场所展开有规律教学活动的地方称为学校;在建筑行业中,我们将那些负责编制施工组织方案与工地实施方案的人员称为施工员,将编制工程概预算与工程结算的人员称为造价员,将检查工程项目的人力、材料、主要设备使用情况、工艺过程以及工程计量数据的人员称为监理员。

事实(fact)是学习者储存在大脑记忆中的某些观念,它们通常可以用完整的语句表述出来。例如,中等职业学校是在高中教育阶段进行的,根据职业岗位的要求有针对性地实施职业知识与职业技能教育,培养技能型人才与高素质劳动者的学校。

有组织的事实(organized fact)是指一组相互联系的命题共同表达了某一概念或者原理。例如,我们在向机电专业的学生讲授电动机的原理时,必然会涉及“电磁感应”这一概念。“电磁感应”则包含了如下事实:

放在变化磁通量中的导体,会产生电动势。

闭合电路中的一部分导体做切割磁感线运动,电路中产生感应电流。

“言语锁链”是指一系列一一对应地储存在学习者记忆当中的词汇或语句。例如,世界各国的国名、班级同学的姓名、英文字母表、各类建筑材料的名称,等等。与有组织的事实不同,学习者掌握言语锁链无须记忆某些有意义的命题,而只须要按照顺序将其记住即可。

(2) 智力技能

智力技能是学习者的心理内部对环境做出符号表征与互动的过程。在问题解决的过程中,我们总是需要先调动长时记忆当中的有关经验、原理与方法,然后将其运用到新的情境中来,进而又形成新的学习经验。因此,智力技能更多的是一种心理活动的过程,但也会与外界的事物发生互动。

加涅认为,智力技能包括四种形式,分别为辨别、概念、规则与原理、问题解决。

辨别(discrimination)是指学习者观察和感知事物之间差异的一种能力。通过辨别,我们可以感知事物的差异所在。例如,建筑装饰设计专业的学生需要对色彩与图形具有良好的辨别与感知能力,建筑工程技术专业的学生须要辨别不同建筑材料的性能与特点。

概念(concept)是对一系列拥有共同属性的事物所作出的概括与归类。掌握了概念,学习者就可以把某一系列客体或事物作为一类加以处理。另外,概念也有具体与抽象之分,具体的概念如楼房、土方、门帘、排水管道,等等;抽象的概念如安全系统、建筑规划、信息管理、项目管理,等等。

在教学目标的设计中,我们通常用如下动词来反映概念层面的学习结果,例如,鉴别、分类、区分、识别等,目的就是引导学生运用概念思维来处理和消化知识。

规则和原理(rules and principles)的学习要建立在掌握概念的基础之上,因为,规则和原理一般要涉及两个以上的概念之间的逻辑关系。规则通常是对学习者的行为所作出的限制与规定,例如,在建筑施工的过程中,施工人员必须遵循安全施工的各种规章制度。原理则通常是指客观事物的运行规律,它会包括多种具有内在逻辑关系的概念,它有助于学习者预测、解释与判断事物的发展情况。例如,材料具有热胀冷缩的特点,正是因为这个原理,在铁路施工时,工程人员会在相邻的铁轨之间预留足够的缝隙,以防止天气炎热时,铁轨因为膨胀而扭曲变形。

规则和原理反映在教学目标的设计当中,通常会用如下动词来表示:“运用”或“展示”。当然,也可以用各种动词来直接规定学生的行为。例如,运用cad软件进行辅助设计及绘制效果图,能根据资料分析合理选择住宅类型与户型。

问题解决是一种更为综合与高级的能力,它建立在学习者掌握概念、规则和原理的基础之上,并且涉及多种类型的知识的运用与整合,例如陈述性知识、策略性知识、程序性知识、情感性知识等。

解决问题须要运用更为复杂的规则,须要综合考虑各种类型的规则和原理。学习者在解决某种问题后,同样的问题解决思路可以迁移到新的情境当中,由此形成问题解决的能力。在教学目标的设计中,对于问题解决的目标表述经常用“解决”这一词汇,然而,不同的学科或领域涉及的规则和原理是千差万别的,因此问题解决能力的内涵也极为丰富。

(3) 认知策略

对于学习者来说,仅仅记住具体学科领域的概念、规则和原理是远远不够的,他们还必须掌握认知策略这一更为高级的思维能力。认知策略是体察、内省及调整自身思维活动过程与外部行动过程的能力。实际上,认知策略类似于一种心理规划能力,在学习者思考与解决问题的过程中,它可以使学习者着眼于问题需要,不断选择和调整各种智力技能,并对整个思维过程实行监督和控制,以最终达成目标。

杜威提出的“思维五步”教学法实际上就是按照认知策略的模式来设计的,杜威极为重视思维能力的培养,他认为“思维就是明智的学习方法”,“就是有教育意义的经验的方法”。所以,他将思维五步的方法运用到了教学当中,提出了教学的五个步骤:第一,学生要有一个真实的经验的情境或者要有一个对活动本身感兴趣的连续的活动;第二,在这个情境内部产生一个真实的问题,作为思维的刺激物;第三,学生要占有知识资料,从事必要的观察,对付这个问题,提出解决这个问题的种种方法和策略；第四，教师要帮助学生推断假设是否合理，形成科学的认识。学生的假设不一定是正确的或合理的，因此教师须要引导学生通过逻辑的方法来证明哪些假设是科学合理的。第五，教师要为学生创造应用知识的实践机会。因为，将假设仅仅局限于头脑中是不够的，还要根据这种假设来实际地去做。这样，“思想的结果才有圆满的意义，才有真实的性质”①。

至于认知策略的教学目标设计，则经常会用到这些动词：“开发”、“编制”、“创立”等。

所以，总结前面的内容，可以看出，从智力技能到认知策略是一个逐级递进的关系，学习者只有掌握了辨别能力才能够区分各种概念，只有具备了一定的概念基础，才能够进行规则和原理的学习，而认知策略的运用则必然涉及各种规则和原理的选择和调整。了解人的这种认知规律，对于教学设计的编写具有重要的意义。教学目标的设计必须遵循人由简单到复杂、由具体到抽象的认知过程。下面以常州建设高等职业技术学校建筑装饰设计专业的“平面构成的形式（重复）”为例，来说明这种教学目标的设计方法。

① 辨别：什么是重复？哪些是重复图形？

② 具体概念：重复是指相同或近似的形态和骨骼连续地，有规律、有秩序地出现。

③ 规则和原理：在设计中连续不断地使用同一元素，成为重复基本形，使设计产生绝对和谐统一的效果。

④ 问题解决：运用重复构成的原理来进行重复构成设计。

（4）动作技能

以上我们介绍的主要是认知层面的智力技能，它关注的是学生心理方面的因素，而动作技能则更加关注身体外部动作的训练，它是通过人的身体动作和肌肉群的协调、稳定、有效的运动来达成某一目标。动作技能是学校培养行业性技能人才所须要着重关注的一个关键技能。国务院《中国教育改革和发展规划纲要（2010）》中指出：“我国职业教育的培养目标应以培养社会大量需要的具有一定专业技能的熟练劳动者和各种实用人才为主。”这种培养目标要求，中等职业学校毕业生必须具备一定熟练的动手操作技能，这也是行业性技能人才所应必备的。

当然，动作技能的过程实际上也有思维、认知等心理过程的参与，它们对动作技能的过程起到计划、监视、调整和评估的作用，尤其是像汽车驾驶技能、电脑操作技能等更是需要高强度的认知过程的参与，才能够协调、有效地完成一系列

---

①　简・杜威：《杜威传》，单中惠译，安徽教育出版社，1991 年，第 78 页。

的动作。

在教学目标设计方面，动作技能主要是通过在实践训练中去执行与完成某些事情来培养。例如，能够正确使用测量仪器进行施工测量，能够进行水暖电气设备安装。

（5）态度

态度与智力技能、动作技能等存在着根本性的差别，它属于一种情感性的知识，难以通过系统和有目的的训练来进行培养，但是由于态度是决定学习者学习意愿的主要因素，因此它对学习者的学习效果的影响也极为深远。加涅认为，态度是“影响个体对自身行为做出选择的内部状态”，这种内部状态所指的就是情绪情感。

情绪情感是人的一种复杂的、变幻不定的心理状态，它受多种难以控制的因素的影响，因此要想类似于训练人的智力技能或动作技能那样来塑造人的态度实际上是非常困难的，尽管如此，教师仍可以有意识地引导学习者的态度。

态度方面的教学目标设计多涉及理念、意识、价值的培养等方面。以学校的建筑工程技术专业为例，建筑工程技术专业的学生要具有“安全至上、质量第一”的理念，具有节约资源、保护环境和绿色施工的意识，具备良好的政治思想素质、职业道德、公共道德和法律意识，具有健康的心理和正确的世界观、人生观、价值观。

2. 教学任务分析的步骤

明确学习者的学习结果类型是我们认识和设计教学目标的第一步，第二步就需要教学任务分析。教学任务分析是连接学习结果与教学目标进而选择教学策略的桥梁①，它为整个教学活动过程指明了方向。从根本来说，任务分析能够帮助教师仔细思考，在教学活动结束之后，学生能够取得哪些类型的学习结果，比教学活动开展之前取得了哪些进步。

在职业学校培养行业性技能人才的教学活动中，教学任务分析是非常重要的一环。学校的课程开发人员须要清楚地了解行业性技能人才的技能结构，考察和探究不同行业的技能人才所必备的能力和素质的构成要素有哪些。如此，教师才能根据行业所要求的技能人才的素养结构，来明晰学生所应取得的学习结果，以进行有针对性的教学任务分析。

教学任务分析同时也是一种思维过程，它能够帮助教师仔细检视整个教学活动过程，确保学生能够取得教学目标所要求的学习业绩，对达成教学目标的先决条件进行周密的考虑与规划。因此，教学任务分析如同人的认知过程也要符

---

① 盛群力编著：《教学设计》，北京：高等教育出版社，2005 年，第 87 页。

合程序性的特点。

一般来说,常用的教学分析步骤有以下六步:

① 设计某一学习目标;

② 明确该学习目标的学习任务类型;

③ 对目标进行信息加工分析;

④ 实施先决条件分析并确定该先决条件的学习类型;

⑤ 为学习目标和每一项先决条件编写具体目标;

⑥ 设计测验评价表。

(三) 教学过程分析

1. 教学准备阶段

在教学准备阶段,教师要帮助学生做好接受教学内容的心理准备。以加涅的信息加工观点来看,教学准备阶段至少包括三个心理认知过程,分别是注意、预期、回忆原有知识经验。

首先,注意就是学习者处于一种警觉的状态,在这种状态下,学习者能够对即将学习的知识内容保持一定的兴奋性,这样,教师才能够对学习者施加有效的教学刺激。如果学习者不能保持注意,那么无论教师采取怎样的教学手段,也难以使学习者将知识内容录入自身的记忆当中。所以,注意是学习者进行学习活动的开端,它影响着接下来一系列学习活动的效果。因此,教师须要采取多种手段来唤起学生的注意,基本方式如音调、手势的变化,还可以通过围绕学生感兴趣的问题提问、播放视频、展示图片等来引起学生的注意,达到使学生保持学习警觉的目的。

其次,预期是指学习者清楚地了解经过学习活动后自己将要取得的学习结果,这对维持学习者的学习动力是十分必要的。在教学活动中,尽管教师可能非常清楚自己的教学目标,但是对于学生来说,他们对于自己可能要达成的学习结果仍然是十分陌生的。因此,教师须要使学生了解自己的学习目标,当学生对学习目标有了比较清晰的了解后,他们才能产生一种学习的预期,并且这种预期会在整个学习活动的过程中不断得到反馈,正向的反馈会不断强化学生的学习动力。教师在向学习者解释学习目标时要清楚具体,使学生知道自己在学习活动结束后,能够表现出怎样的行为业绩。教师宜采用具体的事例来阐述学习目标,例如,可以采用城市道路改造的例子来说明在已知两条街道呈直角的情况下,怎样用勾股定理计算新建道路(斜边)的长度,这样可以有助于估算道路施工建设所需要的人工与材料费用。

再次,学习者在学习新的知识内容之前,需要在记忆中提取相关的原有知识经验来建立联系,这样新的知识内容才能建构在学习者的知识结构中,如此才能形成有意义的学习。那么,怎么样来提取原有的知识经验呢?如果学习者并不具备与新知识相关的知识经验,教师就须要安排相应的教学活动来弥补;如果学习者已经具备了相关的知识经验,那么教师就可以通过问题导入或安排学生复习的方式来回忆原有的知识内容。

2. 教学展开阶段

教学展开阶段是教师引导学习者积极地加工学习各种陈述性知识、程序性知识及情感性知识的过程,加涅认为,这个过程存在四种心理加工方式,即选择性知觉、编码、反应、强化。

首先,选择性知觉是指由于学习者具有不同的认知、动作及情感特点,他们对教学环境中的不同刺激会进行有选择的注意与加工学习。在教学活动中,教师须要采取一些措施引导学生注意教学内容的关键特征,为其选择性知觉提供教学支持。例如,教师可以通过口头交流来告诉学生须要注意哪些关键内容,教师也可以通过圈注、下划线、色彩标示等手段来提示重点内容,对重点知识部分或知识模块的关键特征也可以通过反复讲授来予以强化。

其次,编码是指学习者将新知识内容与学习者长时记忆库中原有的知识内容建立联系与生成意义的过程。要帮助学生进行有效的编码,就需要对学生的学习过程予以指导,使学生知晓在哪些环节、哪些地方应该如何编码,运用怎样的认知学习策略来进行编码。就陈述性知识而言,学习者可以通过归纳、类比、列提纲、画概念图等思维策略来进行编码;就程序性知识而言,学习者须要思考行动产生的内外部条件,以此来进行编码。

再次,反应是指学习者应用新近学习的知识技能来对相应的外部刺激做出回应的外显行为。教师可以通过安排一定的外部刺激环境或教学支持,创造学习者可以应用锻炼新知识技能的条件,以促进新知识技能的强化。

第四,根据行为主义的观点,强化是对学习者的某种反应设置一定的外部刺激,以增强其在未来出现这种反应的可能性。在课堂教学中,实际上也存在着多种强化方式,例如教师的口头表扬或物质奖励,较高的测验分数和业绩表现等。

3. 教学结束阶段

课堂教学的最终目标是使学生形成迁移能力,尤其是对行业性技能人才的培养来说,教学的有效与否就在于学生能否把在课堂中学到的新知识、新技能应用到课堂之外的工作情境当中,否则,我们的教学活动就是失败的。教师要主动创设促进学生知识迁移的教学条件,具体有如下几个方面:

首先,提供丰富的实践训练机会,促进学生新知识技能的强化。要使学生掌握新的知识技能,就要把学生从课堂当中解放出来。因为,课堂环境是受教师操控与支持的,学生容易对教师产生依赖心理,这样反而不利于新知识技能的训练,而在实训活动等新的情境当中,学生须要自主判断如何应用知识技能,这样可以更加迅速地促进学生的能力提高。

其次,安排一定的复习与练习活动。新知识技能的巩固不是一日之功,它须要定期、系统地复习,而且分散多次的复习要比集中复习的效果更好。坚持复习与练习活动对于新知识技能的巩固乃至迁移都会产生积极的影响。

再次,进行科学有效的测评,使学生能够评估自己的学习结果,以利于改进。在教学活动结束之后,教师须要设计一定的测评表来评价学生的学习结果,考察教学策略或手段是否有效,教学目标是否达成。同时,测评结果也有利于学生诊断自己的学习结果,较高的业绩表现会强化学生的成就满足心理,从而增强其学习动机;如果学生测评成绩较低,教师就要指导学生发现自己学习问题的原因,以提出有针对性的改进策略。

二、职业学校培养行业性技能人才的教学设计案例

以下选取了常州建设高等职业技术学校两个比较有代表性的教学设计案例,第一个是学校楼宇智能化工程技术专业开设的专业基础课程“智能建筑安防系统施工”的教学设计案例,由该校的管名豪老师设计编写;第二个是学校建筑装饰工程技术专业开设的专业基础课程“平面构成基本形式——重复构成”的教学设计案例,由该校的袁茹老师设计编写。

(一)“智能建筑安防系统施工”课程的教学设计

教材

《建筑弱电系统安装》(建筑设备专业),梁嘉强主编,中国建筑工业出版社出版,2010 年 2 月第二次印刷。

课程介绍

“智能建筑安防系统工程施工”课程是楼宇智能化工程技术专业的一门专业核心主干课程,前导课程包括:信息技术基础、网络综合布线、暖通空调、动力配电和建筑识图等,后续课程有:工程造价、施工组织、顶岗实习、毕业设计。通过“智能建筑安防系统工程施工”课程的实施,学生能够独立完成安防系统工程中视频监控系统、防盗报警系统、可视对讲系统和巡更管理系统的管线施工、设备安装、调试验收和施工组织等工作,正确地解决施工中的实际问题。因此,本课程具有很强的工程应用性与实践操作性,能满足智能建筑安防行业岗位(群)对职业能力和职业素养的要求。

课程内容的组织以典型的工作任务构建学习情境,选取了超市类安防系统工程施工、写字楼类安防系统工程施工、校园类安防系统工程施工、小区类安防系统工程施工和医院类安防系统工程施工五个学习情境,分别对安防系统工程

中的视频监控系统、防盗报警系统、周界防越系统、可视对讲系统和巡更系统的施工项目进行扩充式的训练。

学时安排

写字楼类安防系统工程施工共20个学时，其教学单元有4个部分，包括介绍防盗报警系统、安装防盗报警系统中的探测器、调试与优化防盗报警系统和联调防盗报警系统与视频监控系统。本教案是针对其中第二个教学单元——安装防盗报警系统中的探测器进行设计的，共4个学时。

学生情况分析

“智能建筑安防系统施工”课程的授课对象为五年制高职楼宇智能化工程技术专业三年级的学生。学生在学习本课程之前，须要完成“信息技术基础”、“网络综合布线”、“建筑识图”等先导课程的学习。针对本教学单元的学情分析，具体如下：

1. 学生的“已知”情况

在进行本教学单元前，学生已经完成了前一个教学单元——介绍防盗报警系统的学习，学生已经了解了防盗报警系统的工作原理，知道了系统结构，知道系统中前端设备、传输设备和终端设备的分类。这是能顺利进行本教学单元的知识储备。

2. 学生的“未知”情况

在进行本教学单元前，学生还不清楚防盗报警系统中各探测器接线端子的具体含义及作用，不清楚如何进行探测器的仿真安装施工，不清楚如何根据施工图纸正确安装探测器，不清楚如何对已经安装好的探测器进行线路优化。这些是本教学单元须要解决的问题。

3. 学生的“能知”情况

在进行本教学单元前，学生对防盗报警系统有一定的认识，通过教师正确的引导，学生可以识别探测器各接线端子的具体作用，能够逐渐掌握5种探测器正确的安装方法，并能够实现探测器的“防拆”功能。这既符合学生的认知规律，也符合本专业人才培养方案的要求。

4. 学生的“想知”情况

本教学单元的设计与实施符合现场的施工规范，但由于客观场地原因的限制，如红外对射探测器发射器与接收器之间的间隔小于实际施工时的间隔，学生在学习本教学单元的同时，还特别想知道实际施工中对于探测器的安装，还有哪些注意事项。

5. 学生“怎么知”

教师授课所面对的学生均是“90后”，他们非常熟悉网络游戏中的“过关、冲卡”模式，也乐于在这种模式中获得成功的喜悦。在进行本教学单元过程时，教师需要在教学重点、难点问题上设置合理障碍，正确引导学生，让学生主动寻求解决问题的方法，挖掘他们的潜能，让他们在学习中体会收获的快乐。

教学目标

1. 知识与技能

① 能够准确说出防盗报警系统的结构和工作原理；

② 能够准确说出防盗报警系统中红外对射探测器的工作原理及技术指标；

③ 能够准确说出防盗报警系统中另外4种探测器（被动红外探测器、红外幕帘探测器、玻璃破碎探测器、震动探测器）的工作原理及技术指标；

④ 能够正确说出红外对射探测器3对接线端子的作用，并且完成红外对射探测器的仿真安装施工；

⑤ 能够完成防盗报警系统中另外4种探测器（被动红外探测器、红外幕帘探测器、玻璃破碎探测器、震动探测器）的仿真施工；

⑥ 能够根据施工图纸进行防盗报警系统的施工。

2. 过程与方法

① 提高学生理论联系实际的能力，培养具有动作技能的职业信心。学生在安装防盗报警探测器时，学会分析相应探测器的接线端子，学会按图进行探测器安装的方法。

② 提高学生团队合作与沟通的能力，培养具有智慧技能的职业素质，学生在安装防盗报警探测器时，在正确安装的同时，能够考虑探测器实际效果，能够思考如何优化系统。

3. 情感、态度、价值观

提高学生思维发散的能力，培养学生自我学习的意识，学生在遇到新的防盗报警探测器时，能够根据设备说明书，正确安装防盗报警探测器。

教学难点

在进行本教学单元时，教师重点负责引导学生突破本次课的一个难点，即识别红外对射探测器3对接线端子，理解这3对接线端子的作用，从而学会正确安装红外对射探测器。

教学重点

学生突破这个难点后，通过学习，掌握本教学单元的重点，即结合实训指导手册和设备说明书，掌握正确安装防盗报警系统中其余4种探测器的方法，最终达到本教学单元的教学目标。

教学方法

表 4-1　本教学单元的教学方法

序号	教学方法	具体案例	
		使用目的	实施过程
1	项目化教学法	为了达到工学结合的目的,把真实的企业施工与学校的模拟实训有效地结合起来,培养学生解决问题和分析问题的实践能力。	本教学单元中,让学生根据工作页的要求,完成安装防盗报警探测器的技术交底、施工准备、实训平台施工和施工验收检查,并形成完工报告。
2	分组式教学法	提高学生的学习兴趣和主动性,培养自学能力和团队协作能力。	在教学进行中,由学生分组进行探测器安装的施工与成果汇报,采用组长负责、考核连坐与组员解雇制进行过程管理,并最终由教师和学生共同进行评分。
3	案例教学法	根据实际的案例可以构建一个个生动直观的子情境,使学生更容易掌握知识技能,拓宽思路。	在引导学生实现探测器"防拆"功能时,教师直接短接探测器信号线,破坏系统的可靠性,让学生了解该功能的重要性,学生思考交流后最终实现"防拆"功能。

值得一提的是,在本教学单元进行中,3 种教学方法并不相互独立,它们相互融合、相互补充,比如在学生分组进行施工的时候,教师根据学生掌握情况引入案例教学,拓展学生的思路,更加有利于学生学习探测器安装的优化方法,让他们逐步体会成功的来之不易与获得的快乐。

教学流程

1. 复习回顾(20 分钟)

教师:提供幻灯片,小结之前课时所教内容,着重分析系统中的前端设备。

学生:展示系统设计框图并描述。

2. 引入问题(5 分钟)

红外对射探测器是如何工作的?

教师:幻灯片演示,并提示学生考虑消防系统中的红外光束探测器。

学生:根据生活检验,尝试回答;总结红外对射探测器的工作原理。

3. 任务一(20 分钟)

红外对射探测器的 3 对接线端子有何作用?

教师:注意学生对 C 型继电器的掌握情况,点评仿真施工。

学生:查阅资料,回答任务问题;进行红外对射探测器的仿真施工。

4. 任务二(40 分钟)

观测其他 4 种探测器。

教师:点评仿真施工。

学生:查阅相关技术文档,完成设备接线图;以小组为单位进行所有设备的仿真施工。

5. 任务三(90 分钟)

教师:进行施工安全教育,巡视学生施工过程并拍照;设置学习障碍,将某一个探测器接入系统的两根信号线短接并测试;小结学习结果。

学生:进行施工准备,开展施工;发现问题,再次施工,进行系统优化;整理工位。

6. 布置作业,完成教学。

教学评价

表 4-2 本教学单元的评价

评分内容		配分	重点检查内容	评分标准	分值	自评	组评	师评	总分
防盗报警系统	器件安装	15	玻璃破碎探测器安装	器件选择正确、安装位置正确、器件安装后无松动	3				
			红外对射探测器安装		3				
			被动红外探测器安装		3				
			幕帘报警器安装		3				
			震动按钮安装		3				
	接线与布线	37	Z1 防区接线	接线正确得 2 分,线尾电阻连接正确得 3 分	5				
			Z2 防区接线		5				
			Z3 防区接线		5				
			Z4 防区接线		5				
			Z5 防区接线		5				
			Z6 防区接线		5				
			声光报警器接线	至报警主机接线正确	2				
			探测器电源线	电源线连接正确	5				
	工艺	10	线缆标识	有标识	2				
			导线端点	上焊锡,均匀	2				
			接线工艺	外露导线整齐,长度适中	2				
			接线工艺	续接点少,路径合理	1				
			接线工艺	接线规范	1				
			布线工艺	线槽内布线整齐	1				
			布线工艺	线槽外布线合理	1				

教学反思

1. 设置的障碍能较好地引导学生去探索

通过适时地布置任务、设置难题,在每一个关键节点上引导学生,激发他们的学习兴趣与动力，让他们通过自己的努力逐一解决问题，学生在尝试中进步，在进步中获得收获的快乐。整个教学过程符合学生的心理，符合学生的认知规律，也符合本专业人才培养方案。

2. 评价适时跟进

实训过程中，教师通过巡视、拍照、学生自查、组间互查和教师检查随时了解学生的掌握情况。巡视主要针对学生有没有出现施工违规和设备电源接错等问题进行检查，拍照则主要针对学生出现的普遍施工错误或疏忽，部分学生犯的有可能其他学生也会犯的错误，部分学生施工过程中值得其他学生学习之处进行，用于下个教学单元复习时进行“大家来找茬”。而且，教师拍照能提醒学生停下来去分析自己的施工，从侧面锻炼了学生维护系统的能力。学生自查、组间互查和教师检查贯穿整个施工工程，使得学生学习过程步步为营。

3. 意外收获：学生创新思维得到培养

由于不断地引导学生思考，让学生彻底掌握了红外对射探测器的工作原理，学生在课后提出了创新的金点子。在教师的指导下，完成了参加创新技能大赛的作品，利用防盗报警系统中的红外对射探测器检测垃圾桶是否达到饱和，便于环卫工人远程监控，确定清理路线。

（二）“平面构成基本形式——重复构成”课程的教学设计

教材

本课程选用“2011 年江苏省中等职业教育主干专业核心课程推荐教材”——《构成艺术》，王泽旭、吴之越主编，高等教育出版社出版。

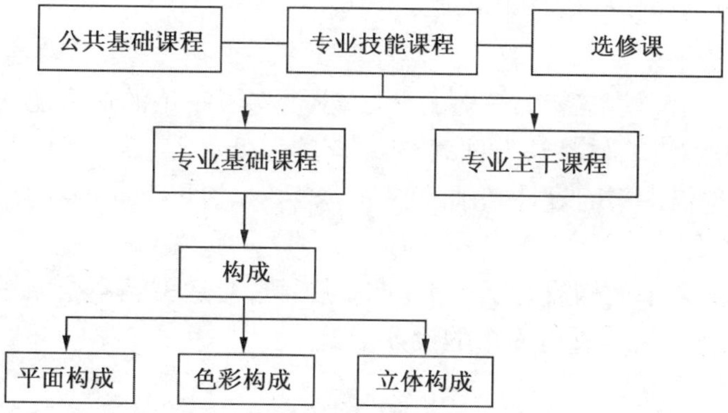

图 4-3　“平面构成”的课程定位

课程分析

构成是常州建设高等职业技术学校建筑装饰工程技术专业开设的一门专业基础课程，包含平面构成、色彩构成和立体构成三大构成形式，共开设两学期。

本课程开设在一年级下学期，学生已具备美术、建筑装饰简史等课程的基础知识。本课程主要是研究和解决设计专业的共性问题，并力求将学到的知识和技能较大程度地应用在专业主干课程的学习中。同时通过 Photoshop 等同步选修课的配套，丰富和完善构成的学习内容。

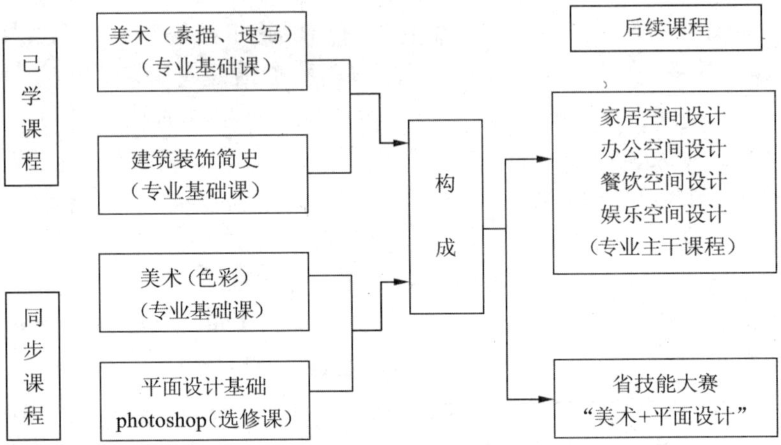

图 4-4　“构成”的课程定位

学时安排

6 个学时。

学生情况分析

授课对象为建筑装饰技术专业一年级的学生。

1. 知识技能分析

① 通过美术和建筑装饰简史的学习，学生有了一定的造型能力和艺术鉴赏力，但基础仍然较差，作品缺乏创意，艺术素养偏低。

② 通过选修课平面设计基础的学习，学生对软件 photoshop 有了初步认识，会进行简单操作。

③ 对构成和平面构成有了一个初步的了解，对造型基本要素和形式美的法则有了一定的认识，能进行简单的设计。

2. 学习能力分析

学生的形象思维能力强但逻辑思维能力较差，动手能力强但思辨能力较差，整体上讲学习自主性差，注意力容易分散。

3. 情感态度分析

学生正处于旺盛的青少年阶段，对外部世界有着强烈的好奇心，开始有了自己独特的思考和探索，并且希望能得到肯定和表扬。

教学目标

1. 知识目标

通过学习了解和掌握重复构成的基础理论知识。

① 掌握重复构成的概念；

② 掌握重复构成的特征；

③ 掌握重复构成的基本形；

④ 掌握重复构成的骨格。

2. 能力(技能)目标

① 运用重复构成的形式完成图形设计；

② 培养学生的合作学习能力；

③ 培养学生分析、评价优秀设计作品的初步能力。

3. 情感目标

① 激发学生学习构成的兴趣；

② 引导学生发现、体验生活中重复图形的美感，提高审美和品鉴水平。

教学难点

重复基本形的设计和创新。

教学重点

运用重复构成的形式完成平面构成的设计。

教学方法

任务驱动法、案例教学法、小组讨论法。

教学过程

表 4-3　本教学单元的教学过程

课时	步骤	教学内容	教学方法	教师活动	学生活动	时间
第一课时	复习提问	上次课知识要点回顾 平面构成基本要素——点、线、面		提问总结	思考回答	5分钟
	素材展示	学生以小组为单位进行课前收集的教学素材展示，并对重复构成的概念和基本特征进行探究	任务驱动法 课前任务的布置让学生对重复构成形成初步认识，并通过收集到的素材检验学生对知识点的理解程度	随机抽取3组学生进行素材展示；对学生展示的素材进行简单点评后让学生归纳重复构成的概念和特征；教师引导学生得出正确答案	听取展示同学的汇报，探讨归纳重复构成的概念和特征	15分钟

续表

课时	步骤	教学内容	教学方法	教师活动	学生活动	时间
第一课时	草图设计	任务训练：重复构成草图设计	任务驱动法 学生围绕任务展开学习，并以任务的完成结果来检验和总结他们的学习过程	巡回指导	理解知识点后进行草图设计	25分钟
第二课时	小组讨论	以学习小组为单位进行草图设计的讨论、互评，选出较好的设计草图	小组讨论法 培养学生团队协作能力，让学生去发现问题并尝试解决。组内及组间良性竞争增加学生学习积极性	安排学生进行分组讨论，提出要求	将所绘草图在组内进行展示，互相讨论，选出较好的草图	10分钟
	知识讲授	教师点评并修改学生作品后引入知识点：1. 重复构成的基本形；2. 重复构成的骨格	案例教学法 让学生从案例中分析掌握知识点，更好地激发学生的主观能动性	点评小组选出的较好草图，并挑选出在巡回指导过程中发现显著问题的草图，进行对比点评并示范修改；展示课件，让学生分析重复基本形和骨格	听讲并仔细观看教师修改；通过教师课件和预习成果，进一步认识重复构成的基本形和骨格	20分钟
	草图修改	学生深入理解知识点后针对自身作品进行修改	任务驱动法	巡回指导	理解知识点后进行修改	15分钟
第三至第四课时	作品赏析	展示优秀重复构成作品，师生共同深入探究其规律和特征；介绍重复构成在现代设计和建筑装饰领域中的应用(使用教学 PPT 课件)	案例教学法 让学生开阔眼界，拓展思维，与专业结合，让学生对所学专业有更进一步的认识	教师进行分析讲解，着重介绍在本专业领域中的应用	听讲、思考、笔记	15分钟
	正稿绘制	任务训练： 利用重复构成的原理，完成重复构成设计一张	任务驱动法 学生围绕任务展开学习，并以任务的完成结果来检验和总结他们的学习过程	巡回指导	自主练习	75分钟

续表

课时	步骤	教学内容	教学方法	教师活动	学生活动	时间
第五至第六课时	教师答疑	针对上次练习中出现的问题，教师进行答疑		回答学生问题，针对练习出现的共性问题和显著问题进行讲解	对上午练习中出现的问题进行提问	15分钟
	群化练习	基本形重复构成的特殊表现形式“群化”的学习	案例分析法	用学生熟悉的标志引出“群化”，让学生归纳概念和特征	经过预习有了初步认识，归纳回答	10分钟
		任务训练：拼图游戏（群化练习）	任务驱动法	巡回指导	合作练习	30分钟
		学生以小组为单位进行讨论，对图形提出修改意见	小组讨论法	安排学生进行分组讨论，提出要求；解决学生修改中出现的问题	将完成图形在组内进行展示，互相讨论，指出问题，进行修改	25分钟
	回顾总结	小结课堂主要内容		引导学生以小组为单位总结学习感受和遇到的问题，教师适当点评	组内总结，组间分享经验	5分钟
	综合评价	填写自我评价表和小组评价表		引导学生根据评价表的要求进行自评、互评	填写自评和小组评分表	3分钟
	课后作业	1. 继续完成重复构成正稿； 2. 学生利用群化的形式设计一张自己的名片，可用手绘、电脑或剪贴等多种形式； 3. 收集生活中优秀的重复构成形式的图片（重点收集与专业相关的图片），完成构成资料册				2分钟

教学反思

1. 情境教学室和信息化手段的使用强化了教学效果。

2. 学案导学明晰了教学内容，使教学过程更为顺畅。

3. 训练任务的层次化设计既能让学生巩固知识，又能让他们保持学习热情。

4. 小组协作既培养了学生的团队协作精神，又能使他们自主地发现问题、解决问题。

5. 分组讨论时学生运用信息化教学资源的有效率还有提高的空间。

第二节　职业学校培养行业性技能人才的教学方法

行业性技能人才的培养需要职业学校进行教学方法的创新。教学方法应用得恰当与否直接关系着职业学校教学工作的质量与效果。好的教学方法总是来源于教学实践当中,常州建设高等职业技术学校在行业性技能人才培养的实践之中,对教学方法进行了卓有成效的探索。

一、职业学校的教学方法概述

(一) 教学方法的概念

教学方法的历史源远流长,可以说,只要存在一定的教学活动,则必然有与之相应的教学方法。教学方法的形式是多种多样的,所谓"教学有法,教无定法,贵在得法"。因此,教学方法并不是一成不变的,由于教学情境的不同、教学对象的不同以及教师素质的不同,其所适用的教学方法也就不同。要对教学方法下一个统一的定义也是比较困难的,不同的研究者往往有不同的解释。目前,国内有以下几种比较通行的定义:

教学方法是为达到教学目的,实现教学内容,运用教学手段而进行的,由教学原则指导的,一整套方式组成的,师生相互作用的活动。①

教学方法是在教学过程中,教师和学生为实现教学目的,完成教学任务而采取的教与学相互作用的活动方式的总称。②

教学方法是为完成教学任务而采用的办法。它包括教师教的方法和学生学的方法,是教师引导学生掌握知识技能、获得身心发展而共同活动的方法。③

教学方法是指教师在教学过程中为了完成教学任务所采用的工作方式和在教师指导下的学生的学习方式。④

综合以上定义,教学方法是指教师为实现一定的教育目的和完成一定的教学活动,而采取的一系列手段、工具及策略。

(二) 职业学校教学方法的特殊性

1. 教学与生产实践联系紧密的性质

职业教育培养的是面向生产、服务一线的技术技能型人才,培养学生的动手

---

① 王策三:《教学论稿》,北京:人民教育出版社,1985 年,第 257 页。

② 李秉德:《教学论》,北京:人民教育出版社,1991 年,第 193 页。

③ 王道俊、王汉澜:《教育学》,北京:人民教育出版社,1989 年,第 244、245 页。

④ 上海师范大学:《教育学》,北京:人民教育出版社,1979 年,第 156 页。

操作技能是职业学校教学的一个核心任务，因此，职业学校的日常教学也就不拘一格，并非纯然采用理论教学惯常使用的讲授法，而是面向生产工作的实际，通过实训室、实验室、实训工厂等实践场所，灵活运用多种教学方法来锻炼学生的职业技能，以实现学生从学校到工作单位的顺利过渡。

2. 教学对象的复杂性

职业学校的教学对象与普通学校的教学对象存在一定的差异，因此，职业学校所应采取的教学方法也就有不同的特点。随着“职业教育面向人人”的口号的提出，职业学校的招生对象更加多元化，应往届初中、高中毕业生和结业生，农村富余劳动力、进城务工人员、城市下岗失业人员、在职人员及其他社会成员均已被纳入职业学校的招生范围。因此，教育对象的复杂性也就决定了职业学校教学方法的复杂性。

3. 教学面向职业能力的特征

在当今社会，科学技术的发展日新月异，知识信息呈爆炸性增长，职业学校再也无法通过只教给学生某一种技术，就使学生获得今后生活的全部资本。技术永远不断向前发展，在当下社会，甚至不到一年就会发生极大的变化。因此，职业学校在学生有限的学习时间里，主要不是教给学生某些学科的全部知识，而是使学生在掌握一定的知识和技能的基础上，形成一种可持续发展的职业能力。只有具备了这样的职业能力，学生在走向工作岗位之后才会不断学习、不断进步，才能更好地适应一个不断变化的社会。所以，职业学校以学生的职业能力培养为核心任务，传统的学科教学法则难以满足这样的要求，行动导向教学法、项目教学法等职业教育所特有的教学方法正是在这样的背景下产生的。

二、常州建设高等职业技术学校的教学方法案例

常州建设高等职业技术学校遵循职业教育的基本规律，基于建设行业人才培养的基本特点与要求，本着多出人才、快出人才、出好人才的原则，鼓励广大教师主动创新、善于创新，积极探索丰富多样的教学方法与形式。以下将介绍与分析该校的两个富有代表性的教学方法案例：项目化教学法和任务驱动教学法。

（一）项目化教学法在建筑工程技术专业施工技术课程中的实践①

建筑工程技术专业培养面向农村现代化建设、面向乡镇建筑企业、面向工程建设第一线的应用型人才，在教学中突出实践教学的作用，使学生在实践性学习中了解工程建设的全局、掌握工程建设各工种工序的技术、具备较高的实际操作能力是具体的人才培养目标。在提高建筑工程技术专业学生实践能力的教学研

① 张悠荣、杨建林：《高职建工专业施工技术项目化实践教学模式探讨》，《职业教育研究》，2011 年第 3 期，第 32－33 页。

究中,学校进行了长期有效的探索与改革,在目前的课改实验中,以施工技术课为主干,采用项目化教学法进行了较为深入的实践教学改革。

1. 以学校实训基地为主场,充分利用校外资源

为配合课程改革,学校对实训基地进行了配套建设与质量提升。本着“技能训练是课程改革重中之重”的原则,确定实训基地的核心功能是企业化的实训功能。对实训基地与企业进行无缝化衔接,完全本着“先进性、实用性、可操作性”的原则,进行模拟、仿真、部分全真建设,先后建起了具有仿真或部分全真的智能化土建、建材、水电、造价、测量、燃气等实训室,提倡实事求是、因地制宜、便于操作,设计了“短、平、快”的小项目进行教学,充分有效地利用学校的实训基地进行教学改革,提高教学实效。建筑工程技术专业施工技术这门课程,就是在这样的课程改革要求与实训基地环境中开始实践教学的。

施工技术课程实践教学以使学生完成一套小的现代公寓房的建设任务为基点,即项目化教学之整体项目。整体项目之下分列施工准备、基础工程施工、主体工程施工、装饰工程施工及防水工程施工五个子项目。施工准备子项目下又分场地平整和场地蔚蓝两个模块;基础工程施工子项目则包括水准仪、经纬仪的定位放线,土方开挖,基础垫层施工,基础模块施工,基础底板钢筋施工,基础柱钢筋施工,砖基础施工等模块;主体工程施工子项目下包括柱筋、板筋、梁筋、柱模、板模、梁模、混凝土等施工模块;装饰工程施工子项目下包括抹灰工程、饰面工程、吊顶工程、地面工程等模块;防水工程施工子项目下包括卷材防水工程、涂膜防水工程等模块。所有这些模块工种的施工,都能在学校的实训基地里完成,属于“短、平、快”的小项目设计。

课程总学时为240个,共计4个班,约200名学生,组织教学时分前半学期和后半学期,前、后半学期各两个班,两个工地,分别由两个教师兼工程师带课。由于学生人数较多,采取分组施工的形式,工程项目建筑面积为56平方米,一层框架结构,基础形式为独立基础加条形基础。前半学期教学完成后,立即拆除,以便于后半学期学生上课。因此,为方便拆除,同时保证学生施工安全,我们对建筑材料如混凝土强度进行了适当调整。

对于一个完整的项目而言,其工序当然不能只是“短、平、快”,如桩基础工程施工,就不能在学校实训基地进行实践,这时就可充分利用校外实习基地。常州建设高等职业技术学校的“双师型”教师掌握着广泛的实习资源,一旦学校实习基地不能完成实践教学环节,教师就会带着学生到实际的工程现场进行观摩并拍下录像,再回到教室放给学生看,进行讲解,这样便可有效地弥补学校模拟实训的不足,使学生对工程项目建设全局的工种工序都能有较强、较全面的现场体验。

2. 以“双师型”教师为主导,充分调动学生的主动性和积极性

学校现任教师中共有具备国家注册规划师、监理师、建造师、造价师、咨询师等资格的“双师型”教师109人,其中许多教师具有长期的企业工程建设经验,有着深厚娴熟的专业技能和丰富的带徒经历,与教师工作相结合后更具备了独特的传授技艺的能力。施工技术课的任课教师就曾在国家一级建筑企业任职10年,先后担任过施工员、主工长、项目经理等职务,从事过施工、预决算、项目部管理、工程谈判、工程建设组织与管理等工作,参加或组织过厂房、民用小区、别墅群、高层建筑、大型变电站等工程的建设与管理,因此,对学校为学生组织的“短、平、快”的小型项目教学,不但心中有全局,而且手中有技术,尤其是明了全局与技术的孰轻孰重及施工与管理中的要点,能够在教学组织中发挥很好的主导作用。

在课程教学中,学生群体就是一个项目部,项目经理、材料员、工程师等都由学生推举或自荐产生。学生群体又分成若干小组,相当于项目部的班组,虽然在教学的每个阶段,各班组从事的工种是一样的,与企业中不同的班组从事不同的工作有所区别,但是恰恰在这种班组化教学中,可使每一个学生都能切实地体验和掌握各工种的工序技艺与技术要点。至于项目,从建设项目(楼房)的命名到围栏外的展板设计与展示,再到施工安全帽的购买和标识制作,都在教师的指导下由学生自己完成。因此,在课程教学初期,实训基地如同一个工程项目的施工现场,可充分满足学校实训基地建设“企业化、高仿真”的要求。这种完全不同于以往教室化讲授的教学环境与完全不同于以往教师讲授、学生听讲的教学模式,大大激发了学生的学习热情和参与的积极性、主动性。

接下来的每一个子项目、子模块教学,都先由教师给学生发放实训任务单并进行简单讲解,然后学生进入具体施工操作,教师则关注全场,在现场对学生进行指导、答疑、修正、示范。这种企业化的使学生在实践中学习的教学模式受到绝大部分学生欢迎。可见这种教学模式确实可以激发学生强烈的学习积极性和主动性。

3. 以项目实践为主体,充分渗透理论引导

课程的学时每周是按天(或半天)安排的,学生一周内有三天半的时间学这门课程,连续的时间安排非常适合现场施工实践。因此,我们在组织教学时,根据工程进度和子项目或子模块的内容与技术要求,对理论讲解和现场实践进行了合理安排。当有必要使用幻灯、录像的时候,先在教室里将实践环节涉及的理论内容给学生进行简要而形象的讲解,然后再把学生带到实训基地进行实践操作。如果无须使用幻灯、录像,则把教室直接搬到现

场，用喇叭和白板配合实习任务单，进行理论的解释和具体要求的阐述后再进入实践操作。

遇到下雨天不适于现场作业的时候，便只能在教室里开展教学，或进行新内容的讲授，或补充讲解前一阶段实践中忽视的要点，或回顾前一阶段讲授过的内容，更重要的是将前一阶段实践操作的录像（学生实践时，教师会对各组有价值的工作情况进行选录）回放给学生看，教师进行点评和理论渗透，同时将国内外著名的或我们身边正在建设的工程图片或录像放给学生看，进行比较分析。学生在实践操作后，再回过头来看自己的经历，与真正的工人或管理员的操作进行比较，会觉得特别亲切，感受特别深刻，对理论的接受和理解也就更加有效。

每一次实训都有实训任务单，每次实训任务单都会标明要掌握的理论要点，以"知识链接"的形式标注，教学中对学生理论知识的渗透就是通过这些方式实现的。

4. 以平时考核为主要标准，充分考虑学生的综合表现

每次实训任务单上都有要达到的能力目标、要掌握的技术要点，对于每个学生的技能技术掌握情况教师都会在现场检查，现场记录评分。为促进小组间的合作与互帮互助，评分往往以小组为单位，小组做出来的效果好，即使小组中有个别人做得不太到位，也能得小组分。

平时评分除以技术能力为主要考核标准外，还包括出勤、合作、管理、思考、学习、钻研等情商素质考核标准，尽可能使学生在掌握专业技术的同时培养较好的人格素质，以实现实践教学中学生综合素质的全面发展。当然，教师会在教学中不断发现学生的个性并作出适当安排，比如对那些不太勤快、不太能吃苦、不好钻研的学生，教师会安排他们负责一项临时的、短时间内能完成的任务，并适当给予鼓励和引导。

经过一个整体项目、数个子项目、多个模块的实践教学之后，每个学生的专业掌握情况、技能水平与工作和学习风格，在教师心里已经非常明了。在课程结束时，教师会让学生再就整个项目实践写一份小结或实践报告，或作施工组织设计，以此评价每个学生对课程知识与能力的综合掌握情况，并听取学生对实践教学模式的感受与意见，以此作为教学模式改进的参考依据。

5. 以学校支持为后盾，努力完善实践教学模式

纯现场化的完成整体项目建设的实践教学模式的开展需要相当大的投入，要购买钢管、混凝土、仪器等各种建材，要经常带领学生去附近大工地观摩、交流，所有这些都得有大量经费作为支撑。学校领导对这种教学模式的开展给予了大力支持，仅这门课程的实践教学一次投入就近 20 万元，虽然有些材料可以

多次利用,但是的确有一些是一次性的,不可再用,因此每组织一次实践教学都需要有大量的投入。

在学校的大力支持下,任课教师与专业系部将在实践教学模式开展卓有成效的基础上努力探索,不断完善。在已经实现的理论与实践合一、教室与车间合一、教师与师傅合一、学生与徒弟合一的基础上,将进一步探索实习与生产合一、教学与科研合一、作品与产品合一的路径与方法;配合基地建设,编写实训教材或指导书;进一步完善课程实践教学组织方式;继续探索实训基地的培训与经营策略。

(二) 任务驱动教学法在行业性技能人才职业能力培养中的应用①

任务驱动教学法是学校在培养行业性技能人才的过程中,打造学生职业能力的一种常用的教学方法。下面以学校的建筑装饰工程技术专业为例,具体阐述应用该教学法建构学生职业能力的方法与内容。建筑装饰工程技术专业是在学校系部主任、专业负责人等相关人员深入装饰装修行业进行专业岗位职业能力需求调研的基础上,广泛听取相应岗位的一线专家对专项技能的描述,完成专业能力分析,并按照企业工作过程设计相应学习任务,形成了专业知识和职业技能培养课程体系,确保专业教学质量的提高。

1. 运用任务驱动教学法来展开专业课程的教学

任务驱动教学法是一种建立在建构主义学习理论基础上的教学方法,它将以传授知识为主的传统教学理念,转变为以学生主动围绕一个相对大的任务,在探索中分阶段(同教学模块相一致)寻求各种有效路径、手段、载体,以分析问题、解决问题、完成工作任务为主的多维立体互动式的教学理念;将再现式教学转变为探究式学习,围绕装饰任务展开学习,以任务的完成结果检验和总结学习过程等;改变学生的学习状态,使学生积极主动建构——探究、实践、思考、应用、分析、解决、调整、总结、提高,形成高智慧的既符合学生自身发展需求的,又符合装饰企业相应岗位要求的素质、知识、能力的强大而持续的学习体系,突出了职业能力在完成工作任务的过程中得到自觉养成。

因此,任务驱动教学法符合建筑装饰工程技术专业课程重实践、重应用的特点要求,与学校"以职业能力为本位、以职业实践为主线、以任务驱动下的项目课程为主体的模块化专业课程体系"的新课改理念是相一致的。

2. 以任务驱动逐步实现学生职业能力建构

职业能力是人们从事某种职业的多种能力的综合。职业能力建构则是对从事某种职业的多种能力由弱到强并依据学生个体的学习情况与构成这些职业能

---

① 郑伟文:《任务驱动教学模式下的职业能力建构》,《河南科技》,2012 年第 22 期,第 153 - 160 页。

力的客观知识相互糅合、不断“建造”的过程。而学生则是沿着作为边缘学科丰富知识领域的该专业的“建造”者和探究者。

就五年制高职建筑装饰工程技术专业的教育教学而言,学校紧密结合专业课程的特点和装饰助理设计师岗位要求,采用任务驱动教学法,帮助学生着力从以下四个方面逐步实现职业能力建构。

(1) 职业认知能力与专业基本能力的建构

职业认知能力是指人脑对职业了解、加工、存储和处理相关信息的能力,即人们对某职业的内在构成和特性、与其他职业的相互关系、发展的动力、发展方向以及基本规律的把握能力。

“家居空间装饰技术”是五年制高职学生进入专业课程学习的开始,起承上启下的作用,对调研、设计、材料、设备、造价、施工、预算等环节将会有不同程度的认识与体验。而对“家居空间装饰技术”课程的任务目标,学习方法、程序,工具、规范、知识的学习、巩固与应用,效果评价等对大多数学生而言都会有系统的认知,为后继的专业课程学习提供一定的方法论指向。

专业基本能力即具备胜任相应工作岗位要求的以专业基础知识、技能为背景的基本能力,具备必要的科学、文化基础,初步掌握主干技术,侧重实际应用的能力。装饰企业常常最为关注的就是是否具备胜任助理设计师岗位工作的专业基本能力。

各门专业课程的不同工作任务以及分阶段实施工作任务即是遵循专业基本能力而设计的。专业基本能力在不同的专业课程、相应的教学模块教学中都安排了不同程度的任务要求和结果评价。学生在专业情景教室沿着教师引导的路径,根据各自对专业基本知识、技能掌握的程度采取个体学习、团队探究等形式进行富有成效的操作与互动,以最终完成整个装饰任务,逐步实现建构目的的不断巩固与完善。

应该看到,由于建筑装饰工程技术专业是基于工程技术与艺术形态审美领域的交叉学科,其专业知识与技能的学习范围相当广泛,大部分学生在专业课程教学中,在不同层面和不同阶段,其专业基本能力的“建构”将随着作为个体的“建构”者与探究者,对任务书研读、交流、沟通→方案构思、市场调研、方案比较、优化及平、顶、立面定稿图的绘制→设计深化、施工图绘制→空间装饰效果表现→预算→交底等各环节的情感、时间投入的程度,会有不同程度的提高并必然存在一定的差异。教师对不同的工作任务、在不同的工作阶段,有目的地请专业基本能力强的同学在班级、学习小组或教学平行班之间分享他们的“建构”成果及思维过程,也可以不定期地请装饰行业(企业)相应职业岗位的优秀拔尖人士来学校进行案例分享,唤起学生专业基本能力可持续“建构”的意识及情感态度的有效改变,不断引领、提高学生专业基本能力的建构。

(2)资料搜集与调研能力的建构

资料搜集指学生通过一定途径获取、判断、选择、整合和使用信息的能力。建筑装饰工程技术专业的特点是应用性比较强,学生不是要去作科学技术方面的发明创造和人文艺术领域的具体研究,而是要运用科学技术手段、产品、载体和人文艺术领域的观念、思维、方法来进行不断学习、加工、处理,从而努力创造符合任务要求的满足物质与精神需求的人为的空间环境。可以说,专业基本能力的"建构"就是建立在信息资料的收集、学习与整合的基础之上的,因为教材的学习是有限的、滞后的、基础的,从职业规划的角度来讲,如果没有资料搜集的能力是很难在装饰设计领域生存的,更不要说发展了。调研能力是指学生能深入到专业市场,获取相关资料、信息,有针对性地对这些资料、信息加以分析研究,考察其在市场应用方面的优劣、性能、效果等,在装饰任务完成的可能性方面提供信息依据的一系列过程的能力。在各种人为空间环境的塑造中离不开物质材料的运用与表现,这就要求学生在装饰任务的不同阶段(教学模块),到装饰材料市场进行专业调研,依据任务的特点和空间环境的功能、经济性、美感要求合理选择装饰材料。

可见,资料搜集、调研能力的建构是基于物质形态与意识形态的有效整合,是检验学生"储备能量",树立强烈市场意识能力的关键所在,更是一种重要的、不可或缺的职业能力。

(3)沟通表达与团队协作能力的建构

沟通表达能力即学生通过口头或书面的形式与他人交流、沟通,表达自己的观点和意图的能力。当今社会,人际环境意识越来越重要,没有一定的沟通表达能力是很难在职场上生存与发展的。从本质上讲,该专业是与人打交道的,因为装饰设计是为人服务的,从工作任务开始,就要倾听业主的要求,包括装饰内容、使用功能、项目特点与造价,等等。因此,任务书的阅读与理解就显得格外重要,以免进行不必要的返工。在工作的过程中,教师会以甲方为角色与学生充分交流意见,或以学习小组的形式要求学生将方案的一些构思进行小组交流、讨论、评价,找出切实可行的途径加以筛选、整合,乃至最后工作成果的交底,这些都需要学生有比较强的沟通表达能力。

团队协作能力指学生处理个体与组织、个体与他人、个体与群组之间关系的能力,包括协作意识、团队精神和群组行为。在市场调研环节中,教师有意识地把班级学生分成若干调研小组,调研小组成员均有一定的职位,如小组长、信息采集员、文案撰写员、市场专员等,而整个班级就是一个市场调研部,由具备良好沟通、协调能力的学生担当部长,全面组织分阶段的市场调研并负责调研 PPT

成果汇报，直接向专业教师负责。

(4) 创新能力的建构

五年制高职学生的显著特点是具有很强的综合实践能力，这种综合实践能力不仅仅是具有一般的操作技能和动手技能，更是拥有一定的智力技能和创造技能，而创新思维能力尤为重要。创新思维能力主要包括发散性思维能力和收敛性思维能力。

在方案阶段，教师要引导学生运用发散性思维围绕相关设计要素，如空间的划分与围合、空间体量与尺度、材料的选择与搭配、色彩的对比与统一等，进行充分的构思、学习与交流，帮助学生找出亮点和薄弱环节，提高分析问题、解决问题的能力。而随着方案的深入，对一些具体的构造节点就必须要收敛性思维来取舍、推敲，以实现可操作性。

综上所述，以任务驱动使学生围绕装饰任务逐步实现职业能力建构，是行之有效的，是符合建筑装饰工程技术专业课程教学特点和人才培养目标要求的。教师在其中扮演的不仅是组织者、辅导者、帮助者、引路人，更是评判者、甲方代表。教师比传统教学倾入了更多的情感，以师生交流通畅、互动自然为最佳状态。只有这样，以任务驱动逐步实现学生职业能力建构才能真正体现其独特的价值所在。

第三节　职业学校培养行业性技能人才的教学过程

职业学校作为一类教育组织，其整个学校活动都是围绕教学活动展开的。教学过程是一个由教师指导的学生掌握知识的特殊认识过程，职业学校培养行业性技能人才的教学过程则是一个由职业学校教师组织和开展职业学校学生自主性认识活动的特殊的复杂过程，其过程不仅表现在对知识的掌握，更表现在技能的学习。

一、职业学校培养行业性技能人才的教学过程概述

一般来说，职业学校的教学过程有三个层次。

(一) 教学过程的第一层次

第一层次的教学过程是指学生从进入职业学校到毕业离开学校的整个过程，这也是学生从一个初级中学学生成长为一个行业性技能人才的全面发展的过程。在这个过程中，学生的知识不断增加、智能不断增长、身体不断健壮、技能不断提升、思想不断发展、价值观逐渐形成。

在这个教学过程中,学生接受了完整的理论教学与实践教学的训练。要促成学生从一个初级中学学生到行业性技能人才的转变,科学、合理的课时安排与教学内容设置就显得尤为重要。

(二) 教学过程的第二层次

第二层次的教学过程是指从一门课程开始到结束的过程,它从属于第一层次的教学过程。在这个教学过程中,职业学校学生要经历三种认知水平,第一认知水平是延伸已有知识,接受感性知识,理解概念原理;第二认知水平是概括感性认识,将概念原理系统化,发展自己的认识系统;第三认知水平是将知识技能用于解决实际问题,探讨一些原理问题,将现有知识体系观念化。

(三) 教学过程的第三层次

第三层次的教学过程是指从一门课程某一章开始到结束,它从属于第二层次的教学过程并受其认识水平发展阶段的约束。第三层次的教学过程对学生认识能力的提高也有重要作用,因为,首先在每一个第三层次的教学过程中,教师都要讲概念、原理、方法,引导学生分析解决一些实际问题,这时候学生大体都要经历上述“三个认识水平”的循环往复,这样就有可能螺旋式地提高学生的学习能力。其次,每一章内容往往和前后章节存在联系,它们之间必然存在一定的共性,学生在经过多次学习之后,掌握了这些知识原理的共性,就能掌握一种思维方法,在短时间内获得一定的独立学习能力。

综上所述,本章节所说的教学过程是指职业学校教学过程的第一层次,即学生从进入职业学校到毕业离开学校的整个过程。

二、常州建设高等职业技术学校三类专业的教学过程案例

建筑装饰工程技术专业、楼宇智能化工程技术专业及园林工程技术专业是常州建设高等职业技术学校的核心和特色专业,下面就以这三个专业为例,来具体介绍学生从入校到毕业期间的理论教学与实践教学的教学过程,以及主要专业课程的实施安排。

(一) 建筑装饰工程技术专业的教学过程

1. 理论教学与实践教学的教学过程安排

建筑装饰工程技术专业构建了完整的理论教学与实践教学体系,并且十分重视技能训练的教学,按照学生技能发展的次序,设置了一整套的循序渐进的技能训练项目。在五年的学习过程中,学生从美术入门到形成一定的设计能力,都有完整、合理的课时设置安排。

表 4-4 建筑装饰工程技术专业理论与实践教学时间安排

学期	学期周数	教学周数	考试周数	专用教学周					
				技能训练		大型作业、毕业设计		专业调研、顶岗实习	
				内容	周数	内容	周数	内容	周数
一	20	15	1			项目认识	1		
二	20	17	1			美术	1	调研一	1(暑期)
三	20	16	1			美术	2		
四	20	15	1			美术	2	调研二	1(暑期)
						装饰制图	1		
五	20	15	1			计算机辅助设计(CAD)	1		
						计算机辅助设计(3D)	1		
						表现技法	1		
六	20	16	1	中级工培训与考评(镶贴工或管道工)	1(暑期)	计算机辅助设计(3D)	1	调研三	1(暑期)
						装饰施工实习	1		
七	20	15	1			计算机辅助设计(photoshop)	1		
						办公空间设计专用周	1		
						装饰古建木作专用周	1		
八	20	15	1	工种实训(高级工考评)	3			调研四	1(暑期)
九	20	10	1	施工现场专业人员岗前辅导(施工员等岗位资格考试)	1(穿插)	毕业设计	6		
						装饰工程预算实习	1		
						施工组织设计实习	1		
十	20	18						毕业实习 调研五	18周 1(穿插)
合计		152	9		5		23		22

2. 主要专业课程教学内容及实施安排

表 4-5 建筑装饰工程技术专业主要专业课程教学内容及实施安排

序号	课程	主要教学内容及要求	教学建议
1	美术（294 学时 +3W）	知识目标：掌握素描的基本概念、基础知识、基本规律；掌握色彩的基本原理、基础知识、造型的基本规律。 能力目标：能运用正确的观察方法观察形体和空间，能运用明暗和结构素描与速写的基本技法及色彩的主要技法，正确表现对象及其空间。	建议从素描、色彩、速写等几个方面组织教学，注重学生绘画基本功的训练以及学生审美能力及造型表现能力的培养，宜采用理实一体化教学。
2	构成（124 学时）	知识目标：掌握平面、立体、色彩构成的基本概念、原理、要素及构成法则与审美原则，掌握构成的一般规律与构成关系。 能力目标：能正确运用构成法则与审美原则进行平面、色彩、立体的构成实践研究。	建议采用理实一体化及项目化教学法，注重学生空间意识的形成。
3	建筑装饰制图（64 学时 +1W）	知识目标：掌握建筑装饰制图基本知识、正投影原理、基本透视原理与作图方法、剖面与断面图、轴测投影、建筑装饰制图标准。 能力目标：能正确识读和绘制建筑装饰工程设计与施工图，并具备采集室内空间平、立面尺寸数据的能力。	以国家最新的制图标准为依据组织教学，注重学生图纸识读能力的培养，建议采用项目化教学。
4	建筑装饰材料与构造（60 学时）	知识目标：掌握建筑装饰材料的基本性质、分类和各类装饰材料的组成、特性、技术性能；掌握民用建筑构造及装饰构造的基本原理和构造作法。 能力目标：能合理选择与应用建筑装饰材料；能根据功能要求、材料特点选择和设计既合理、实用又安全、简约的构造形式；能熟练进行构造图的绘制，具备建筑装饰构造设计和绘制施工详图的能力。	建议适当采用现场教学法，现场展示各种建筑装饰材料，并对各种材料的性能有直观的了解。采用项目案例分析法，对各种装饰构造进行由浅入深、由一般到特殊的教学。
5	计算机辅助设计（220 学时 +4W）	知识目标：掌握计算机辅助设计（CAD. 3DMAX. photoshop）的基本知识与方法命令。 能力目标：能运用 autocad 软件来绘制设计方案图、施工图，能运用 3dsmax 软件来绘制室内外建筑效果图，能运用 photoshop 软件来绘制室内外建筑效果图的后期制作。	建议采用理实一体化教学方式，边授课边练习，注重软件与专业的联系。
6	表现技法（60 学时 +1W）	知识目标：掌握透视知识、素描知识、色彩知识、构图知识、工具及材料、分类表现。 能力目标：能正确选择与应用不同的表现技法来绘制效果图，表达自己的设计意图。	建议采用项目教学法，多练多评，让学生在练习的过程中掌握绘图的技巧。

续表

序号	课程	主要教学内容及要求	教学建议
7	专业工种实训（3W）	知识目标：掌握镶贴工、管道工、涂裱工、木工等工种高级工考工专门知识；掌握一般吊顶安装、楼地面铺贴、墙面贴挂涂裱、门窗隔断安装等基本工艺流程与操作要求。 能力目标：能正确识别、选用、操作与保养设备机具，正确选择与确定各项用料，能按各工种施工工艺流程进行规范操作，能进行竣工验收。	建议采用任务驱动法，实训前布置各项训练任务，让学生在实际操作的过程中掌握技能。
8	毕业设计（168 学时）	① 一般建筑装饰施工项目预算的编制 主要内容包括编制分部分项装饰工程量清单及清单中项目工程量计算，套用分部分项工程量清单计价表，套用措施项目清单计价表，进行分部分项工程量清单综合单价分析并列表计算，进行措施项目费分析并列表计算，进行主要材料价格分析并列表计算，汇总单位工程费用表。学生通过项目训练，能进行分部分项装饰工程量的计算及工程量清单组价，能编制装饰工程项目预决算书。 ② 单位工程施工组织管理设计（装饰施工与管理方向） 主要内容包括编写工程概况，编制施工方案，进行施工进度安排并绘制施工横道图和双代号网络图，绘制施工平面布置图，进行资源计划安排。学生通过项目训练，会进行单位工程施工组织设计，能编制施工组织方案。 ③ 一般建筑装饰项目方案设计 主要内容包括一般室内外建筑装饰项目平面、顶面方案设计与绘制，主要立面方案设计与绘制，施工方案设计与绘制，水电图绘制，效果图绘制，设计与施工说明的编写等。学生通过设计，能独立完成一般建筑装饰项目方案的设计，能正确绘制设计与施工图、效果图，编写设计与施工说明等。	建议毕业设计采用真题真做的方式，让学生在工学结合的过程中完成自己的毕业设计。
9	顶岗实习（540 学时）	主要实习内容包括装饰工程设计及内业工作，现场施工管理等。学生通过直接参与项目设计、现场施工管理工作实习，能承担装饰企业各岗位的一般任务，具备解决实际问题的能力。 实习期间要求学生撰写实习周记，并根据实习情况，理论联系实际，撰写一篇毕业实习报告，字数不少于 4 000 字。	顶岗实习期间，建议校内实习指导教师每周至少对学生跟踪指导一次；学生每月返校一次，汇报实习情况，听取企业技术人员、管理人员的专题讲座，学习新知识、新技术。

（二）楼宇智能化工程技术专业的教学过程

1. 理论教学与实践教学的教学过程安排

楼宇智能化工程技术专业为学生的技能成长过程设置了一系列的技能训练项目，从专业认识实习到专业实习，从中级维修电工再到高级维修电工，学生的技能成长过程是循序渐进的，学校努力做到使学生技能训练的教学过程真正变为学生成长为行业性技能人才的过程。

表 4-6 楼宇智能化工程技术专业理论与实践教学时间安排

学期	学期周数	理论教学周数	考试周数	实践教学周					
				技能训练		大型作业 毕业设计		企业见习 顶岗实习	
				内容	周数	内容	周数	内容	周数
一	20	15	1	专业认识实习	1				
二	20	17	1	一级 B 实训	1			调研一	1（暑期）
三	20	12	1	维修电工考工（中级）	6				
四	20	18	1					调研二	1（暑期）
五	20	18	1					调研三	1（寒假）
六	20	14	1	工种实训	4				
七	20	12	1	维修电工考工（高级）	6				
八	20	18	1					调研四	1（暑期）
九	20	12	1			毕业设计	6		
十	20							毕业实习 调研五	18 1（穿插）
合计	200	136	9		18		6		18

2. 主要专业课程教学内容及实施安排

表 4-5 楼宇智能化工程技术专业主要专业课程教学内容及实施安排

序号	课程	主要教学内容及要求	教学实施安排
1	专业认识实习（28 学时）	主要教学内容：楼宇智能化技术的基本概念、系统组成和主要功能，楼宇智能化技术的历史、现状和发展趋势，楼宇智能化工程技术专业的就业状况、主要岗位，该专业须要掌握的知识和具备的能力。 基本要求：了解智能大厦中建筑智能化系统的构成和功能，了解智能小区中建筑智能化系统的构成和功能，了解楼宇智能化系统工程施工、管理中的具体岗位，了解楼宇智能化系统工程施工、管理中工作的具体内容。	通过参观智能大厦和智能化小区，以及通过老师的讲授和学生的自主学习，全面了解专业的内涵、就业岗位及相关知识的要求。

续表

序号	课程	主要教学内容及要求	教学实施安排
2	电工电子技术（144学时）	主要教学内容：常用电子元器件的识别与测试，万用表的装接，整流电路装接调试，稳压电源装接与调试，放大器装接与调试，RC振荡电路装接与调试，运算放大电路装接与调试，555振荡电路装接与调试，趣味电子线路装接与调试。 基本要求：会对一些电工电子元器件进行测试；能够了解元器件的性能，会使用一些电工常用工具；对电路有基本认识，能读懂简单的原理电路图，会连接导线，会进行焊接。	建议采用理论与实践一体化的教学方法，以任务为驱动、项目为载体组织教学。
3	维修电工训练与考工（324学时）	主要教学内容：维修电工的相关理论知识，单元电路的安装、调试和维修，常见机床控制线路的运行、调试和维修。 基本要求：按照电工中级工和高级工对知识和技能的要求，完成工种的训练和考核。	建议在二年级和四年级对学生进行中级电工和高级电工的培训及考核。
4	智能建筑安防与管理系统施工（144学时）	主要教学内容：可视对讲系统、闭路监控系统、周界防越系统、停车场管理系统、电子巡更系统、防盗报警系统、远程抄表和计量系统、智能一卡通系统的构成、原理、主要设备及系统的安装与调试方法，城市信息共享的应用。 基本要求：掌握系统的基本构成及工作原理，能绘制系统结构图，能够设计简单安防系统并进行安装及维护工作。	建议采用理论与实践一体化的教学方法，以任务为驱动、项目为载体组织教学。
5	暖通设备安装与维护及节能技术应用（48学时）	主要教学内容：暖通设备的认识与了解，空调系统的安装与维护，空调系统识图，暖通空调系统的节能优化。 基本要求：能快速、清楚地认识各种空调设备；能对简单的安装设备以及常见问题和故障进行诊断、分析与维修；能认识和理解空调制冷原理图，看懂和绘制空调系统图；掌握节能的优化与控制的方法，能进行节能系统的施工等。	通过参观和实训，运用理论与实践相结合的方法掌握相关知识。
6	建筑供配电与照明技术（84学时）	主要教学内容：变配电系统接线方式设计，电力负荷的分级与计算，高低压电气设备及选择，室内配线，常用照明灯具安装与调试，配电箱安装与调试，简单照明线路的设计、安装和调试，LED控制技术应用。 基本要求：了解供配电系统的接线方式和电力负荷的分级计算方法；能选择高低压设备，能进行照明系统的简单设计、布线、设备安装与调试、系统维护等。	通过参观和实训，运用理论与实践相结合的方法掌握相关知识。
7	综合布线系统施工（96学时）	主要教学内容包括：综合布线系统的组成与标准，综合布线系统主要设备、材料，综合布线系统工程设计，综合布线系统工程常用施工工具与仪器，综合布线系统工程施工，综合布线系统工程测试与验收。 基本要求：了解综合布线系统的组成和标准，能选择系统的设备和材料，完成简单系统设计；能使用常用的工具及仪器，完成系统的安装、测试及验收等。	建议采用理论与实践一体化的教学方法，以任务为驱动、项目为载体组织教学。

续表

序号	课程	主要教学内容及要求	教学实施安排
8	实用组网技术（72 学时）	主要教学内容：局域网的组成及网络设备选择，工程设计方法与步骤，设备安装施工，网络系统软件的安装，系统的管理与维护等。 基本要求：了解局域网的设计方法，掌握小型局域网的设备选型、安装施工、软件安装、管理及维护方法。	案例教学法、项目教学法。
9	单片机与可编程控制器的应用（112 学时）	主要教学内容：单片机的基本原理，单片的简单应用，可编程控制器的基本知识与基本操作，LED 数码管显示控制电路设计与调试，红绿灯控制电路设计与调试，电机控制电路设计与调试，用 PLC 电路改装及调试机床电路，典型 PLC 控制系统设计、调试运行与维护，执行器的安装，传感器在云中心的应用。 基本要求：了解 PLC 在建筑设备控制中的应用情况；掌握 PLC 的控制原理；掌握 PLC 的选型方法；掌握 PLC 型号和性能，培养学生把单片机用于工业控制、智能仪表等的实际工作能力。	建议采用理论与实践一体化的教学方法，以任务为驱动、项目为载体组织教学。
10	建筑设备监控系统工程设计与施工（72 学时）	主要教学内容：集散式控制系统安装与调试，现场总线控制系统安装与调试，信号与数据传输系统安装与调试，供配电监控系统安装与调试，照明监控系统安装与调试，电梯监控系统安装与调试，暖通空调监控系统安装与调试，给排水设备监控系统安装与调试，组态软件的使用，节能控制。 基本要求：了解集散式控制系统、现场总线控制系统的原理、结构和功能，集散式控制系统的安装和调试方法，掌握信号与数据传输系统安装与调试方法，掌握供配电监控系统、照明监控系统、电梯监控系统、暖通空调监控系统、给排水设备监控系统安装与调试方法，掌握组态软件建立监控程序的方法。	案例教学法、项目教学法。
11	消防报警及联动系统施工（72 学时）	主要教学内容：消防报警及联动系统的概要了解，理解消防报警及联动系统的设计意图，消防报警及联动系统的施工组织设计，消防报警及联动系统的布管穿线，火灾探测器与手动报警按钮安装，消防联动控制设备的安装，消防报警及联动系统的调试与验收。 基本要求：能读懂消防报警及联动系统施工图，正确理解设计意图；能够完成消防报警及联动系统的施工组织设计；掌握消防报警及联动系统的布管穿线和设备的安装、调试与验收方法。	建议采用理论与实践一体化的教学方法，以任务为驱动、项目为载体组织教学。
12	楼宇智能化系统工程的识图与绘制（120 学时）	主要教学内容：电气工程图图纸基本规定、阅读时要把握的基本方法，安防系统、消防系统、综合布线系统、计算机网络系统及建筑设备控制系统等施工图的读识及绘制方法。 基本要求：掌握楼宇智能化工程系统图和平面图的绘制和读识方法。	案例教学法。

续表

序号	课程	主要教学内容及要求	教学实施安排
13	楼宇智能化系统工程施工组织与管理（48 学时）	主要教学内容：楼宇智能化系统工程的招投标及施工合同，施工部署与施工准备，进度管理，成本管理，施工技术管理，质量管理，安全管理与文明施工，工程档案与资料管理及竣工验收，系统的维护与保养，施工组织设计。 基本要求：了解楼宇智能化系统施工组织与施工管理的基本方法，能进行施工组织设计。	案例教学法。
14	楼宇智能化系统工程造价（120 学时）	主要教学内容：工程计量规则，定额编制原理和使用方法；工程清单计价方式，工程预算或编制标底，进行工程结算、竣工决算。 基本要求：掌握楼宇智能化工程的造价方法，能对简单工程进行造价。	建议采用理论与实践一体化的教学方法，以任务为驱动、项目为载体组织教学。
15	管道工实训与考工（中级）（112 学时）	主要教学内容：管道施工机具的使用方法，管道施工的基本方法及工艺流程。 基本要求：按照管道中级工对知识和技能的要求，完成工种的训练和考核。	项目教学法。
16	毕业设计	主要教学内容：楼宇智能化系统的设计及施工组织设计。 基本要求：学生根据自己情况选择实际工程中楼宇智能化系统的一个子系统完成系统设计或施工组织设计，并通过答辩。	案例教学。

（三）园林工程技术专业的教学过程

1. 理论教学与实践教学的教学过程安排

表 4-6 园林工程技术专业理论与实践教学的教学过程安排

学期	学期周数	理论教学		实践教学					
				技能训练		大型作业 毕业设计		专业调研 顶岗实习	
		授课周数	考试周数	内容	周数	内容	周数	内容	周数
一	20	13	1	园林植物与生物生理	1	风景素描写生	1	项目认识	1
二	20	15	1	春季园林植物识别	2	风景色彩写生	1	调研一	1（暑期）
三	20	14	1	秋季园林植物识别	2				
				园林测量与放样（中级）	2				
四	20	15	1	项目实训（中级工考核）	2	园林识图与制图	1	调研二	1（暑期）

续表

<table>
<tr><th rowspan="3">学期</th><th rowspan="3">学期周数</th><th colspan="2">理论教学</th><th colspan="6">实践教学</th></tr>
<tr><th rowspan="2">授课周数</th><th rowspan="2">考试周数</th><th colspan="2">技能训练</th><th colspan="2">大型作业、毕业设计</th><th colspan="2">专业调研、顶岗实习</th></tr>
<tr><th>内容</th><th>周数</th><th>内容</th><th>周数</th><th>内容</th><th>周数</th></tr>
<tr><td rowspan="3">五</td><td rowspan="3">20</td><td rowspan="3">13</td><td rowspan="3">1</td><td>园林工程</td><td>1</td><td rowspan="3">园林计算机辅助设计</td><td rowspan="3">2</td><td rowspan="3"></td><td rowspan="3"></td></tr>
<tr><td>效果图手绘</td><td rowspan="2">2</td></tr>
<tr><td>园林组培技术</td></tr>
<tr><td rowspan="4">六</td><td rowspan="4">20</td><td rowspan="4">13</td><td rowspan="4">1</td><td>园林工程</td><td>1</td><td rowspan="4">小型绿地设计</td><td rowspan="4">1</td><td rowspan="4">调研三</td><td rowspan="4">1(暑期)</td></tr>
<tr><td>园林建筑</td><td>1</td></tr>
<tr><td>Adobe Photoshop</td><td rowspan="2">2</td></tr>
<tr><td>绿化工程施工</td></tr>
<tr><td rowspan="4">七</td><td rowspan="4">20</td><td rowspan="4">11</td><td rowspan="4">1</td><td>园林建筑</td><td>1</td><td rowspan="2">小型绿地设计</td><td rowspan="2">1</td><td rowspan="4"></td><td rowspan="4"></td></tr>
<tr><td>插花制作与盆景欣赏(中级插花员)</td><td>2</td></tr>
<tr><td>SKETCHUP</td><td rowspan="2">2</td><td rowspan="2">园林施工组织与管理</td><td rowspan="2">1</td></tr>
<tr><td>园林栽培技术</td></tr>
<tr><td rowspan="2">八</td><td rowspan="2">20</td><td rowspan="2">14</td><td rowspan="2">1</td><td>专类绿地设计</td><td rowspan="2">2</td><td rowspan="2">园林招投标与清单计价</td><td rowspan="2">2</td><td rowspan="2">调研四</td><td rowspan="2">1(暑期)</td></tr>
<tr><td>园林苗圃生产与管理</td></tr>
<tr><td rowspan="4">九</td><td rowspan="4">20</td><td rowspan="4">9</td><td rowspan="4">1</td><td>施工现场专业人员岗前辅导(施工员等岗位资格考试)</td><td>1</td><td rowspan="4">毕业设计</td><td rowspan="4">4</td><td rowspan="4"></td><td rowspan="4"></td></tr>
<tr><td>项目实训(高级工考核)</td><td>3</td></tr>
<tr><td>园林建筑小品设计</td><td rowspan="2">1</td></tr>
<tr><td>园林植物保护</td></tr>
<tr><td>十</td><td>20</td><td></td><td></td><td></td><td></td><td></td><td></td><td>毕业实习
调研五</td><td>18 周
1(穿插)</td></tr>
<tr><td>合计</td><td>200</td><td>117</td><td>9</td><td></td><td>28</td><td></td><td>14</td><td></td><td>19</td></tr>
</table>

2. 主要专业课程教学内容及其实施安排

表 4-7 园林工程技术专业主要专业课程教学内容及实施安排

序号	课程名称	主要教学内容及要求	教学实施要求
1	园林识图与制图（144 学时）	知识目标：熟悉投影的分类和投影体系的建立原则；掌握点、线、面、体正投影的基本原理及作图方法，熟练绘制投影图；掌握制图的基本知识，制图标准，具备绘制园林专业施工图的一般能力，正确领会工程图纸的设计意图，能熟练识读园林专业施工图。 能力目标：能识读和理解园林专业施工图、园林建筑施工图、园林水电主要施工图，能熟练绘制与施工过程相关的技术图纸。	结合《房屋建筑制图统一标准》（GB50001 - 2010）、《风景园林图例图示标准》（CJJ 67 - 95）和某园林工程施工图纸，采用项目教学法，按照图纸内容进行课程教学，将整个图纸内容划分成不同的工作任务，利用信息化软件进行教学，并适当进行现场教学，注重以任务驱动型项目引发学生兴趣，使学生在项目活动中掌握相关的知识和技能，增强学生实际操作能力和岗位适应能力，体现理实结合。
2	园林工程（160 学时）	知识目标：掌握土方工程的施工方法、技术、工序，掌握园林给排水工程的施工方法、技术、工序，掌握水景工程的施工方法、技术、工序，掌握园路工程的施工方法、技术、工序，掌握假山工程的施工方法、技术、工序，掌握园林工程的结构、设计及施工的基本知识和组织方法。 能力目标：具备工程施工管理及指导现场施工的能力，具备一般绿化工程、常见构筑工程、小型建筑工程的竣工验收能力。	结合《假山叠石工程施工规程》（DBJ08—211—94）、《水景喷泉工程技术规程》（CECS218：2007）等标准及技术规程，以行动为导向组织教学。课程设计要体现“与专业结合，为岗位服务”，充分调动学生自主学习的积极性和创新能力，灵活运用多种教学方法，如“实例 + 实战”教学法、“项目驱动 + 情境体验”教学法等，教学内容实施项目化、模块化，便于学生循序渐进地学习。
3	小型绿地设计（128 学时）	知识目标：熟悉园林绿地分类，熟悉小型绿地的技术指标计算，掌握绿地内植物景观的设计方法，掌握公园绿地设计方法，掌握道路绿地设计方法，掌握附属绿地设计方法，熟悉屋顶花园、垂直绿化的设计方法。 能力目标：能根据设计规范要求，对设计场地进行正确分析，按照业主要求完成小型绿地的方案设计。	结合《城市绿地设计规范》（GB50420—2007）、《城市绿地分类标准》（CJJ/T 85—2002）、《公园设计规范》（CJJ48—92）、《城市居住区规划设计规范》（GBJ137—90）、《城市道路绿化规划与设计规范》（CJJ75—97）等标准，采取真题真做、情境教学等方式进行教学。每学习完一个教学情境内容，就进行仿真项目实做，为学生在真实的职业环境里接受锻炼创造机会。

续表

序号	课程名称	主要教学内容及要求	教学实施要求
4	园林施工组织与管理（72 学时）	知识目标：熟悉工程施工的准备工作，掌握施工方案的选择与确定方法，掌握施工进度的安排和调整方法，掌握施工场地平面布置原则和方法，掌握单位工程的施工组织设计编制方法，掌握危险性较大的分部分项工程安全专项施工方案编制方法。	结合《建筑工程施工组织设计规范》（GB/T50502—2009），采用理实一体的项目化教学方法。
		能力目标：能够运用和实施横道图及网络技术编制单位工程施工进度计划，并能在计划执行过程中对其进行正确的调整，能编制单位工程施工组织设计，具有项目管理能力。	
5	园林招投标与清单计价（168 学时）	知识目标：掌握建筑基数（“三线一面”、建筑面积）计算方法，掌握园林工程工程量计算方法，熟悉绿化工程工程量计算方法，掌握定额套用和综合单价的确定方法，掌握工程量清单的编制方法，掌握工程量清单报价方法，掌握工程价款结算的编制方法，熟悉预算软件的使用方法。	结合《园林工程工程量清单计价规范》（GB50858—2013）和《江苏省仿古建筑与园林工程估价表》（2007 版），采用理实一体的项目化教学方法。
		能力目标：能够根据图纸快速准确地计算工程量，进行工料分析并确定工程造价；结合工程实际正确选择定额项目或组价；合理计取有关费用；能应用预算软件完成以上各项工作。	
6	顶岗实习（540 学时）	知识目标：通过直接参与现场施工管理，掌握一般房屋建筑工程施工全过程施工管理和组织协调方法；实习期间要求学生撰写实习周记，并根据实习情况，理论联系实际，撰写一篇毕业实习报告。	由学校和企业共同制订实习计划，进行实习教育和管理，实现教学内容和岗位工作的“零距离”，保证顶岗实习效果。
		能力目标：知道岗位工作职责，具备岗位专业知识和技能，能够适应工作岗位要求。	

第四节　职业学校培养行业性技能人才的教学管理

教学管理是职业学校教育教学质量的一个重要保障。实际上,再完美的教学设计,再多样的教学方法,如果没有系统、有力、高效的教学管理,都只能沦为纸上谈兵。所以,要保证行业性技能人才培养的顺利进行,职业学校必须重视和加强教学管理。由此,常州建设高等职业技术学校在行业性技能人才培养的道路上不断进行教学管理创新,着力构建贴合学校教育教学实际的教学管理体制。

一、职业学校教学管理概述

职业学校不同于中小学,也不同于普通高等学校,它以培养技术技能型人才为根本目标。行业性技能人才是具备扎实的行业领域专业知识与技能,具有高素质的技术技能型人才,因此,这对职业学校的教学管理提出了更高的要求。职业学校要紧紧围绕培养行业性技能人才这一教学管理目标,做好教学运行管理与教学质量控制。

(一)职业学校教学管理的概念与内容

1. 职业学校教学管理的概念

从普遍意义来说,教学管理是一个过程性的活动,它是学校管理者为实现教学管理目标而表现出来的一系列的、系统的职能活动。职业学校与普教系统的中小学、普通高等学校相比,在教学管理上既存在共性,由于人才培养的目标不同,也呈现出不同的教学管理特征。

教学管理要有清晰的目标意识。教学管理工作具有千头万绪的特点,它涉及多个方面和领域,例如组织安排教学活动,准备和应用教学设备与设施,检查和评价课堂教学效果,还要统计学分,做好学籍管理,等等。种种教学管理工作的开展,如果没有树立统一、明确的教学管理目标,可想而知,必然是混乱无序的。只有紧紧围绕明确的教学管理目标,各类教学管理活动才能协调有序,取得最佳的管理效果。职业学校的教学管理目标建构要符合职业教育的目的,要遵循职业教育的人才培养规律,要有意识地整合与运用校内校外的各类教育资源,来服务于职业学校培养行业性技能人才的目标。

2. 职业学校教学管理的内容

教学工作是职业学校的核心工作,可以说,职业学校的管理工作都是以服务于教学为根本任务。教学管理的具体内容有如下几个方面:

（1）教学管理的制度与规划

职业学校教学管理的具体制度有多个方面的内容，一般包括课堂管理制度、实验管理制度、实训管理制度、考试制度、教学评价制度、学分制度、顶岗实习制度、教学质量管理制度，等等。当然，由于职业学校之间具有较大的差异性，每所职业学校所针对的行业领域也各不相同，因此，不同职业学校的教学管理制度也会存在不同程度的变化与创新。

职业学校教学管理工作规划的制订也是一项非常重要的内容。制订工作规划的目标是使任课教师、教学管理人员、行政管理人员明确职业学校每一阶段、每一时期的教学管理任务，如此才有利于整合各个部门与人员的力量，以形成合力来实现职业学校的教学管理目标。教学管理的工作规划应当包括这些内容：明确教学管理任务与目标，制订达成教学管理任务与目标的策略方案，建立与规定评价教学管理质量的体系和标准。从时间层次来划分，教学管理规划有学年规划、学期规划和每周规划；从组织层次来划分，有学校教学工作规划与专业系部教学工作规划，等等。

（2）教学运行过程的管理

在教学的实际运行过程中，主要包括以下几个基本环节：备课、上课、布置和批改作业、课外辅导、实验实习指导、检查和评定学生学习成绩等，对这些环节的进度、程序规范及工作质量都应通过严格的计划与制度设计予以明确规定。如果教学运行过程中出现偏差，就须要进行及时的纠偏与控制，否则牵一发而动全身，一个环节的失误就会影响到整个教学过程的稳定运行。同时，学生学习的整个过程也须要进行管理与控制。学校教学的一个重要目的就是教给学生独立学习、自主学习的能力，所谓授人以鱼，不如授人以渔。所以教师的教学不能是纯粹的知识灌输，而是对学生的学习进行宏观管理。学生学习过程的主要环节为选择专业、选修课程、制订学习计划、预习上课、做作业、复习、自我考核、总结等。除此之外，学校还要为学生安排多种多样的教学活动，以使学生得到全方位的发展与锻炼。按教学内容来分，主要包括思想政治活动、社会公益活动、科技活动、娱乐体育活动、文学艺术活动等；从学生参加活动的形式来看，主要有社团活动、兴趣小组活动等，学校应将这些类型的活动一并纳入到教学管理当中。

（3）教学质量管理

教学质量管理是对整个教学过程的一种综合管理与控制，提高教育教学质量是职业学校教学管理的根本出发点与归宿。职业学校的一切教学管理工作，都是为了提高教育教学质量。要保证质量管理的到位，首先就要制定科学、适切、可操作的教学质量管理标准；其次要能够控制影响教学质量的全部因素，对其实施监督和管理；再次要把握整个工作的全过程，对教师教学过程与学生学习过程两方面进行综合管理和控制;最后要做好全员管理,对影响质量管理的方方面面因素进行监控。

(二) 职业学校教学管理的基本任务与原则

1. 职业学校教学管理的基本任务

职业学校教学管理的总体任务是根据政府的教育方针、办学原则和有关政策,按照职业教育培养目标的要求,充分利用职业学校的人力、物力、财力以及企业等资源,制订计划、组织实施、监督检查、指挥协调、控制质量,培养高质量的、合格的职业技能人才,这是职业学校一切教学管理活动的根本出发点。职业学校的教学管理活动都要为这个总体任务服务。当然,教学管理任务除了总体任务,还有具体任务,总体任务正是靠一个个具体任务的执行来实现的。职业学校教学管理的具体任务有:

(1) 按照职业教育的人才培养目标定位,不断深入进行教学改革,要紧跟国内外先进技术的发展动向,以及国家经济发展与产业转型的脉动,分析社会对职业技能人才的需求特点,从职业学校的实际情况出发,结合国内外职业教育的先进办学经验,勇于创新人才培养模式,认真研究相关专业设置、课程设置、教学大纲、教学计划等,形成富有学校自身特色的教育教学模式。

(2) 要组织和引导教学管理人员学习教育理论和管理科学理论,掌握教学管理的规律,并且要按规律办事,要分析教学活动过程是否合乎教育规律和教育目标的要求,如果存在问题,就要及时采取措施予以纠正。

(3)根据教学规律、教学大纲计划以及职业学校的实际情况,建立一套符合科学要求的教学管理规章制度,同时认真制订各项教学工作的工作计划,并且严格贯彻落实工作计划,保障良好的教学秩序。

(4) 加强学校的实践教学管理,确保校内实训基地的正常运转,做好维护管理工作。

(5) 采取多种途径和办法,定期了解毕业生的工作情况和用人单位对学校毕业生的反馈情况,听取他们的意见和建议,并且根据这些反馈信息,对教学计划、教学管理做出调整。

2. 职业学校教学管理的基本原则

职业学校的任何教学管理行为和活动都离不开一定的教学管理原则的指导。在教学管理活动中,之所以会出现某些偏差或失误,究其原因,都是因为背离了科学的教学管理原则。因此,有效的教学管理活动必然要遵循正确的教学管理原则。

(1) 遵循教学规律的要求

教学规律反映了教学过程中教师的教与学生的学的联系与变化。在教师有目的、有计划的启发和引导之下，学生主动积极地掌握知识、发展能力素质，这是一个教学相长的过程，其间必然带有规律性的经验。例如，教师的教学内容要考虑学生的可接受能力，要在学生现有知识结构的基础上，循序渐进地向学生讲授新知识内容。这种既考虑学生现时的可接受能力，又要对学生的知识能力进行拔高，实际上就是教学中经常采用的“最近发展区”原则。所以说，教学管理同样要遵循教学的客观规律，这样才能促进教学工作的开展，提高教学质量。

（2）坚持正确的教学方向

坚持正确的教学方向就是说在教学管理的活动中，要认真遵循和落实国家的有关教育政策方针。近年来，随着国家政府对于职业教育重要性的认识不断加深，连续出台了多项促进职业教育发展的重大教育政策。职业学校要吃透这些政策方针的内涵与要求，在日常的教学管理活动中将国家的教育政策精神落到实处，这样才能保证教学工作始终运行在正确的轨道上，才能为国家、社会输送合格的职业技能人才。

（3）推行民主的管理原则

职业学校在教学管理的过程中要注意推行民主的管理原则，也就是说，学校各级管理者要注意调动广大教职工参与教学管理工作的积极性和主动性，依靠广大教职工的力量来提高教学管理工作的质量。在职业学校的教学过程中，广大教师奋战在第一线，他们最清楚、最了解教学活动中存在哪些实际的问题，这些问题须要采取什么样的方法来解决。所以，学校管理者要充分听取教师的意见和建议，鼓励他们为教学管理建言献策。当然，在发扬民主管理精神的同时，也要做到民主基础上的集中，要形成科学、合理的统一意见，否则教学管理工作就会陷入混乱。

二、常州建设高等职业技术学校的教学管理创新——两级教学管理体制

常州建设高等职业技术学校为进一步促进教学管理工作的科学化、规范化，提高教学管理水平、教学质量和办学效益，保证行业性技能人才培养目标的实现，根据教育部《高等职业学校、高等专科学校和成人高等学校教学管理要点》《江苏省职业学校管理规范》《江苏省常州建设高等职业技术学校全员聘任岗位职责及任职条件汇总》等文件，结合学校的实际情况，对教学管理体制进行积极创新，探索制定了富有特色的“两级教学管理体制”。

（一）教学管理组织系统

1. 校长全面负责学校的教学工作。分管教学的副校长协助校长主持日常的教学管理工作，并通过相关职能部门，统一调度学校各种资源为教学服务。

2. 学校教学管理工作分校、系(部)两级管理。教务处是学校教学管理的主要职能部门,其任务是对全校的教学工作进行宏观管理和协调。教务处、教科研处等应当充分发挥拟定全校性各项教学文件、工作标准要求以及对教学工作的分析、监督、检查、考核等调控、指导功能。

系(部)是学校教学管理机构的基本单位,系(部)教学管理的任务是贯彻执行学校各项教学规定,负责具体组织实施各项教学工作并进行检查落实。系(部)主任全面负责全系(部)教学管理、教学研究和系(部)所属专业班级、学生的管理工作。系(部)副主任在系(部)主任领导下,协助系(部)主任工作,负责本系(部)所属专业班级、学生的日常管理、招生、就业等方面的工作。系(部)教学秘书在系(部)主任直接领导下,负责处理日常教学行政工作,包括教学状态、质量信息的调查、统计、分析、上报,以及教学文档整理汇总等工作;负责学生学籍(业务)档案建立、整理、归档以及学生相关信息咨询工作;负责教科研等相关管理工作。

3. 学校成立教学工作委员会,加强教学工作的咨询和指导。学校教学工作委员会由校领导、相关教学管理部门负责人、有丰富教学工作经验的教师、有管理专长的教学管理人员和校外有关专家组成,研究和决策教学管理工作中的一些重大问题,审查全校教学管理制度的制定和执行情况。

系(部)成立教学工作指导小组,小组由系(部)主任、专业教研室主任、骨干教师组成,教学工作指导小组是系(部)教学管理工作的研究、咨询组织,定期研究并向系(部)办公会议提出有关建议。系(部)办公会议讨论决定本系(部)教学及管理工作的有关问题,负责系(部)管理制度的制定和执行。

(二) 专业人才培养方案管理

1. 教务处职责:拟定学校教务工作计划,制定教学方面有关规章制度及操作程序要求;提出专业人才培养方案的调整、协调和审查;负责人才培养方案的实施、检查与管理。

2. 教科研处职责:会同有关部门研究并提出学校教学改革的发展规划、专业设置及调整意见,提出专业人才培养方案制订的原则、目标、要求。

3. 系(部)职责:根据学校制订及调整专业人才培养方案的原则、目标、要求,开展制订专业人才培养方案前的调研论证;在调研论证的基础上,制订和调整专业人才培养方案;在教务处统一组织和协调下,具体实施专业人才培养方案;提出专业人才培养方案微调意见,以书面形式报教务处审查、备案,经分管教学的副校长批准后实施。

(三) 教学运行管理

教学运行管理是学校组织实施专业人才培养方案最核心最重要的管理。教学运行管理是包括教学过程的组织管理和教学行政管理。教学过程的组织管理包括课程标准的执行，课堂教学、实践性教学的组织管理等。教学行政管理包括日常教学管理、学籍管理、教师工作管理、教学资产管理、教学档案管理等。

1. 课程标准

（1）教务处职责：检查课程标准的执行情况。

（2）教科研处职责：提出编写或修改的原则、格式和要求。

（3）系（部）职责：按要求组织各专业（学科）教研室编写或修订课程标准，确定并审查课程标准的内容，执行课程标准，检查课程标准的执行情况。

2. 课堂教学环节

（1）教务处职责：检查课堂教学秩序，抽查教案及授课计划的执行情况，并将意见及时反馈各系（部）；负责课堂教学工作的正常运行，包括排课表、落实教室及教学资源的协调、调度等。

（2）系（部）职责：检查落实人才培养方案、教案的准备及授课计划的执行情况；检查教学秩序，保证本系（部）所属专业班级的课堂教学工作的正常运行。

3. 实践性教学环节

（1）教务处职责：提出学年或学期实践性教学工作的指导意见和总体安排，检查实践性教学环节的实施情况。

（2）实训中心职责：汇总和审核各系（部）校内实训基地建设方案，报学校审批；负责实施学校审批的实训基地建设方案；负责校内实训基地的管理。

（3）系（部）职责：拟定各专业各年级学生课内考察、参观、实习、课程设计、毕业综合实践等实践性教学环节的计划，报教务处审批、备案，并负责落实；做好校外实习实训基地建设工作；拟定校内实训基地建设方案，确保实验实训课教学质量，加强实训基地的建设和管理工作；充分利用校内外实训基地，开展产教研工作。

4. 学生职业技能训练、比赛等的组织和管理

（1）教务处职责：负责学生职业技能训练、比赛等的组织、协调、监督与管理工作。

（2）继续教育中心职责：负责校内学生考工考证的报名工作，负责学生职业技能证书的办理工作，负责学生职业技能证书的信息建档工作。

（3）系（部）职责：组织、指导学生参加课外科技（服务）活动；具体负责学生职业技能训练、比赛等的组织、安排、实施与管理；根据学生专业特点，确定学生的职业技能考证、考工项目，并组织学生培训。

（4）实训中心职责：负责学生考工考证、技能大赛等相关项目集中培训的组织、实施与管理工作。

5. 日常教学管理

（1）教务处职责：根据人才培养方案制订各学期执行计划和开课计划；负责组织全校排课和教师的安排、调度工作；负责校级考试考核的组织、实施、管理工作，确定考试日程，安排监考老师及考场，协调、监督出卷、审卷、印卷、封卷、成绩报送等各项工作；负责审批并办理教师调课、代课、停课等工作；负责全校选修课（任选课）的组织、管理与监控；拟定学生课程重修（补修）、补考的规定和实施意见，负责学生课程重修（补修）、补考的统一安排、协调与监控；做好毕业生的成绩推荐表工作；负责全校教师的工作量汇总、统计与审核工作；负责全校性的教学秩序管理与监督检查工作。

（2）系（部）职责：安排任课老师，组织制订各课程授课计划，组织编写教案；负责有关课程校外教师的聘任，并报教务处备案；具体组织、实施、管理任选课及学生重修、补修、补考等工作；具体落实学生国家级或省级考试的报考与考前培训工作；审批、办理系（部）内教师调课、代课、停课手续，并书面提前通知相关教师和班级，其中停课须由学校批准同意方可；负责本系（部）所属教师任教课程考试（考核）试卷的出卷、审卷、印卷、分封试卷等工作，依据规定统一要求，以系（部）为单位送教务处；做好毕业生成绩推荐表的成绩录入工作；负责系（部）内教师工作量统计、上报工作；协助具体落实课表、监考表的安排工作。

（3）继续教育中心职责：负责学生国家级或省级考试、考证报名的组织落实，以及考试、办证与发证工作；做好考试、考证材料的分类、归档工作，并将考试、考证结果信息按办证类别、系（部）专业班级进行分类，一份送相关系（部），一份送教务处。

6. 学籍管理

（1）教务处职责：做好全校学生每学期报道注册汇总统计工作；负责学生的成绩（电子学籍卡）管理工作；负责学生学籍、成绩查询工作；负责学生升留级、校内转专业工作；协同学工处做好学生的休学、复学、参军等工作；协同学工处做好学生的违纪处理和学籍异动处理工作；拟定校级学生毕业资格条件及毕业资格审查程序、规定，做好学生毕业资格审查及其管理工作。

（2）学工处职责：负责学生的校徽、学生证等管理工作，负责学生毕业证、学历证明等办理和发放工作，与系（部）共同负责学生的违纪处理工作，协助教务处办理学生升留级、校内转专业工作，负责学生的学籍异动处理工作。

（3）系（部）职责：办理学生每学期报到注册手续，并按规定时间将学生报到注册情况统计报学工处、教务处；负责学生学籍卡（纸卡）的建立和管理工作；负责学生学业档案的管理工作；负责学生电子学籍卡（系统管理软件）原始成绩的输入工作；负责学生学年学分统计工作；负责拟定学生升留级、学业警告的初步处理意见并报教务处；提出学生学籍变动处理和违纪处理意见，协同学工处和教务处进行学生的学籍变动处理，与学工处共同负责学生的违纪处理工作，并做好具体落实工作；拟定本系（部）所属专业学生毕业资格条件，并做好学生毕业资格初审及其管理工作，最后将初审结果汇总，送教务处。

7. 教师工作管理

（1）教务处职责：负责教师工作量、外聘教师工作量的核定；负责教师业务档案的管理指导工作，并为学校提供相关的教师业务资料；制定相关教学制度，根据教学事故认定标准，严格审定教学事故。

（2）教科研处职责：提出教师基本工作量要求；提出教师考核的原则，检查考核结果；教师讲座统计工作；教师校级公开课组织实施工作；建立教师业务档案。

（3）组宣处职责：建立教师人事档案，教师基本信息统计与管理。

（4）系（部）职责：负责教师教学任务（工作）安排；分学期按学年统计教师教学工作量，并报教务处；具体落实对教师教学工作的检查和考核；组织新分配教师或开新课教师的试讲工作；教师讲座组织、落实检查、汇总；按专业建立本系（部）教师业务档案。

8. 教学资产管理

教学资产分为固定资产、低值耐用品、易耗品等三大类。教学资产管理包括教学仪器设备的采购、验收、入库、领用、报销、建账、保管、使用与建档等内容，具体按《江苏省常州建设高等职业技术学校教学资产管理制度》执行。

（1）总务处职责：会同各教学管理部门提出教学硬件设施建设计划和规划，并制订管理办法，保证教学需要，提高教学资源效益；负责教学硬件设施建设管理；对各部门的设备实施指导、监督，办理有关手续；校级教学设施管理和调配。

（2）系（部）职责：提出教学硬件设施的购置、维修要求，协助教学设备的采购、质量验收、调试等工作，负责各自部门所属有关设备的具体管理和使用。

9. 教学档案管理

教学档案实行分级管理，编目造册。要建立教学档案查阅制度，充分发挥教学档案的作用。教学档案的管理应尽可能使用现代化、电子化手段。

（1）教务处职责：做好教学文书档案、教学业务档案的收集、整理和建档工作。教学文书档案包括：各类教学管理文件，学校教学工作计划和总结，教务处、系（部）的工作计划和总结，学校教学工作的各种上报材料，其他有保留价值的教学管理材料。教学业务档案包括：人才培养方案、课程标准变动情况说明、校历、课表、学期授课计划总表、试题总库、试卷分析表、实习计划审批表、优秀毕业设计（论文）。

(2) 教科研处职责：做好学校教学检查、督导工作材料的整理、归档，做好各专业经论证的人才培养方案、课程标准等材料的收集工作，做好校级教学质量检查和教学评估的总结。

(3) 系(部)职责：做好教学业务档案的收集、整理和建档工作。系(部)的教学业务档案包括：学期授课计划表，学生各类考试、考查、补考、重修试卷，学生课程作业、成绩登记表等，学生课程设计、教学实习、毕业设计(毕业实践)等实践性教学环节原始材料。

建立、管理试卷(题)库，并交教务处备案。期末考试试卷、所有重修补修补考考试试卷均由相关系(部)归档保管、备查，学生各课程考试试卷考后保管至学生毕业后一年(暂定)。

每学期放假前，将学生课程不及格情况统计报教务处，假期中或下学期初协同教务处安排学生的课程补考、补修、重修工作；做好系部内部教学质量检查和总结材料及教学评估的总结；做好教学改革方案和总结的整理、归档工作；做好课程改革成果材料的归档工作；做好教师教科研成果的收集汇总、统计工作。

(四) 教学质量管理

1. 教务处职责：组织系(部)实施组织期初、期中、期末教学检查工作；建立听课制度；严格考试过程管理；检查各教研室考试后试卷分析工作，抽查考后试卷的评判质量；建立教师、学生信息员制度，及时获取有关信息并反馈给有关部门。

2. 教科研处职责：提出校教学督导工作要求，并组织具体落实；组织各系(部)评选教学成果奖、教学质量优秀奖、优秀教材奖、优秀课程奖、优秀实践教学成果奖及开展青年教师教学竞赛等工作；组织全校教学改革研究工作和经验交流；组织全校性教学质量检查。

3. 系(部)职责：提出教师、学生信息员名单，及时获取信息并报各有关部门；组织各教研组做好教学质量检查、评估工作；具体组织推荐优秀教学成果奖、教学质量优秀奖、优秀教材奖、优秀课程奖、优秀实践教学成果奖及开展青年教师教学竞赛等工作；具体落实期初、期中、期末教学检查工作，并及时将检查情况书面报教务处；做好毕业生质量跟踪调查工作；负责组织考后试卷的评判，并保证质量；组织任课教师认真填写试卷分析表，并及时报教务处；组织观摩教学，落实听课制，加强教师听、评课工作，并回收听课记录本存档。

(五) 教学基本管理

1. 学科和专业建设

(1) 教务处职责：负责全校学科和专业建设管理、评估工作。

(2) 教科研处职责：负责制定全校学科和专业建设规划、计划。

（3）系（部）职责：负责学科和专业建设具体工作；制定并实施系（部）各专业、学科建设规划，明确总体目标、任务、指导思想和原则；制订各专业人才培养方案。

2. 师资队伍建设

（1）教科研处职责：制定校级师资队伍建设规划及年度实施计划；组织教师培训工作；负责专业（学科）教研室主任的聘任、考核工作；负责校内专业学科带头人，骨干、双师教师评聘、考核等工作；组织教师申报认定高校教师资格；组织教师参加教学水平、教学成果申报与评比；推荐省级以上有关教学奖励项目和校级学术带头人、青年骨干教师的选拔培养工作。

（2）组宣处职责：负责教师职称申报工作；负责教师评优、评先进工作；制定师德师风建设条例，加强师德师风建设；制订教师的引进和现有教师学历培养的方案；根据教师基本工作量要求，对教师计划内教学工作量进行核定并发放岗位津贴。

（3）系（部）职责：依据校级师资队伍建设规划及年度实施计划，分别负责制定本系（部）及其所属专业的师资队伍建设规划及年度实施计划，负责具体落实本系（部）师资队伍建设规划及计划；负责推荐专业学科带头人，骨干、双师教师；组织、推荐教师参加教学水平、教学成果申报与评比；具体落实师德师风建设；制定系（部）级教师奖惩制度；向学校推荐有关教学先进、教学奖励人选或项目；负责外聘教师的聘任工作。

3. 教材建设

（1）教务处职责：制定并实施校教材建设规划；加强文字教材、实物教材和视听教材建设的规划工作；建立教材信息库，负责教材选定的审查工作；负责教材的订购和发放；负责自编教材的立项、审核和管理工作。

（2）教科研处职责：负责自编教材的奖励工作。

（3）系（部）职责：制定并实施系（部）级教材建设规划；确定备选教材名单并报教务处；负责教材使用质量反馈工作，并报教务处。

4. 课程改革

（1）教务处职责：负责课程改革人才培养方案和课程标准的落实检查工作；提出课程体系与教学内容、教学方法和手段改革的要求，并负责检查；负责全校性课程改革实施工作的资源协调和监督检查工作。

（2）教科研处职责：制订校课程改革方案，明确总体目标、任务、指导思想和原则；提出课程体系与教学内容、教学方法和手段改革的要求，并负责检查；制定合格课程评估标准，组织课程评估工作。

（3）系（部）职责：负责本系（部）所属专业的课程改革与实施工作，制定并实施本系(部)专业课程建设规划,落实重点课程、精品课程建设,组织课程合格评估的自评工作,研究和实施各专业课程结构体系与教学内容、教学方法和手段的改革。

(六) 校企合作管理

为了全面贯彻落实国家、省职业教育工作会议精神和江苏联合职业技术学院建筑专业协作委员会筹备会议精神,坚持"以服务为宗旨、就业为导向"的职业教育办学方针,紧紧依托建筑行业和企业,通过加强校企合作,充分利用校内资源与社会资源,实现资源共享、多赢,进一步深入开展办学模式和教学模式改革,大力推进产学研合作,全面推动、深化建筑专业五年制高职教育教学改革,不断提高办学质量、办学特色和办学效益,全面推动校企合作工作。

学校应成立校、系两级校企合作领导小组。校级领导小组,一般由校长任组长,分管副校长任副组长,成员由教务处、各系(部)及相关功能科室负责人组成。校级校企合作领导小组下设校企合作管理办公室,设在教务处。

1. 校级校企合作领导小组职责:负责领导、指导、监督与管理全校的校企合作工作,负责制定全校性校企合作规划和年度实施计划,负责对专业系(部)校企合作工作的审查、审批与协议签订工作等。

2. 教务处职责:负责全校校企合作工作的日常管理;负责全校性校企合作工作的档案资料整理、建档、归档,以及相关信息上报;负责组织校内校企合作经验交流与校外经验交流工作。

3. 系部(专业)校企合作领导小组职责:系部(专业)校企合作领导小组,一般由系(部)主任、专业带头人、骨干教师及相关人员组成,主要负责推动、领导、监督与管理本系(部)各专业的校企合作工作,负责制定系(部)校企合作规划和年度实施计划,负责各专业校企合作工作的审查、审批等工作。

(七) 教育教学管理研究

搞好教育教学管理,必须以教学管理研究和教育研究为基础。开展教育教学管理的研究是所有教学管理人员、教育研究人员及教师的共同任务。

(1) 教育教学研究是一门科学,应进行科学的组织管理,学校、各处(室)、系(部)、中心均应做到:坚持教育必须为社会主义现代化服务,为培养社会主义建设事业接班人服务;做好长远和近期规划;制订阶段实施计划;有计划、有目的、有重点地组织立项研究;组织校内外、国内外的广泛交流,提高研究水平;发动广大教师和管理干部,结合本职工作进行教育研究,研究队伍实行专职和兼职相结合。

(2) 教科研处职责:制定全校科研管理制度,策划、组织教科研活动,管理校各级各类教科研课题,组织申报市级以上科研课题,组织各级各类论文、科研成果评选工作,负责全校教师教科研成果奖励工作,安排全校性教研活动,负责校刊组稿、编辑、出版工作。

(3) 系(部)职责:组织校级课题申报、研究、管理工作;组织、推荐论文及科研成果参评;负责教科研成果统计,数据报教科研处;负责教学研究活动的具体落实、检查工作。

第五章

职业学校培养行业性技能人才的保障

第一节 职业学校培养行业性技能人才的战略规划

“凡事预则立,不预则废。”放眼国内外著名学校,无论是大学、中小学还是职业学校,其存在的一个共同特点是,都拥有自己的办学理念、办学图景框架。清晰的战略规划能够为职业学校的发展理清思路,提供指引路标。因此,在职业学校培养行业性技能人才的实践中,制定相应的战略规划是不可或缺的。

一、职业学校战略规划概述

(一) 职业学校战略规划的内涵

战略(strategy)的理念最早来源于军事领域,而后被引入到社会发展的领域中。在我国古代,著名军事家孙武所著的《孙子兵法》就蕴含了丰富的战略思想。在西方,19 世纪德国军事家克劳塞维茨所著的《战争论》、20 世纪英国战略思想家利德尔·哈特的《战略论》、法国战略思想家博福尔德《战略绪论》是战略研究方面的经典著作。其中,克劳塞维茨在《战争论》中指出:“战略是为了达到战争目的而对战斗的应用。因此,战略必须为整个军事行动规定一个适应战斗目的的目标,也就是拟制战斗计划,并且必须把达到这一目标的一系列行为同这一目标联系起来,也就是拟制各个战略的方案和部署其中的战斗。”

脱掉“战略”这一理念的军事外衣,从其本质来说,指的是重大的带有方向性、根本性、全局性的策略,战略规划则是组织具有长期性、全局性的总体发展规划。就职业学校而言,战略规划是学校在特定环境中,为求得生存和发展而做出的长远性、全局性的规划。战略规划能够对职业学校的发展予以指引,以实现职业学校的战略发展目标。

（二）职业学校制定战略规划的意义

1. 能够为职业学校的发展提供方向指引

古语云“先谋后事者昌，先事后谋者亡”，也就是说，如果事先制订了周密的计划再去行动，事业便会取得成功，反之，每当事情过后再去想办法弥补只会自取败亡。校长作为职业学校的主要领导者，对学校的发展不能采取放任自流、无为而治的做法，而是要有通盘的规划和考虑。学校发展战略规划的制定明确了将学校发展目标诉诸现实的操作路径，搭好了将观念转化为行动的桥梁，是学校前进的指南针。战略规划的制定能够保证职业学校在理性设计的方向上发展。

2. 有利于最大限度地整合职业学校的内外资源

在军事领域不乏这样的例子，一个拥有良好的军事战略、组织严密的军队，往往能够战胜人数数倍于自己，但缺乏战略意识、组织涣散的军队。因为，一个优秀的军事战略能够有效地整合军队内外的资源，使其形成巨大的合力，从而增强军队的战斗力。在商业领域，许多能够把握市场脉动并制定针对性战略规划的小企业往往能战胜资金和设备实力更为雄厚的大企业。学校的发展也是同样的道理，战略规划的制定可以充分挖掘学校的有利因素，整合职业学校的内外资源。对内可以开发学校的人力资源，做好教师的继续教育培训，增强教师的专业素质，还可以从校外引进优秀的专业人才来增强学校的科研实力；对外可以整合政府、企业的力量来为学校争取政策、资金、场地、设备等资源。

3. 可以提升职业学校的管理效率

职业学校战略规划的制定过程就是界定职业学校发展中的问题，提出解决问题对策的过程。在这一过程中，学校发展的目标、创意与策略、措施、方式、方法等都被提了出来，大家一起进行谋划，这对加强和改善职业学校内部的管理是很有帮助的。同时，发展战略对学校决策、计划、组织等管理有明显的改善作用。例如，能为学校发展决策提供多种备选方案，从而保证学校发展决策的质量，保证决策的科学性和可行性，并提升职业学校的管理效率。

4. 能够为职业学校的发展提供新颖的创意和策略

在企业领域，制定战略规划的过程经常能为企业带来富有创意的想法和策略，因此，优秀的企业都极为重视战略规划的制定。随着当今社会逐步迈入知识经济时代，创意越来越成为一种珍贵的知识资源。美国未来学者阿尔温·托夫勒曾经预言：“主宰21世纪商业命运的将是创意，因为资本时代已经过去，创意的时代正在来临。”世界首富比尔·盖茨也曾经说过：“创意犹如原子裂变一样，只要一盎司就能带来无以数计的商业效益。”随着我国经济发展方式的转型及产业发展的不断升级，职业教育面临着一个新的历史机遇，职业学校同样须要打破常规，推陈出新，出奇制胜，在招生工作、职业学校的人才培养模式以及学校管理等方面都需要新创意、新思路。职业学校制定战略规划时，通过对学校内外环境的分析，提出新颖的、富有特色的创意与发展策略，可以使学校在激烈的竞争中立于不败之地。

（三）职业学校制定战略规划的原则

1. 遵循客观性原则

职业学校制定战略规划应当实事求是，客观、冷静地分析自身发展面临的问题。脱离了客观性的原则，战略规划就只是空中楼阁。

（1）客观地分析学校历史发展成果与积弊，在批判继承中发展

职业学校的办学历史有的很长，有的较短。制定职业学校的战略规划必须遵循唯物主义的历史观，对学校发展的不同历史阶段进行客观、冷静的分析。然而，在现实中，某些职业学校对自身的办学历史采取了一种模糊不清的态度，有的讳谈自身历史上的办学失误，有的则将自身的办学历史全盘否定，有的则与之相反，一味沉浸于学校辉煌的办学历史而不思进取。了解历史，以史为鉴，继承传统，弘扬创新是职业学校发展的基础。只有保持客观的态度，才能实事求是地分析学校不同时期的办学成就与失误，才能有利于获取对学校发展有价值的东西。

（2）客观地评价学校发展的优势与不足，准确做好学校定位

职业学校制定战略规划，必须采用一分为二的方法来对学校的发展现状做出准确的评价与判断。一方面，学校须要看到自身发展的优势，另一方面，又要充分地估计到发展的困难，不能一味地盲目乐观，放大优势，也不能一味地悲观，自暴自弃。正确的做法应该是：学校要分析自己的优势，总结经验，同时要寻找自身与发展目标的差距，努力寻找应对策略，克服困难。要明确哪些是绝对优势，哪些是相对优势，哪些是长期困难，哪些是暂时困难。学校的准确定位就是建立在对自身优势与困难的客观估计之上的。职业学校找准了自身的发展坐标，就能够使学校的发展建立在坚实的基础之上。

2. 遵循科学性原则

职业学校制定战略规划应遵循教育规律，应当符合相应的国家政策规范。

（1）吃透国家的职业教育方针政策，从中寻求推动学校发展的策略

国家的职业教育方针、政策、法律、法规对职业学校的办学方向与要求建立了政策性的规范。职业学校制定战略规划必须遵照国家的职业教育方针政策。自从2000年以来，国家对于职业教育的发展愈来愈重视，连续出台了多项推动职业教育发展的大政方针，如《国务院关于大力发展职业教育的决定》（2005）、《国务院批转教育部2003—2007年教育振兴行动计划的通知》、《国家中长期教育改革和发展规划纲要（2010—2020年）》等。职业学校要能抓住

政策所给的机遇,借助政策的东风,努力培育学校的发展优势,克服学校发展中面临的困难。

（2）科学地确立学校的发展战略目标

职业学校要确定自身的发展战略目标,就必须遵循教育自身发展的规律。教育是一种培养人的活动,人的成长规律是极为复杂的,教育规律亦是如此。所以,职业学校必须遵循教育规律,将教育规律与学校实际紧密结合起来。不同的职业学校其地理位置、区域经济发展状况、教学实训设备、管理水平、师资水平、生源状况存在很大的差别。因此,在确立学校的战略发展目标时,必须从学校发展的实际出发,既不能好高骛远,又要避免畏首畏尾。职业学校必须结合自身的特殊校情,在尊重规律的基础上制定切合学校发展潜力的战略目标。

3. 遵循可持续性原则

职业学校制定战略规划要循序渐进,步步为营,不要急于求成,否则就会欲速则不达。

（1）将长远战略目标分解为阶段性目标,使学校逐渐进步

职业学校的长远战略目标与学校的现状相比往往存在较大的落差,其最终实现需要学校付出艰辛的努力。因此,应把学校的长远战略目标分解为阶段性的一个个子目标,而且阶段性目标之间的差距要安排适当。前一阶段的发展成果为后一阶段发展目标的达成奠定基础,这样就可以稳扎稳打,确保学校在一个个子目标的完成中实现不断突破,在渐变中最终实现质的飞跃。然而,某些学校急于求成,追求所谓的跨越式发展,企图在一夜之间就制定出完美无缺的战略规划。实际上,如果目标跨度过大,对将要面临的困难估计不足的话,强制性地实施这样的战略规划会使学校的正常教学秩序、管理秩序陷入混乱,以致给学校的发展带来严重的负面影响。

（2）为学校每一步目标的实现留足后续发展空间

职业学校的发展必须体现时代性,满足时代发展对学校提出的客观要求。所以,既要立足现实,又要面向未来。在制定学校的战略规划时,学校要认真分析当前社会经济发展对于职业教育的需求以及未来职业教育的发展趋势,要把眼前发展和长远发展有机结合起来,为每一步目标的实现奠定基础,并留下足够的发展空间。一些学校在制定战略规划时,只考虑眼前利益,不顾长远利益,盲目追求标新立异,匆忙上马大项目,最后造成了许多资源的闲置与浪费,严重影响了学校的后续发展。

二、常州建设高等职业技术学校的战略规划

行业性技能人才的培养离不开清晰的战略规划保障,常州建设高等职业技

术学校在完成校“十一五”战略规划任务的基础上，通过对内外环境的分析，制定了学校“十二五”战略规划。

（一）学校发展的基础与背景分析

1. 学校发展的基本情况

（1）学校办学的基础条件

“十一五”期间，学校固定资产增加 7 002 万元，总值达 14 736 万元；新增建筑面积 1.1 万平方米，总建筑面积达 7.72 万平方米。“十一五”期间学校用于实训基地建设、教学设备投入、图书购置、教学科研、师资培训等支出累计达 2 225.17 万元，是建校以来经费投入最多、增长幅度最大的时期。其中新增实验实训设备 1 800 万元，超过办学以来前 18 年的投入总和，总值超 3 000 万元，生均达 4 500 元，比“十五”末翻一番。新增纸质图书近 9 万册，新增电子图书近 12.9 万册，学校纸质藏书总量达 25.2 万册，生均 37.9 册，电子图书总量 13 万册，生均 20 册。学校所有教室完成多媒体化改建，专任老师配备教学用笔记本电脑，学校办学基础条件切实得到改善。

（2）学校的专业课程建设

“十一五”期间，学校始终围绕提高教育教学质量这一永恒主题，着实加强专业建设，全面推进课程改革，成绩显著。“十一五”期间，学校新增 2 个五年制高职专业和 1 个专业方向，创建 4 个省级五年制高职示范专业、6 个市级五年制高职示范专业和 1 个江苏联合职业技术学院重点专业，4 个专业获得江苏省五年制高职专业建设水平评估“优秀”等级。启动了 8 门精品课程建设工作，其中 2 门课程被确定为江苏联合职业技术学院精品课程建设项目。课程改革在所有专业全面深入开展，学校被确定为省首批课改实验学校。

（3）学校的校企合作进展

“十一五”期间，校外行业企业专家全程参与学校所有专业的专业建设、课程改革和教学活动。校企共建实训基地，新增校外实训基地 100 余家，吸收企业资金 300 余万元在校内建设实训室 5 个，学校实训基地建设在省教育厅专家组评估中成绩为“优秀”，并被列为 2011 年国家实训基地建设项目。与香港港华公司、常州公交集团公司拓展了城市燃气、城市交通运输（公交运营管理方向）高职专业的订单培养，汶川地震后与港华公司共同招收了燃气四川班，2010 年开始招收燃气职工班。物业管理、园林工程技术等专业积极与企业合作探索“5 +2”、“3 +3”、“5122”、课堂进企业等工学结合人才培养模式。学校与常州一建、易居中国等企业开展全面战略合作，常州一建在学校设立 60 万元专项奖学金。“十一五”期间学校与企业建立了全方位、全过程、多形式的联系，校企合作工作进展较大。

（4）学校的师资队伍实力

“十一五”期间，学校通过实施师德建设计划、规模保证计划、学历提升计划、职称优化计划、技能提高计划、名师培养计划等“六项计划”培育师资，成效显著。五年来，专任教师人数从127人增至184人，副高职称者从34人增至67人，硕士从2人增至47人，培养博士1人。拥有“双师型”教师130人，占专任专业教师的70%。投入70余万元用于师资培训，13名教师出国培训，11名教师赴港培训，1名教师到高校做访问学者，10名教师参加国家级骨干教师培训，近20名教师参加省级骨干教师培训。组建校“名师工作室”3个。目前学校拥有省高校“青蓝工程”优秀中青年学术带头人、青年骨干教师各1名，江苏联合职业技术学院专业（学科）带头人6名，市级专业（学科）带头人2名、骨干教师1名、职教能手4名，市“831人才工程”培养对象第一层次3人、第三层次3人。师资队伍学历、职称结构有了大幅改善，一批省内知名的名师及由名师领衔的教学团队正在形成。“十一五”期间，学校多管齐下，提升教师教学科研能力，制定了一系列教科研工作和奖励制度。在学校强有力的政策引导下，特别是实施课题引领课改战略以来，学校课题的数量和质量显著提高。五年间完成课题55个，其中参与全国教育科学“十一五”规划课题1个，承担建设部项目2个、省“十一五”规划立项课题1个、省职教学会课题1个、院级课题2个、市级课题4个、校级课题44个；开发、编写校本讲义40册，主编或参编公开出版教材100余本；在各级各类学术期刊公开发表论文355篇，其中核心期刊23篇；校外多媒体课件获奖16个。课题研究的数量和质量取得突破性增长，教师的教学科研能力有了较大提升。

（5）学校的办学品牌发展

经过24年的办学实践，特别是“十一五”期间的发展，学校各项工作特色逐步得到提炼，办学品牌正在形成。“十一五”期间学校招生规模保持稳定，生源质量逐年提升，在同类学校中名列前茅，毕业生平均就业率在98%、专业对口率在92%以上，形成了进出两旺的喜人局面。高职毕业生职业技能证书获证率达100%，2006年以来学生参加全国、省、市各类技能大赛、创新大赛获奖人数累计达115人次，并连续获国赛测量项目金牌，人才培养实现了从学科型到技能型的转变。学校以职业生涯规划为载体的“三全”育人模式，以点带面、课题引领的课程改革推进方法，校企合作、工学交替的人才培养模式，紧扣行业、特色鲜明的专业开发和建设战略，后勤服务的ISO质量体系认证都取得了良好效果，得到领导、专家、同行的一致认可。

2. 学校发展存在的问题

与高职高专的建设要求相比，学校发展存在的主要问题有：专业设置与区域产业发展、建设行业尤其是新兴产业发展的联系还不够紧密；构建校企合作、工学结合的人才培养平台,推进课改成果在课堂落实,提高教育教学质量的工作还有待深化;师资队伍无论是数量、质量、结构,还是课改、科研和社会服务能力都有待提升;教学设备总值及生均设备值还有较大差距,实训基地的管理水平和运行效益还有待提高;教师的科研、社会服务能力和行业影响力还有待提高;国际交流亟待进一步突破;学校管理水平还不能完全适应现代职业院校建设发展的需要,有待进一步提升。

3. 学校发展面临的机遇与挑战

(1) 良好的发展政策机遇

党和国家高度重视职业教育,大力推进高等职业教育改革发展,随着《国家中长期教育改革和发展规划纲要(2010—2020 年)》《江苏省中长期教育改革和发展规划纲要(2010—2020 年)》和《常州市中长期教育改革和发展规划纲要(2010—2020 年)》的相继颁布与实施,从中央到地方的良好政策支撑使得高等职业教育进入了历史上最好的发展时期。

(2) 良好的行业发展机遇

"十一五"期间,江苏省住房和城乡建设事业取得了长足发展,城市化和城乡一体化发展进入了新阶段,住房城乡建设领域总体实力和重要指标保持全国领先水平。与此同时,住房和城乡建设系统从业人员学历层次低、专业技术人员少,仍是制约全省城乡建设事业又好又快发展的主要瓶颈。"十二五"期间,随着国家工业化、信息化、城镇化、市场化、国际化向纵深发展,江苏省"节约型城乡建设"和"建筑强省"战略的深入实施,江苏的住房和城乡建设事业必然迎来更大的发展机遇。同时随着经济结构调整和产业升级,建设行业对高技能人才的需求必然持续增长。这些必将给学校的发展带来更大的空间和机遇,同时也是学校作为省住房和城乡建设厅下属的唯一一所建设类高等职业院校必须承担的历史责任。

(3) 良好的社会环境机遇

近年来,随着国家经济社会的发展和人们教育观念的转变,职业教育作为一种类型教育在社会上已经得到越来越广泛的认同。常州市委、市政府长期以来把职业教育作为城市品牌来建设,并被国务院确定为地方政府促进高职教育发展综合改革试验点,《常州市中长期教育改革和发展规划纲要(2010 - 2020 年)》明确提出要建设省职教创新发展实验区、打造中国职教名城,而学校新校区正位于常州市重点建设的殷村职教园区内。同时由于办学二十余年来不断努力和积累,学校赢得了良好的社会声誉,未来发展拥有良好的社会环境。

(4) 办学层次提升的挑战

随着经济社会的发展、生源人数的减少、高中阶段教育的普及和人们对教育要求的提高,初中后五年制高职教育可能会受到冲击和挤压。而学校“十二五”期间主要发展目标之一的组建高等职业学院又受到国家、省宏观政策的影响,具有一定的不确定性,同时高中后高职与初中后五年制高职在教育教学规律和办学要求上也有很大不同,这些对学校发展建设都将带来挑战。

(5) 办学经费筹措的挑战

“十二五”期间,学校一方面将进行新校区建设,需要投入大量资金;另一方面要加强内涵建设,需要在教学、科研、实验实训基地、师资队伍等方面也投入大量资金,这将使学校的经费运转面临挑战。

(6) 办学资源竞争的挑战

高等职业教育承担着改善民生、促进就业的重要历史使命,需要不断提高教育教学质量,适应经济社会发展和产业结构升级调整的需求。同时学校组建高职院后,需要在4—6 年内通过国家高等职业院校人才培养工作评估,并且要面临同地区、同行业不少有一定办学历史高职院校的激烈竞争。如何加快学校各项事业建设,提高教育教学质量,在高职院校队伍中站稳脚跟、创出特色,将是未来发展的巨大挑战。

(二) 学校发展的战略目标

1. 总体目标

“十二五”时期学校发展的总体目标是:建成宜学习、宜工作、宜生活的殷村新校区,根本改善办学基础条件。组建独立设置的江苏城乡建设职业学院并为在规定期限内顺利通过高职高专人才培养工作评估做好准备,实现事业发展平台和办学层次的新跨越。继续以提高人才培养质量为核心,以深化教育教学改革为动力,以增强服务区域经济社会发展能力为目标,强内涵、扩规模、上水平,把学校建设成为江苏住房城乡建设行业高素质技能型专门人才重要培养培训基地和建设领域新技术应用的交流与推广中心。规划期末初步建成一所设施先进、管理规范、特色鲜明的普通高等职业院校。

2. 具体目标和主要指标

(1) 招生就业

每年招收高职生 1 100 人左右,中职生 200 人左右,“十二五”期间全日制在校生规模 6 000 人左右,其中高职生 5 500 人左右。规划期间,毕业生初次就业率不低于 75%,年底就业率不低于 98%,正式签约率不低于 80%。

(2) 专业和课程建设

规划期末,建成 5—6 个专业系部,20 个左右三年制高职专业全面招生,完成第二批 10—15 个三年制高职专业的开发工作,建成 5 个省级五年制高职品牌专业、3 个省级五年制高职特色专业,所有专业达到合格专业建设标准。规划期内,建成6门院级精品课程,每个专业建成1—2门校级精品课程。出台校本教材编写和出版标准,20门主干专业课程出版校本教材。

(3) 师资队伍

规划期内,按6 000名学生规模、1∶16的师生比配备约375名教师。其中校外兼职教师占30%,约113人,校内专任教师占70%,约262人。同时按1∶28的师生比配备校内专任专业教师,约215人。

规划期末,校内专兼职教师研究生以上学历或硕士以上学位比例达50%以上,博士达3—5人,40周岁以下青年教师中研究生以上学历或硕士以上学位比例(含在读)达90%以上。校内专业教师中具有"双师素质"教师比例达到80%以上。

规划期末,校内专兼职教师职称结构进一步优化,高、中、初级职称比例达3∶5∶2左右,教授等正高职称达到3—5人。引进、培养省内外知名专业带头人3—5名,打造1—2个省内外知名的优秀教育教学团队。

规划期内,教师科研水平显著提升,年发表和获奖论文数(不重复计)不低于教师数的1/2,其中核心期刊每年10篇以上。年承担市级及以上课题5个以上,在承担国家级研究课题上取得突破。

建立200人左右稳定的校外兼职教师库,校外兼职教师承担的专业课学时比例达到40%以上。

(4) 基础设施

按计划推进位于常州市殷村职教园区内占地800亩、总建筑面积28万平方米的新校区建设。

规划期内,新增教学仪器设备投资3 500万元,总值达6 000万元,生均超10 000元。

结合新校区建设,更新图书管理系统,规划期内,投入图书采购和更新图书管理系统资金650万元,新增纸质图书11万册,年生均新增纸质图书3册以上,规划期末生均达60册以上。

(5) 社会服务

"十二五"期间,学校职业培训和技能鉴定年均达15 000人次左右,其中学生年参加职业技能培训和考核人数不低于当年毕业生规模的1.5倍。结合新校区新增行业企业培训基地1—2个,建成2—3个行业研究机构。拓展三产科技服务资质2—3项,三产科技服务产值年均超2 000万元。在科研上取得突破,规划期内完成10个左右的科技研究成果。拓展社区培训课程30–50门。成人学历教育规模力争规划期内总招生数达到1 500人,规划期末在册人数超1 000人。

(6) 校企合作

建立和完善校企合作办学体制和机制，规划期末，稳定的校外实习基地达200家左右(每个专业10家左右)，与学校深度融合的企业达到60家左右(每个专业3个左右)，新增订单培养专业2—3个、订单培养合作企业10个左右。结合新校区建设，规划期内创建3—5个国家级、省级高水平示范性实训基地，创建1—2个融教学、培训、职业技能鉴定、生产和技术研发为一体的校内实训基地。

(三) 学校发展的主要战略任务

1. 建好殷村新校区，组建高等职业学院

(1) 建设绿色新校区

坚持"适用、绿色、美观、精致"的原则，发挥后发优势，积极争取主管部门和地方政府的支持，加快新校区建设进度。按照既定的搬迁时间要求，加强新校区建设组织领导，建立健全各项管理制度，规范建设管理各项流程，科学合理地组织设计、施工、管理等各个环节工作，加强施工现场安全生产管理，创建省安全文明工地，建立预防职务犯罪和反腐败的有效机制，确保把新校区建设成工程优质、干部优秀的"双优"工程，把新校区建设成为师生员工学习的乐园、工作的家园、生活的田园，为学校实现新的发展提供物质基础。

(2) 建设多功能实训基地

结合新校区建设，本着共建共享、多边共赢原则，大力开展与行业企业的合作，引进企业设备、人员、技术、生产和服务项目，规划期内投入3 500万元，创建3—5个国家级、省级高水平示范性实训基地，创建1—2个融教学、培训、职业技能鉴定、生产和技术研发为一体的校内实训基地。结合数字化校园建设仿真公共实训平台。创新实训基地建设与运行管理机制，以系部为主体，做好新校区实训室建设。以"7S"标准指导管理实习实训以及生产，突出企业文化与职业素养。采用市场化运作模式，把基地建设成为实验实训中心、技能培训鉴定中心、项目研发中心和生产调度中心。

(3) 建设现代化图书馆

结合新校区建设，建成面积达2万平方米的独立新馆舍。紧扣学校和专业建设发展需要，规划期内完成图书采购总额650万元，生均纸质图书达60册，每生每年至少新增纸质图书3册以上。加大数字化图书馆建设力度，更新图书管理系统。加强队伍建设，提高信息情报处理能力，全面提升服务水平。通过继续办好"思成读书节"等系列活动，营造学术氛围，提高学术水平。规划期末初步建成理念先进、设施齐全、藏书丰富、结构合理的现代化图书馆。

(4) 加强教育信息化建设

结合新校区建设，科学制订学校信息化建设方案。构建集电子校务、学籍管理、信息服务、教学科研为一体的信息化平台。建立万兆主干网、千兆骨干网、网络核心采用万兆路由核心交换机的数字校园硬件支撑环境。建成具有考勤、消费、身份识别等多种功能,可与银行账户连接的校园一卡通系统。建立校园水、电智能化管理系统和安防监控与消防监控报警系统。提升学校门户网站建设水平,提高网络办公普及率和应用水平,提升教职员工的信息技术应用能力。积极推进专业教学资源信息库建设,推进公共实训平台数字化建设,开发虚拟工厂、虚拟车间、虚拟工艺,促进信息技术在教育教学中的实际应用。

(5) 组建高等职业学院

加快推进与常州职工大学的资源共享、整合工作进度,加强自身建设,加大推广宣传,争取多方支持,抓好发展机遇,力争在"十二五"前中期成功组建"江苏城乡建设职业学院",实现事业发展平台和办学层次的新跨越。

2. 校企合作齐发展,创新办学体制机制

(1) 组建江苏(常州)建设教育集团

结合搬迁新校区和组建高职院,积极争取省、市建设、教育主管部门支持,适时牵头组建由政府、行业企业、省内建设类职业院校共同参与的江苏(常州)建设职教集团,探索集团化办学思路和方法。

(2) 组建学校董事会或理事会

结合搬迁新校区和组建高职院,探索建立由政府、行业企业和学校组成的董事会或理事会,负责制定学校发展规划,决定学校重大事项,发挥各自在经费筹措、兼职教师聘任、实习实训基地建设、毕业生就业等方面的优势,创新学校办学机制,促进校企共同发展。

(3) 全面深入推进校企合作

加强与全国、全省知名的大型建设企业的联系,积极推行订单培养、工学交替和冠名班等合作办学模式。深入开展校企战略合作,创新校企合作方法和机制,搭建校企合作的综合发展平台,建立研发中心、科研生产联合体、培训中心、职业技能鉴定中心,建立"校中厂"、"厂中校"实习实训基地和产学研结合技术服务中心。探索建立工学结合、校企合作的政策体系,形成系统的、科学的合作办学、合作育人、合作就业、合作发展的校企合作办学机制。

(4) 建好各类资源共享平台

加强校友会、教育基金会的组织和建设工作。健全校友会联系网络,建立信息沟通和发布渠道,召开好校友总会年会,组织形式多样的校友会活动。抓住学校搬迁契机,加强与校友的联系,充分利用校友力量促进学校发展。积极培育与学校专业建设和人才培养相适应的校办产业,在确保校办产业按市场化规律运作的同时,加强校办产业与教学在师资、科研、服务方面的互通、互动,建立校企共融、共荣相关机制。充分利用江苏联合职业技术学院建筑专业协作会及参与各类学会、协会组织,建设校企、校校资源共享平台。

3. 加强研究重内涵,提高教育教学质量

(1) 加强政策理论研究

成立专门机构、配备专职人员、搭建研究平台、健全激励机制,加强对高等职业教育相关理论、政策以及教育部高职高专人才培养工作评估指标体系的研究。坚持以校本研究为主体,积极争取主持或参与国家和省级课题研究。组织全体教职员工开展学习,理解高等职业教育的科学内涵和相关要求,做好高中后三年制高职教育和初中后五年制高职教育的衔接,在教学、管理等各个方面尽快适应教育对象的改变,促进学校教育教学工作健康发展。

(2) 加强课程教材建设

进一步深化课程改革,引入行业企业规范和职业资格标准,不断修订完善所有课程标准。积极开展精品课程建设,不断总结和推广建设经验,努力提高精品课程建设水平,规划期内每个专业建设1—2门校级精品课程,全校建成6门院级精品课程。在坚持"择优选用"、"更新选用"原则,优先选用国家规划教材、省部级以上优秀教材、教育部和省教育厅推荐教材的基础上,积极组织专业教师以及行业企业专家以工作过程或学习领域为主线,编写20门左右与生产实践紧密结合、理论实践一体化、充分反映建设类五年制高等职业教育办学特色和本校教学特色的校本教材。

(3) 加强课堂教学改革

深化专业(学科)教研室(组)职能,广泛、深入推进学校"五课"教研和"两课"评比工作,每年举办一次省(市)范围教学开放日(周)。积极深化课堂层面的教学改革,大力推行任务驱动、项目导向、工学结合等理论与实践相结合的教学模式,融"教、学、做"为一体,强化学生技能培养。积极探索现场教学、仿真教学、情景教学、案例教学、启发式教学、讨论式教学、探究式教学等多样化的教学方法,着力提高教学的有效性和高效性。加快推进文化基础课的课程改革,提升学生人文素养。积极开发校本课程设计示范案例,完成院级课程设计示范案例20个以上。建立课改背景下科学的课堂教学评价体系,推进课程改革成果在课堂落实,切实提升课堂教学质量。

(4) 完善保障评价体系

加强教育教学督导工作,建立独立的督导体系,开展教学、学生、后勤等全方位的督导。完善教育教学质量保障体系,实行"全员、全程、全面"课程实施质量监控,在校内开展各系、各专业人才培养水平评估自查。深入开展校企合作,引入行业企业共同参与人才培养过程和考核评价,进一步完善高职人才培养模式,以应用为主旨构建“就业为导向、能力为本位、项目为载体”的理论和专业教学体系，以能力为主旨构建“课内实践、综合仿真模拟、真实情境训练”三位一体的实践教学体系。把学生高级职业资格证书获证率作为学生培养质量的重要指标，探索建立包括学生职业道德、职业素养、职业知识、职业技能、职业发展在内的全面、立体、多元的评价体系。探索在文化基础课程、专业技能课程、顶岗实习等方面的培养方法和管理制度，培养学生核心技能，凝练学校办学特色，形成学校核心竞争力。

4. 创新特色树品牌，提升专业建设水平

(1) 调整优化专业结构

紧扣行业发展，加强市场调研，依托行业企业做好20个三年制高职专业的开发和建设工作，建构完整的建设行业专业链。根据专业相关性及高职高专专业目录，进行学校系部和专业调整，规划期末建成建筑艺术、土木工程、设备工程、公用事业、管理工程等5—6个专业系，努力构建专业群，形成结构合理、特色鲜明的专业格局。

(2) 创建品牌特色专业

深入研究高中后三年制与初中后五年制的异同，调整充实各专业专家指导咨询委员会，继续做好行业企业参与专业人才培养方案制订和滚动修订工作，把可考查学生核心技能的高级职业资格证书纳入人才培养要求，强化专业核心技能和核心竞争力培养。加大对院、校品牌、特色、重点专业的经费投入、人才引进、基地建设等的倾斜力度，特别注重品牌、特色专业的人才培养模式创新、专业文化营造、教学团队建设等软件建设。规划期内创建智能化、监理、园林、装饰、市政5个省五年制高职品牌专业，物管、燃气、规划3个省五年制高职特色专业，通过专业建设创建学校办学特色和品牌。

5. 六项工程育师资，建设优秀教学团队

(1) 师德师风建设工程

按照德才兼备、师德为先的要求，坚持把师德师风建设放在师资队伍建设的首位，建立和完善教师职业道德评价、考核、奖惩机制，把师德师风建设与教师岗位聘任、职称评定挂钩，形成师德师风建设的激励机制和约束机制。开展道德讲堂，通过学习身边人物事迹，不断提高教师的职业理想、职业道德和职业素质，培养爱岗敬业、乐于奉献、为人师表、教书育人的优良品质，形成严谨治学、真情育人的教风。突出教师在教学工作中的主导作用，各项政策制定向教学、教师倾斜，进一步调动教师积极性、主动性和创造性，不断增强教师的团队意识、协作意识和大局意识，把个人奋斗融入学校改革发展之中，努力为学校发展建功立业。进一步加强教师的学术道德和学风教育，弘扬求真务实、勇于创新、严谨自律的治学态度和科学精神，形成优良的学术风气。

（2）高端人才引进工程

改革用人体制机制，制定特殊政策，设立专项资金，采取超常规措施，引进和培养高学历、高职称、高技能等高层次人才。规划期内，引进和培养博士3—5人，教授等正高级职称3—5人，省内、外知名专业带头人3—5人。聘请20—40名省内外知名建设行业专家、学者、教授和高技能人才作为学校兼职教授和专业发展建设咨询专家。引进专任教师原则上必须具有硕士及以上学历（学位）。支持并鼓励教师在职攻读硕士、博士学位，规划期内每年选送10—20名教师脱产或在职攻读与所在岗位和专业相关的硕士学位，每年支持、选送1—2名优秀中青年教师攻读博士学位。规划期末，校内专、兼职教师中硕士及以上学历或学位比例达50%以上，其中40周岁以下青年教师硕士及以上学历或学位（含在读）达90%以上，博士（含在读）10人以上。

（3）双师素质培养工程

加大具有行业企业工作经验的专业教师引进力度，规划期内，每个专业至少引进1名具有5年以上企业工作经历的技术人才和能工巧匠，充实专业教学团队。实施“校企师资联姻计划”，建立“校企互通、人才共用”机制，吸引行业企业一线专业技术人才、能工巧匠担任兼职教师，参与教学工作，规划期末，兼职教师库人数达到200人，兼职教师承担的专业课学时比例达40%以上。办好教师技能比赛，完善专业教师到企业实践制度，与企业联合培养专业教师，提高专业教师的双师素质，使具有“双师素质”专业教师比例达到80%以上。建立校内三产实体和教学岗位流通、兼职机制，使校内三产实体工作人员在校内兼课逐步达到每学年人均80学时以上。

（4）名师带头人打造工程

确定教学名师、专业（学科）带头人培养名单，加大培养培训和宣传力度，每年有计划地安排名师、带头人参加国内外培训、学术研讨和交流，主持或参与教改课题、到企业挂职锻炼、到高校做访问学者，积极搭建“名师工作室”、“创新工作室”等成长平台。全面提高专业（学科）带头人的能力，发挥其在专业建设、教研课改、校本教材开发、技术研发等方面的带头和把关作用，加强宣传力度，提高名师和带头人在该专业领域的知名度。规划期内，培养校级专业（学科）带头人20—30名，院专业带头人8—10名，校级名师8—10名，力争打造1—2名省级名师。

（5）青年教师成长工程

关注青年教师成长，帮助青年教师制定个人职业生涯发展规划，铺设青年教师成长台阶。把好新教师入门关，落实新教师进企业岗位培训和进修、导师和青年教师结对、参加专业建设与课程教学改革、鼓励新教师在职学历提升等多项措施，切实提高新教师基本教学能力，使新教师进校后，1 年入门、3 年合格、5 年成为教学能手、8 年成为专业骨干。

（6）教学团队建设工程

以名师、专业带头人为核心，骨干教师为主体，引入能工巧匠，以团队的形式引领教师队伍成长，形成年龄、职称结构合理的专业教师梯队。加强专兼职班主任队伍建设，关注专职班主任队伍的建设和成长。以专业教研室为主体，班主任（辅导员）、优秀校友、行业企业专家广泛参加，构建教育教学团队，引领学生专业学习和全面成长。制定相关政策，加强和引导教学团队建设，使教学团队成为开展教育教学与教科研、创新教育与大赛、技能培养与大赛、社会科技服务等工作的主体力量。规划期内，努力打造 3—5 个校级优秀教学团队，2—3 个院优秀教学团队，争创 1—2 个省级教学团队。

6. 创建德育新模式，促进学生全面成长

（1）创新学生德育模式

以深入推广以职业生涯规划为载体的班集体建设模式和“三二工程”为抓手，深入研究对比初中后和高中后学生德育工作特点，理顺德育体制，充实德育队伍，创新德育方法，完善德育制度，丰富德育活动，完备德育设施，拓展德育基地，构建以系、专业教研室为主体，专业教师、班主任（辅导员）、行政后勤管理人员、优秀校友、家长、行业企业专家全员参与的大德育体系，建设德育团队，培养提升学生的职业意识、职业道德、职业技能和职业素养，促进学生全面成长。

（2）营造浓厚校园文化

结合学校实际，把行业、企业、职业等要素有机融入校园文化，发挥文化育人功能。高标准建设新校区，形成行业特色鲜明的校园物质文化。深化校企合作，注重办学理念、学术精神、规章制度、学风校风等软件要素的提升与优化，形成特色鲜明的校园精神文化和制度文化。进一步加强团学组织建设，加强学生社团建设，办好体育节、技能节、读书节、文化节，丰富校园文化活动，让学生“月月有主题、周周有活动、天天都精彩”。

（3）培养学生三创能力

加大资金投入和政策扶持力度，继续组织师生参加创新和创业大赛。师生共建“创新工作室”，结合搬迁新校区扩大学生创业光彩园规模，为师生开展创新创业理论学习与创新创业实战演练提供良好平台。把创新创业教育融入人才培养全过程，完善创业教学、创业模拟、创业实践“三位一体”的创业教育模式，提升学生创新、创业和创优能力，形成可持续的职业发展能力。

(4) 加强心理健康教育

加大对学生心理健康教育工作的重视力度,建设好新校区心理咨询室。进一步充实专、兼职心理咨询队伍,对相关人员开展教育和培训,提高业务水平。加强对五年制高职和高中后学生不同心理成长特点的比较研究,做好学生入学适应、专业学习、人际交往、择业就业等不同阶段和类型的心理健康监测和咨询辅导工作,帮助学生拥有健康的心理,为学生职业生涯发展护航。

(5) 做优招生就业工作

继续深入推进校—系二级的招生就业体系建设,采取有效措施扩大招生和就业两个市场。拓宽宣传渠道,加大宣传力度,稳定与初中生源学校的联系网络,逐步扩大与高中生源学校和中职生源学校的联系网络。进一步加强学生就业指导工作,使其贯穿人才培养全过程。充分利用职教集团、行业协会、校友会等各种资源,多渠道收集就业信息,拓展就业领域,密切与行业企业及相关就业单位的联系,形成立足苏南、面向长三角、辐射全国的就业工作网络,积极开拓境外就业市场。构建就业工作长效机制,不断提高毕业生就业质量。

第二节　职业学校培养行业性技能人才的建章立制

做好职业学校的建章立制是其培养行业性技能人才的一项重要基础工作。职业学校的各项规章制度必须起到指导、约束、规范学校的作用,并能够提高学校的办学效益。在把握职业学校建章立制的本质内涵的基础上,常州建设高等职业技术学校对于培养行业性技能人才的相关制度建设做出了自己的探索。

一、职业学校建章立制概述

(一) 职业学校建章立制的内涵

职业学校的建章立制就是建立一整套的规章制度体系,以规定学校的任务、入学条件、学习年限,并规范学校的教学活动与管理行为,同时指导学校与有关的企业组织、政府机构的行为。

职业学校的规章制度有着广阔的外延,包括学校的行政管理制度、人事制度、教学管理制度、考试管理制度、顶岗实习制度、校企合作制度、教师管理制度、学生管理制度,等等。实际上,所有规章制度的核心目的就是为教学管理和学生学习而服务的。

(二) 职业学校建章立制的几个注意要点

第一,职业学校的建章立制要遵循以人为本的原则。以人为本是现代教育的核心理念，职业学校的规章制度体系必须能够真正体现这一核心理念。

第二，职业学校的建章立制在注意处理与政府、企业的关系的同时，主要是把学生和教师的成长与发展作为学校的核心价值追求。

第三，职业学校的建章立制要能够促进学校管理的民主化、法制化。民主与法制是现代学校管理的核心要素，要建立长久、稳定、高效的规章制度体系就必须落实民主与法制的原则。

第四，职业学校的建章立制要能够促进校长的职业化和专业化。在时下的许多职业学校，校长拥有着绝对权威，有时会不顾学校的实际情况，将个人意志强加于众人之上，造成“领导张张嘴，群众跑断腿”的不良现象。如果通过建章立制，使职业学校的校长把“校长”当成一种专业来对待，而不是作为一种“权力”，那么学校的规章制度就建立在了科学、理性的基础上。

（三）职业学校建章立制的价值

职业学校建章立制的根本价值在于最大限度地满足学校发展对于规章制度的需求。具体来讲，主要有如下几个方面的价值：

1. 提高管理效能

符合现代管理理念的规章制度要求学校在确保公平的前提下，追求管理的绩效、效能。自20世纪80年代中期以来，世界范围内政府改革的一个重要趋向就是传统的公共行政模式开始转向新公共管理模式。新公共管理模式认为，现代组织更关注结果而非投入，即关注管理的效能。因此，自20世纪末以来，提高学校的管理效能就成为学校建章立制的一个重要追求。

2. 整合教育资源

职业学校建章立制有助于规范学校与政府、企业的关系。处理好与政府的关系，有助于学校争取相应的政策、资金资源；处理好与企业的关系，则有助于学校获得亟须的实训场地、设备等资源。所以，良好的规章制度可以为学校发展提供物质、精神资源支持，从而改善学校的办学条件，提升学校的人才培养能力。

3. 降低办学成本

职业学校的建章立制在提升学校的管理效能的同时，也有利于节约办学成本，提高办学效益。对于学校来说，科学、民主、公平的规章制度可以有效地减少学校运行过程中的内部消耗，从而起到用很少的管理成本取得较大的办学效益的目的。

二、常州建设高等职业技术学校的规章制度建设

为提升学校的管理水平，同时给学校培养行业性技能人才的战略目标提供制度性保障，常州建设高等职业技术学校在教学计划、教学大纲及教材管理制

度、教学行政管理制度、教学质量检查制度、实训教学管理制度、校企合作管理制度等方面进行了系统的制度建构。

（一）教学计划、教学大纲及教材管理制度

1. 教学计划是学校最基本的纲领性、指导性教学文件，是实现培养目标和组织、实施、管理教学全过程的依据。教学计划通常由招生对象与学制、培养目标与业务范围、知识结构、能力结构及要求、课程设置及教学要求、课程教学时数及学分、实践教学、毕业实习与设计、考试考查、教学时间安排表、毕业资格条件等要素组成，各部分应有必要的说明。

2. 指导性教学计划是国家教育部或建设部职业教育教学指导委员会根据建筑类学校的性质、任务，按照专业的培养目标和业务范围等要求制订的。各专业教研室要编制与学分制相适应的实施性教学计划，以适应本地区行业的客观需要，办出学校的特色。制订实施性教学计划要以素质教育为核心，以培养职业技术能力为主线，合理构建课程体系，妥善处理学科交叉，保证必修课程合理的开设顺序和所需课时；确定限选课和任选课的课程和课时；确定每门课程的学分；安排好实践性教学环节，切实加强学生的基本技能训练。实施性教学计划应在校学术工作委员会领导下由教务科组织各学科、专业教研室（或组）拟订初稿，分管教学的副校长审核，校学术工作委员会批准后执行，并报上级教育、行业管理部门备案。

3. 教学计划应实行动态管理。每隔3—5年都应根据市场变化要求对校实施性教学计划进行必要的修订，并不断进行社会调研和论证，适时开发新专业，为社会培养急需的适用人才。

4. 教学大纲是根据教学计划的要求，以课程为单位，以纲要形式编制的重要教学文件。各专业课程均必须有教学大纲（课程标准）。

公共课程应采用省级以上教育行政部门颁发的通用教学大纲，如须修改应经校教学工作委员会审批通过。专业课可以采用行业指导委员会主持制定的通用教学大纲，也可根据课程改革的实际情况制定本校的实施性教学大纲。若某些课程尚无统一制定的教学大纲，学校应在社会调研论证的基础上，按照教学计划规定的培养目标和业务范围，制定课程适用教学大纲。实施性和试用性教研组组织任课老师制定，经专业教研室、教务科审核，分管教学的副校长审批后执行。

任课教师必须认真按照教学大纲进行教学。执行中允许在完成教学大纲基本要求的前提下有所调整，但须经过讨论和论证。

5. 教材是教师教学和学生学习的重要依据。要首先选用省级以上教育、建设行政部门统一组织编印的规划教材。无规划教材时，可选用符合教学大纲要求的其他教材；对于难以选到适用教材的课程，学校应组织业务水平较高的教师编写校本教材或讲义。

教科研部门、教务部门要抓好教材建设（含任选课教材），创造条件让有丰富教学经验和较高业务水平的教师参加省级以上教育、建设行政部门组织的教材编审工作。为解决教材教学内容的滞后性，教师应编写必要的补充讲义，不断充实和更新教学内容，反映专业一线实际，以适应社会、科技、经济和建设事业发展的需要。

（二）教学行政管理制度

1. 学校教学管理工作由校长全面负责，分管教学副校长具体负责。学校根据实际需要，设立了教务科、教科研室、学科和专业教研室、实训中心、现代教育技术中心等教学管理职能部门和研究机构。学科、专业教研室又下设了学科、专业教研组。教研组为教学管理和教学研究的基层组织。

2. 校教学工作计划是学校实施教学管理的依据，应按学期制订。计划应明确教学工作的指导思想和重要工作，力求重点突出，职责分明，措施得力。校学期教学工作计划由分管教学的副校长拟订，经校长办公室会议审批，于新学期开学时发至各部门。学校应定期检查计划的实施情况，学期结束时要做好总结。

3. 教务科、教科研室、各学科和专业教研室应按学校教学工作计划的要求分别制订本部门的工作计划，内容应简明扼要，并附有工作计划安排表。科计划于开学后二周内提出，经分管教学的副校长审批后执行，并定期进行检查，学期结束时要做好工作总结。

（三）教学质量管理制度

1. 教育教学质量检查制度

教学质量检查是加强教学管理的一项常规性工作，尤其是高等职业教育教学质量，它是督促帮助教师改进教学工作、提高教学质量的一种必要手段，应与教师教学工作量化考核相结合。教务科、教学研究室、系、教研组要在分管副校长的领导下，认真做好这项工作，全体教师应以正确的态度对待检查，主动配合。检查项目内容、方法、要求等规定如下：

（1）系（教研室）要对本系（教研室）所有任课教师的教案备课笔记每月检查一次，检查后填写《教案检查记录》，并按量化考核制度的要求打分。对于课改课程的教案，应由任课教师提出，教研组讨论商定，报系主任审批同意，否则按教学事故处理。

（2）系（教研室）除组织同课程任课教师间相互听课外，教研组长、系主任、实训中心主任、教务科长、教学研究室主任、分管副校长要进行不定期的检查性听课，听课人要在《听课记录本》上做好记录，并按量化考核制度的要求打分，作为教师考核依据。教师每学期听课至少 15 节,并做好听课记录和听课后的简评,分管教学副校长每学期至少听课 20 节,其他教学管理部门负责人每学期至少听课 20 节,教研室主任(教研组长)每学期至少听课 15 节并对组内教师至少听课一遍。

(3) 各教研组每学期要提供一次公开课,教学研究室与各系应认真组织教师听课,听课后进行集体讨论、评课,评课结果计入教师业务档案,并作为教师考核依据。

(4) 教研组长每学期对本组教师布置作业的次数、分量及批改情况检查不少于 3 次,系部对部分教师进行抽查。检查后与教师交换意见,并按量化考核制度打分。

(5) 期终考试后,任课教师(含实践性教学环节)应认真、及时填写试卷、成绩分析表,报教研组长、系主任审批。教务科、系对试卷批改、成绩分布(分析)进行全面检查分析,对阅卷判分明显不当的试卷和成绩不符合正态分布的班级向阅卷人和任课教师指出,要求他们纠正并说明原因,按量化考核要求评分。正态分布为非标准状态即可。

(6) 对于实践性教学环节,要写出课程标准、计划、指导书,严格按规定目的要求、教学内容、时间日程进行教学和指导操作,课程设计、认识、生产实习主要由教研组检查其实施情况,毕业实习和毕业设计,由分管副校长、教务科会同各系做出安排。期间,系主任应经常了解检查实习进展情况,发现问题及时向分管副校长反映以便解决。

(7) 教务科会同各系在学期中途(期中考试前后)召开学生座谈会和教师座谈会,认真听取学生和教师对教学工作的意见,并将记录及时整理,发现问题限期整改。

(8)各系根据以上各项检查结果,以及其他方面对教师的教学质量作综合评价,评价结果记入教师专业技术业务档案,对考核成绩优秀的教师,学校给予表彰,并作为教师评优、晋升条件之一。

2. 教育教学督导工作条例

教育教学督导是提高学校管理水平的有效方法和途径。为提高督导工作质量和水平,加强和改进学校管理工作,特制定本条例。

教育教学督导工作的指导思想是:以五年制高职教育思想和培养目标为指导,紧密联系学校五年制高职教育教学的实际,认真履行督导工作职责,不断提高学校的教育教学质量。

(1) 组织与成员

学校教育教学督导由校、系两级督导机构组成:学校成立督导工作委员会,由校长任主任,下设办公室(督导室),分管督导工作副校长任副主任,委员由专、兼职督导员若干名组成;系(部)成立二级督导组,组长由各系(部)主任担任,成员由专、兼职督导员若干名组成。

校、系二级督导机构应参照学校和系部的工作计划,制订教育教学督导工作计划,并根据所订计划开展工作。专、兼职督导员由富有教学与管理经验的专家、教师担任。

校教育教学督导室为学校教育教学督导工作的常设机构,主任负责有关教育教学督导方面的具体任务及兼职督导员的管理与考核。

(2) 工作方式

学校督导室负责制订学校督导工作计划,负责和组织督导员对学校教育教学工作进行检查,帮助系(部)督导机构解决重难点问题,监督系(部)督导机构的工作运行情况。

系(部)教育教学督导机构依据校督导工作计划制订相应的督导实施方案,对本系(部)的教育教学全过程进行检查、督促、考评。学校督导室定期召开系(部)督导机构负责人工作会议,反馈督导工作情况。

教育教学督导工作通过随机听课、现场考察、查阅资料、参与教育教学检查、召开座谈会、专题调研等方式进行。

(3) 工作任务

推门听课,重点检查青年教师与外聘教师的课堂教学与管理;协助各级管理部门对教学管理、学生管理、后勤管理、饮食服务进行检查、监控并及时反馈;对学校管理制度、工作计划、文件的执行情况进行调研,为学校的教学改革、教育管理提供依据和建议;组建教育教学信息反馈网,随时与教师、学生沟通,听取意见,及时反馈;对教育教学中存在的重难点问题、反映较集中的问题进行专项调研,了解情况,提供解决思路;参与学校期中、期末质量督查工作。

(4) 工作实施

督导室每月组织召开一次例会,交流情况,总结和布置工作;期中与期末各组织一次质量检查;每学期撰写《学期工作小结》,并报校领导。系(部)督导机构定期召开督导工作会议,协助校督导室开展期中、期末质量督查,每学期撰写督导工作总结,上交督导室。

兼职教育教学督导员每学期推门听课不少于10次,并在督导记录本上记录本次听课情况,课后与任课教师就课堂教学内容和方式进行交流。

学校有关部门和各教辅部门应充分认识到教育教学督导工作的重要性,对教育教学督导员的工作予以积极配合和大力支持,不得以任何理由妨碍阻挠教育教学督导员进行调研。

（四）实训教学管理制度

职业教育的目标是培养适应生产、建设、管理、服务第一线需要的，德、智、体、美、劳全面发展的高等技术应用性专门人才，而教学与生产、科技工作以及社会实践相结合是培养这类人才的基本途径。实训教学是以训练技能、培养能力，促使理论与实际紧密结合，提高专业技能和实际操作能力、技术应用能力的重要教学环节。职业学校要重视和加强这一教学环节的组织和管理，要重视和加强实训教学基地基本师资队伍建设，尤其是“双师型”师资和指导技师队伍建设，要根据学校专业设置的需要和教学计划的安排尽快建成一定数量的校内外实训基地以满足学校教学、科研、生产的需要。教学内容要严格按照专业教学计划及教学大纲中对实训教学环节的要求进行，完成教学任务。同时要加大实训教学内容、教学方法、考核办法的改革力度，不断地探索，保证实训教学质量。

1. 实训教学文件

实训教学大纲、实训计划、实训进程计划、实训指导书等是实训教学最基本的教学文件，是组织实训教学活动的依据。各教研室应根据各专业计划的要求和教学进程，组织有关人员认真编撰，并经教务处审核，报分管教学的副校长批准后组织实施。

（1）实训进程计划

全校的实训进程计划是学校组织日常教学活动的总安排，由学校教务处根据各教研室上报的各专业实训计划，结合学校实训场地、仪器设备、师资等条件编制全校性的教学进程计划。经排定的实训进程计划在实施过程中不能轻易改变，若遇特殊情况须变更者，应提前向教务处提出申请，经同意后方可变更计划。

（2）实训指导书

实训教学活动均应有相应的实训指导书，其主要内容有：实训目的要求、原理与方法、场地、仪器设备、原材料、数据记录与整理、结果分析、质量鉴定与比较等。凡教学大纲中有推荐的统编实训指导书，应尽量选用；自编教学实训指导书，由教务处安排实训中心、专业教研室组织编写。

（3）实训计划

实训计划是实训教学活动的具体安排。各项实训教学都应根据实训大纲目的要求，选择合适的教学场所，并根据其具体条件，编制实训计划，其主要内容有：实训的性质、任务与目的要求，实训内容或工种（岗位）安排，指导教师（指导技师）的分工，学生编组，实训注意事项，实训报告考核组织、考核办法、评分标准等。

2. 实训教学组织实施

实训教学组织实施是根据已确定的实践教学文件，对实训教学全过程的一种管理活动,主要有:实训课前准备、授课过程、课后整理、实训成绩的考核与评定、实训指导教师职责。

(1) 课前准备

第一,根据实训教学大纲,任课教师要编写实训教学实施性大纲和指导书;第二,按大纲要求协同实训场地管理员准备好所需器材,并做好仪器设备的检测、调试;第三,实训指导人员试做实训;第四,编制学生分组名单,落实指导人员分工;第五,紧扣实训指导书,撰写教案,主要内容包括实训目的的要求、原理方法、注意事项、安全措施、数据整理和实训报告的要求等。

(2) 授课过程

实训课授课安排要抓好入门指导、巡回指导、结束指导三个环节,采用讲课、示范、操作、指导、总结"五段法"教学模式。

入门指导采用教师检查学生预习、准备情况,将必要的讲述和操作演示相结合。巡回指导是教师巡回视察、提示、检查与答疑,启发学生手脑并用,训练技能,发现问题,解决问题。结束指导将教师验收、评定和总结相结合,尽量做到掌握情况全面、评定优劣正确、分析中肯透彻。

(3) 课后整理

实训指导人员在课后应认真填写实训教学日志,其主要内容有实训时间、课题、班级、器材、学生缺席情况等,同时督促学生做好实训器材和实训场地整理、清洁工作,还应指导学生及时撰写实训报告并认真批阅。

(4) 实训成绩的考核与评定

实训课考核以动手操作为主,也可辅以必要的口试或笔试。任课老师、实训指导老师和带队教师要本着对学生负责的态度做出公正的评价。成绩分段以优、良、中等、及格、不及格等评定,要鼓励和表扬学生的创造发明和创新精神。

有下列情况之一者实训成绩可定为不及格:没有按规定时间完成实训内容或实训报告;实训中不遵守操作规定,有严重的违反操作规程行为;不重视实训教学课,抄袭他人实训报告;不能独立操作。

(5) 实训指导教师职责

第一,根据实训计划,做好课前各项具体准备工作和学生的组织、教育工作。第二,及时了解和处理学生在实训教学中的思想、生活和业务问题,加强对学生的职业意识、职业道德、思想修养和创新精神的培养。第三,若有重大问题要及时向实训单位和学校教学管理部门领导汇报。第四,及时记载教学内容和动态,结束后把记录交给职能部门存档。第五,指导学生撰写实训日记、实训报告、实训总结等。第六,及时向教学职能部门提供实训教学中的各种信息、建议或经验。

3. 实训教学的检查和考核

实训教学检查和考核是检查实训教学实施情况、考核学生掌握实践操作技能程度和应用能力培养状况的重要一环，主要包括检查实训教学资料、统计实训教学开出率、检查考核评分和实训教学中存在的问题和经验总结等。

（1）实训教学资料检查

主要是检查实训教学文件的齐全、规范情况，以及实训教学日志、设计图纸、实训报告、总结等综合材料的情况和教师批阅情况。

（2）实训教学开出率统计

根据实训教学原始记录，各教学部门分别统计各学期实训教学按计划执行情况和实训开出率，并由实训教学管理部门汇总。

（3）检查实训教学组织实施情况

主要检查教学准备、人员落实和组织实施情况，以及备课、授课、示范、巡视、指导、答疑、考核评分情况和实训基地（实验室）管理、仪器设备维护与检测等情况。

（4）实训教学基地建设和管理

建设校内系列实训基地是培养高等技术应用性人才的必备条件，学校要重视和加强学校内实训基地建设，根据职业教育的特点和培养目标，有计划地依据专业设置的实际需要和各专业教学计划的安排，全面规划，逐步实施。同时要充分利用和发挥校企合作的企业优势，建立一定数量的、相对稳定的校外实训基地，使之既能满足学校教学需要，又能逐步形成教学、科研、生产相结合的多功能训练基地。

实训基地建设要突破只限于感性认识和动作技能训练的旧模式，建立有利于培养技术应用能力和综合应用所学理论知识解决实际问题能力的新模式。尽可能与生产、建设、管理、服务第一线相一致，形成真实或仿真的职业环境。要注意资源的优化配置和共享，防止各专业自成体系，同时还要注意学校的近期需要和长远发展规划相协调。

做好实训基地管理，主要包括：技术管理、设备管理、经费管理、固定资产管理。要建立和完善各项管理制度和岗位责任制，努力提高设备利用率和完好率，提高投资效益。

（五）校企合作管理制度

1. 校企合作工作管理办法

为保障学校“校企合作、工学结合”人才培养模式改革工作的顺利开展，带动学校专业建设和课程建设，提高学校办学能力和教育与培训质量，鼓励学校各部门积极开展与企业单位的交流与合作,拓展教育教学资源,促进学校教育教学发展和人才培养模式改革等各项工作的顺利进行,规范学校各部门对外签署合作协议,保证学校的切身利益,特制订本管理办法。

(1) 学校各类校企合作项目由学校校企合作办公室统筹协调,实施归口管理。

(2) 与学校合作开展校企合作项目的企业必须是持有执业资格的法人单位,应具有良好业绩和可持续发展能力,有较高的合作诚信度。学校内各部门在签署合作协议前,要对合作企业的信誉与实力做详细调研并将调研报告送交学校校企合作办公室审批,合作协议中应明确约定合作双方的权利和义务,不得承诺超出学校规定的条件。

(3) 校企合作项目应符合学校的定位和专业发展需求,符合学校实训室的基本设置条件,具有持续提供同类产业先进技术信息的能力,并能提供与工学结合培养模式紧密结合的教学、教研实践平台。

(4) 为规范学校校企合作项目的管理,学校实行校企合作项目审批制度。学校校企合作办公室负责审查校企合作项目具体情况(重点审查合作企业资质),审查人才培养方案的合理性、适用性、可行性;学校科研处审查项目是否符合学校专业建设规划,审议项目在技术、设备等方面的先进性,评价学校教师科研参与度;学校教务处负责评价项目对教育教学的促进作用,审查其是否符合实践教学需求,是否有利于提高教学效益,评价学生实践教学参与度;学校财务处负责进行成本效益审查,审查项目占有资源总量和成本的合理性,审查其运行成本承担单位和方式,以及运行收入分配方式的合理性;校企合作项目合同须由法律顾问审核。

(5) 代表学校承接校企合作项目的各系(部)等部门按《江苏省常州建设高等职业技术学校校企合作项目立项报告书》逐项填写,报学校校企合作办公室办理申报立项手续。校企合作项目经初审及专家评审后,送交校长办公会议审议通过后行文批复。

(6) 凡批准立项的校企合作项目,应签订合作协议(合同书),承担校企合作项目的学校各系(部)等部门应按合同规定加强日常管理工作。校企合作项目合同由学校校企合作办公室组织审核,初审后报主管校长审定。校企合作项目合同由主管校长签字确认后方为有效合同。

(7) 校企合作项目应坚持年度效益评价和周期性评估工作制度。承办校企合作项目的学校各系(部)等部门应对合作项目的时机把握、人才培养、科研成果、服务收入、功能开发进行年度效益评价。

(8) 合同期限在3年(含3年)以上的校企合作项目,合作中期应由学校校企合作办公室组织周期评估，全面审查合同履行情况。根据合同约定行将终止的合作项目，应提前3个月告知合作方终止合同。

（9）校内各单位收到的各类关于校企合作的文件（包括参加会议发放的文件），要及时送交学校校企合作办公室归口管理。校企合作协议签署生效之后，需将一份协议原件报学校校企合作办公室备案存档。

2. 校企合作工作考核制度

（1）学校对各系（部）校企合作工作考核制度的说明

为调动各系（部）对工学交替、校企合作工作的积极性，使之更加规范化、制度化，学校将对各系（部）实行考核，考核的内容主要包括：校企合作共建、人才培养、实践教学、师资培养等情况，并按照合同规定检查履行情况。

《校企合作工作考核制度（细则）》是每年度衡量和考评各系（部）工学交替、校企合作工作的主要依据。此外，各系（部）应在每学年的年初向学校上报校企合作工作计划，年末上报工作总结，及时反映校企合作中取得的成绩和存在问题。

本办法的考评结论分为优秀、合格、不合格三种，旨在督促和鼓励各系（部）紧紧抓住当地的经济发展脉搏，积极加强与行业企业的交流与合作，办出高职特色，培养出适应行业和当地经济需要的高素质技能型专门人才。

（2）各系（部）校企合作工作考核指标体系

表5-1　各系（部）校企合作工作考核指标体系

一级指标	二级指标	考核等级		
		优秀	合格	不合格
1. 校企合作办学组织领导	1.1　校企合作领导及特色 1.2　校企合作规划及任务			
2. 校企合作工作的管理运行	2.1　校企合作的协调和调度 2.2　创新校企合作思路			
3. 人才培养模式（订单培养）	3.1　签订订单培养协议 3.2　联合办学			
4. 校企合作项目	4.1　内引校企合作项目 4.2　外联校企合作项目			
特色或创新项目				

(3) 各系(部)校企合作工作的指标等级标准及内涵

表 5-2　各系(部)校企合作工作的指标等级标准及内涵

一级指标	二级指标	权重	考核等级标准	
			优秀	合格
1. 校企合作办学组织领导	1.1 校企合作领导及特色	0.5	1. 产学研工作的分管领导具有校企合作办学的先进理念,思路清晰,工作扎实有效。 2. 各系(部)推进和深化校企合作办学项目的实施,且实施效果较好。	各系(部)设有本部门的校企合作机构,由分管教学的副主任负责,配备一到二名兼职工作人员。
	1.2 校企合作规划及任务	0.5	1. 制定本部门的校企合作实施意见,明确本部门校企合作项目方案可行性论证议事程序。 2. 根据计划进展情况,能及时向有关部门反映校企合作取得的成绩和存在问题。	每学年年初及时上交工作计划,年末汇总工作总结,并能召开本部门的校企合作工作会议。
2. 校企合作工作的管理运行	2.1 校企合作的协调和调度	0.8	各系(部)能圆满完成校企合作过程中各部门间的协调工作,超额完成任务。	各系(部)能配合校职能部门协调工作,按时参加学校召开的调度会。
	2.2 校企合作规划及任务	0.2	各系(部)在校企合作过程中创新,并能在生产、教学、科研方面有所突破,实现双赢,成绩显著。	各系(部)根据自身特点,创造校企合作的新模式、新方法。
3. 人才培养模式(订单培养)	3.1 签订订单培养协议	0.3	1. 有效利用企业设备、场地,实行"工学结合"模式,管理规范。 2. 订单培养的合作单位为教学中的实践环节提供实习岗位或实习耗材。	各系(部)有与企业签订的一定数量的订单培养协议。
	3.2 联合办学	0.2	1. 建立企业资助的奖学、助学基金。 2. 在紧密合作企业建立分校,开展职工培训。	与企业开展联合办学或开办"企业冠名班",并与联合办学的企业共同开发专业教学计划和课程。

续表

一级指标	二级指标	权重	考核等级标准	
			优秀	合格
4. 校企合作项目	4.1 内引校企合作项目	0.5	1. 与企业签订两处及以上合作协议。 2. 引进企业产品、资金、生产线或生产车间,开展产学结合。	1. 引进企业应具有独立的法人资格,具有可持续发展的能力和较好的业绩,具有较高的合作诚信度。 2. 各系(部)有相关专业参与校企合作项目,包括接受企业先进设备赠送、推介或入股建设校企合作基地。
	4.2 外联校企合作项目	0.5	1. 外联合作企业规模效益、科技水平在行业领先。 2. 能从生产、教学、科研等多个方面深入开展合作,成绩显著。	1. 外联合作的企业应具有独立法人资格。 2. 能接收学生和教师参与到实际的生产实践中去。
特色或创新项目	特色可能体现在不同层面：1）体现在校企合作的办学观念、工学结合的思路中；2）体现在人才培养的特色中等。 创新主要是指在联合办学过程中提出新思路、新办法,并在产学研结合的工作实际中得到应用,产生明显效果。			

第三节　职业学校培养行业性技能人才的队伍打造

一个优秀的教师队伍在职业学校的人才培养实践中起着关键性的作用。职业学校教师的专业素质和教学水平直接影响着甚至决定了学生专业能力水平的高低。因此,对于职业学校来说,如果没有一个高素质的教师团队,行业性技能人才的培养就无从谈起。所以,打造一个专业化、高素质的教师队伍,是职业学校培养行业性技能人才所需要长期进行的一个重要的基础工作。常州建设高等职业技术学校坚持教师道德建设与能力培养并重的原则,以教师队伍打造工程为抓手,打造了一支基本满足行业性技能人才培养要求的教育教学队伍。

一、职业学校教师队伍打造概述

（一）职业学校教师队伍打造需要科学的理念

人类一切改造客观世界的实践活动都须要遵循科学规律。职业学校打造优秀教师队伍的实践活动同样需要科学的理念作为指导。具体来说，主要有如下几个方面。

1. 遵循科学发展观理念

科学发展观倡导以人为本、全面、协调、可持续的基本理念，它对当前职业学校打造优秀的教师队伍，提升教师的综合素质，增强职业学校的整体办学效益具有十分重要的指导意义。党的“十七大”会议明确认真落实科学发展观，制定学校发展战略和教师队伍建设规划，用新的发展思路实现教师队伍更快更好发展的精神。① 职业学校打造教师队伍坚持科学发展观，就是坚持以教师为本，以内涵发展为主线，以全面提高教师队伍素质为中心，以培养专业（学科）带头人、骨干教师和“双师型”教师为重点，形成优秀教师成长的有效机制，打造一支适应职业教育事业发展的素质优良、精干高效、富有活力的一流教师队伍，以促进职业学校培养行业性技能人才的实践。

2. 注重优化教师队伍的能力、素质结构

要打造一支优秀的职业学校教师队伍，就要注意优化教师队伍的能力、素质结构，树立合理的人才结构观念。教师队伍的结构包括年龄结构、职称结构、学历结构等各个方面。年龄较大的教师拥有丰富的工作经验，可以对年轻教师的工作实践予以指导。合理的职称结构有利于鼓励竞争，形成人人积极向上的学习风气。在学历结构上，要引进一些优秀的高学历的学科带头人，同时为教师的专业发展提供良好的继续教育培训支持，实现教师队伍整体学历层次的提升。

3. 建立学习型教师队伍

随着知识经济的兴起与发展，当今社会正逐步向学习型社会迈进。职业学校作为知识传播、技能传授的场所，要想在变化迅速的知识经济时代永葆活力，首先应该转变成为学习型组织，教师队伍就更应该成为活跃的、具有创造性的学习型队伍。所以，职业学校打造教师队伍应当适应学习型社会的需要。教师之间应当彼此合作，树立共同的目标，实现信息共享，只有这样，才能将职业学校转变为有利于教师队伍成长的学习型组织。

（二）职业学校打造教师队伍需要行业、企业力量的参与

职业教育具有直接服务于区域经济发展的特点，与地方的行业、企业存在着千丝万缕的联系。职业学校培养的行业性人才也会参与到地方行业、企业的发展。所以，打造职业学校的教师队伍同样需要行业、企业力量的参与。

1. 行业、企业力量参与职业学校教师队伍打造的必要性

随着工业化大生产的到来，社会生产方式发生了根本性的变化，企业实现了

---

① 王蓓颖：《科学发展观与高校教师队伍建设》，《教师教育研究》，2004 年第 9 期，第 49 – 52 页。

规模化生产和生产社会化。以职业实践能力培养为核心的职业教育也在人才培养目标，以及人才培养规格等要求上发生了相应的变化，对教师的数量和质量要求也相应提高。职业学校教师队伍打造必须有行业、企业力量的参与，才能克服目前职业学校发展中"学院式"教师队伍建设的弊病，从而实现校企深度合作。

2. 双师型教师是沟通行业、企业和职业学校的桥梁

校企合作主要包括招生合作、资金合作、资源合作、研发合作和产业合作，深度合作的基础都不能缺少双师型教师的作用。企业和学校双方具有相同的价值取向，彼此尊重利益诉求。双主体平等互利，自愿结合，形成内在动力和外驱力，互惠双赢，使行业、企业参与打造职业学校教师队伍成为必然的选择。

（三）职业学校教师队伍打造需要物质保障与精神支持

1. 学校要为教师的专业发展提供一定的物质保障

学校是教师专业发展的重要场所，在为教师创造科研与培训机会的同时，要为教师参加此类活动提供一定的物质保障。毕竟，教师的继续教育培训不仅需要时间的投入也需要大量的资金，职业学校可以在保持学校资金正常运转的前提下，对教师的继续教育培训予以经费支持，这样可以免除教师的后顾之忧，进而集中精力投入到自身的专业发展中。

2. 学校要为教师提供精神支持

精神激励就是从价值观念上对教师的工作成就予以充分的尊重和肯定。物质的支持只能满足人的生存需要，马斯洛认为，人在满足了基本的生存与安全需要的前提下，尊重的需要是其更高层次的需要。所以，只有使教师得到尊重和鼓励，才能从根本上调动教师的工作积极性和主动性。另外，在较长时间的工作之后，许多教师都会产生职业倦怠感，这时学校就需要加强教师的心理素质。学校可以通过举办讲座等形式为教师提供心理辅导，以排解教师的职业压力。

二、常州建设高等职业技术学校的教师队伍打造

（一）学校教师队伍打造工作的概况

近年来，常州建设高等职业技术学校注重内涵建设，以人才选拔、使用、培养和管理机制建设为依托，始终围绕"强师德、铸师能"这一主线，注重专任专业教师双师素质的培养，注重校企合作、专兼结合，基本建成了一支适应高等职业教育改革与发展需要，以及行业性技能人才培养需要的教育教学队伍。

1. 学校教师队伍打造工作的进展情况

（1）教师育人观念与时俱进，师德师风建设成效显著。学校通过各种学习、座谈与交流，使广大教师对高职教育的认识有了新的提高，教育教学改革的自觉性有了新的增强，进一步认清了高职教育面临的形势，进一步明确了今后努力的

方向，把人才培养和提高人才培养质量放在第一位，积极推进教育教学改革，探索提高教育质量的新思路、新途径。师德、师风建设深入推行、积极有效，涌现了一批江苏省德育先进个人、常州市师德模范、常州好青年、常州好教师等先进典型，优秀事迹深入人心，“严谨治学，真情育人”蔚然成风。

（2）教师队伍数量显著增加，各项结构得到改善优化。“十一五”末，全校专任教师达184人，较“十五”末增加57人，其中公共课教师61人、专业课教师123人；拥有副高职称者67人，其中副教授63人；拥有中级职称者95人，其中讲师69人；拥有硕士学位者47人，培养博士1人；“双师型”教师68人，占专任专业教师的55.2%；教师累计参加企业挂职锻炼200人次；建成校级名师工作室3个；高校访问学者1名。

（3）名师培养取得突破，教师队伍质量显著提升。学校把师资队伍建设重点放在专业（学科）带头人、骨干教师、双师素质教师队伍建设上，加强思想德育教育、业务培训以及在专业建设、教学和科研工作中培养他们的创新意识，着力提高他们的教学水平、科研水平，使他们具有较高的课程开发、教学组织与设计能力，以及技术服务能力。“十一五”期间，学校在专职教师中培养了省高校“青蓝工程”优秀中青年学术带头人、青年骨干教师各1名；江苏联合职业技术学院专业（学科）带头人6名；市级专业（学科）带头人2名、骨干教师1名、职教能手4名；校级专业（学科）带头人20名，骨干教师8名。

（4）“双师”素质得到加强，教师专业技能不断提升。学校注重加强教师“双师”素质培养，不断提高专业教师的实践动手能力，不断使他们了解本专业在企业中的需求动向，不断掌握本专业岗位能力的发展变化，以适应企业对本专业人才培养质量的要求。安排教师参加“双师”素质培养，鼓励专业教师参加职业（执业）技能水平考试，取得相关专业资格证书，并通过挂职锻炼、行业企业兼职等途径不断提高教师的“双师”素质。

2. 学校教师队伍建设仍然存在的问题

目前，学校的教师队伍建设虽然取得了一定成绩，但面对未来国家高等职业教育的改革和发展，面对学校实现跨越式发展的目标，学校的教师队伍建设还存在一些问题：首先，高层次、高学历人才占总量比重比较低，高水平专家、学者、专业（学科）带头人比较缺乏；其次，各专业、课程之间师资力量不平衡，公共课与专业课教师的比例不尽合理；再次，校外兼职教师的聘请与管理等方面还存在问题，校外兼职教师中专业教师所占比例较低，行业企业专业人才、能工巧匠担任兼职教师的比例和兼职教师主讲实践性课程的课时均不够高；第四，教学团队建设目标不够清晰，相关配套制度欠缺；第五，“双师型”教师队伍建设有待进一步强化，规模还须扩大，质量还须提升。

（二）学校教师队伍打造的主要目标

1．围绕专业发展需要，合理增加教师数量

“十二五”末，专任教师总数达263人，其中公共课教师数50人，专业教师数213人，按照6 000人学生规模，满足专业教师师生比1∶28的合格比例要求。规划期内，着力改善公共课与专业课教师数的比例，引导和鼓励符合条件的公共课教师转岗成专业课教师，努力使“十二五”末公共课与专业课教师数比例接近1∶4。

2．鼓励教师参加学历进修，优化学历结构

“十二五”期间，所有教师都应达到国家规定的学历，具备相应的高校教师资格。规划期末，实现校内专任教师研究生以上学历（学位）比例达50%以上，博士10人左右，40周岁以下青年教师中研究生以上学历（学位）比例（含在读）达90%以上，博士（含在读）10人以上。新进教师应具有硕士以上学历（学位）。

3．着力引培高级职称教师，优化职称结构

规划期末，校内专任教师职称结构进一步优化，其中引进、培养教授3—5人。在省内外特聘10名左右兼职教授，定期到学校从事教育和科研工作，营造校园学术氛围，并弥补高级职称，特别是正高职称教师数量的不足。

4．加强“双师”素质培养，提升现代教师综合能力

在教师知识能力结构上，培养一支具有现代教育理念、专业技能水平较高、创新能力较强、掌握先进科学技术和现代教育技术的“双师”素质教师队伍。到“十二五”末，专业教师中具备“双师”素质的达到80%以上。

5．重视兼职教师队伍建设，发挥其专业技能优势

通过校企合作平台，结合专业建设，加大聘请具有行业影响力的专家和企业专门人才、能工巧匠为兼职教师；力争建立200人左右稳定的校外兼职教师库，校外兼职教师承担的专业课学时比例达到40%以上。

6．加强教师团队建设和名师培养，引领教师能力发展

以教学团队建设为核心，实施教学团队建设，以校内拔尖人才的选拔、培养工作为重点，加强校内专业带头人的培养，加大校内中青年骨干教师的培养力度。“十二五”规划期内，培养校级专业（学科）带头人25名左右，骨干教师20名左右，市级专业（学科）带头人8—10名，省内外知名的专业（学科）带头人3—5名，校内名师8—10名，力争打造1—2名省级名师及1—2个省内外知名的优秀教学团队。

（三）学校教师队伍打造的六项工程

1．师德师风建设工程

按照德才兼备、师德为先的要求，坚持把师德师风建设放在教师队伍建设的

首位,建立和完善教师职业道德评价、考核、奖惩机制,把师德师风建设与教师岗位聘任、职称评定挂钩,形成师德师风建设的激励机制和约束机制。开设道德讲堂,通过学习身边人物事迹,不断提高教师的职业理想、职业道德和职业素质,培养爱岗敬业、乐于奉献、为人师表、教书育人的优良品质,形成严谨治学、真情育人的教风。突出教师在教学工作中的主导作用,各项政策制定向教学、教师倾斜,进一步调动教师积极性、主动性和创造性,不断增强教师的团队意识、协作意识和大局意识,把个人奋斗融入学校改革发展之中,努力为学校发展建功立业。进一步加强教师的学术道德和学风教育,弘扬求真务实、勇于创新、严谨自律的治学态度和科学精神,形成优良的学术风气。

(1) 师德师风建设要坚持育人为本的理念。育人为本是师德师风建设的核心内容,作为一种教育理念,它体现了职业学校教师的品格与良知,体现了对社会、对人民、对事业、对学生的责任。教师要重视对每个学生的全面素质和良好个性的培养,而不是以学习成绩和技能水平作为衡量每个学生的唯一标准。育人为本体现了以人为本的科学发展观。育人为本师德观念的建设,体现了以关怀、发展学生为本的基本原则。时代的进步和发展,使我们越来越认识到育人在职业教育中的重要性。跟其他教育类型一样,职业教育只有重视人的作用,重视学生全面、均衡的发展,引导和帮助学生健康成长成才,才能树立"人既是发展的第一主角,又是发展的终极目标"的教育理念,学校的师德师风建设才能真正为广大师生欢迎和接受。

(2) 师德师风建设要坚持无私奉献的精神。在当下价值多元化的趋向下,各种利益不断冲突、调整,以无私奉献为基础的职业道德情操,便成为新时期师德师风建设的一个重要内容。著名教育家陶行知先生曾说"捧着一颗心来,不带半根草去"。这句话高度概括了一个教师所应具有的无私奉献精神。作为职业学校的教师,应该用自己的爱心去了解学生,公平地对待他们,尊重他们,关心、呵护每一个学生。职业学校要推进师德师风建设,就必须维护人的尊严、尊重人的权利、重视人的价值,最终形成以人为本、无私奉献的师德师风理念。

(3) 完善教师考核体系。将师德表现作为教师岗位聘任、职务晋升、年度考核的首要内容,实施师德问题"一票否决制"。

(4) 发掘典型,树立榜样,大力宣扬师德典范。深入开展学校道德讲堂活动,评选和表彰师德先进人物,鼓励广大教师学习身边的楷模,形成优良师德风范,推进全校师德水平的提升。

2. 高端人才引培工程

改革用人体制机制,制定特殊政策,设立专项资金,采取超常规措施,坚持稳定和引进并重的原则,坚持引进、培养和使用相统一的原则,坚持人才引进与学科建设相协调的原则，推动高学历、高职称、高技能等高层次人才的引培工程。

（1）进一步拓宽人才引进渠道，完善人才引进政策。依托主管部门江苏省住建厅，在全省公开高层次（特殊）人才需求信息。依托网络、学术交流、校企合作平台，宣传学校《引进高层次（特殊）人才实施办法（试行）》，加大高层次人才引进投入，引进高层次拔尖创新人才，特别是加大重点专业、特色专业紧缺人才的引进力度，着力培养有利于专业发展的领军人才。“十二五”规划期内，确定高层次人才引进的专业有：建筑装饰工程技术、工程监理、建筑工程技术、工程造价、物业管理、城市燃气工程技术、园林工程技术等 7 个重点建设专业。

（2）修订校内《教职工进修管理规定》，用政策引导年轻教师积极提升学历，每年有计划地拨专款重点支持青年教师攻读硕士、博士学位。“十二五”规划期内，每年选送 10—20 名教师脱产或在职攻读与所在岗位和专业相关的硕士学位。借助省内高校教育资源，紧密结合学科建设，开发和利用校际合作渠道，规划期内，有计划地选派 5—10 名优秀中青年教师赴省内建设、教育类重点大学以定向培养的方式攻读博士学位，学校提供相应的经费支持。

（3）研究、探索和制定相关制度，对学校重点专业建设所急需的、紧缺的高学历、高职称、高技能人才，通过业余兼职、智力引进、智力借入等途径，实现校外高层次人才与校内教师教育教学、学术科研、专业技能等的互补和提升。规划期内签约客座教授 10 名左右，以讲座、沙龙等形式，来校从事一段时间的人才培养、学术研究等工作。

3. “双师”素质培养工程

以“双师”团队建设为抓手，“双师”队伍建设为目标，有效推进“双师”素质培养工程。“十二五”期间，着力培养一支具有很高理论水平的师资队伍和一支具有很强实践技能的师资队伍，让这两支师资队伍在各个专业上实现结构上的互补，打造“双师”团队。培养每个专业教师同时具备很高的理论水平、科研能力和很强的实际操作技能。规划期末，专业教师中具备“双师”素质的力争达到 80% 以上。

（1）促进专业教师主动提高“双师”素质。通过开设专家讲座、技能竞赛等多途径营造氛围，让全体专业教师意识到，教师个人的成长关键在于树立正确的专业发展理念。高职教育工学结合人才培养模式要求高职教师的专业发展既要具备较强的专业理论功底，更要具备较高的专业技能。因此，须要促使专业教师深入思考，从态度和理念上激发自身谋求“双师”素质养成。

（2）深入推进“一线教师去企业”、“三产教工到一线教学”的人才流动机制。切实探索和建立校内三产实体和教学岗位流通、兼职机制，将三产教工的教学、科研工作纳入年度考核范围，要求学校所属三产实体人员在校内兼课逐步达到平均每人每学年80学时以上；探索以带领学生真题真做的方式，指导毕业设计；探索以指导学生参加竞赛获奖等形式，抵充教学学时的制度规范等。

结合教师职称评审要求，有计划地安排一线教师到企业单位进行专业实践和考察培训，与企业进行技术合作、专业交流，提高教师的专业实践水平。继续用制度保障教师结合专业参加相应职（执）业资格证的培训和考核，获得相应职（执）业资格。

（3）把校内老师送出去，把校外专家请进来。借助外部力量提升校内专业教师的实践技能和理论水平。以访问工程师名义，每年选派5名左右专业教师赴深圳建筑科学研究院等国内外知名企业进行挂职锻炼，参与企业考核，提高教师的专业实践水平；以访问教师名义，选派3—5位系部主任、教研室主任等到国内外知名职业院校开展专业交流与合作，参与所在学校考核，拓展职教视野，提升教育教学水平。在挂职企业、交流院校考核中获得优秀的，社会实践工作中成绩突出的，学校将予以奖励。

根据学校专业重点建设的规划，有目标、有计划地引进具有行业企业实践能力的人才，重点建设的专业至少引进1名具有5年以上企业工作经历的技术人才和能工巧匠，充实教学团队。

（4）实施“校企师资联姻计划”，建立“校企互通、人才共用”机制，吸引行业企业一线专业技术人才、能工巧匠担任兼职教师，参与教学工作，充分发挥兼职教师的作用，促进人才资源的优化配置，提高学校的办学效益。不断完善兼职教师信息库，广纳贤才，“十二五”规划期末，使兼职教师库人数达到200人左右。

4. 名师带头人打造工程

立足专业培育校内名师，依托“名师工作室”构建名师成长平台，创造条件促进名师提高专业技能、教育教学、学术科研等综合实力，在专业建设、教研课改、校本教材开发、技术研发等方面发挥带头引领作用。

（1）深入推进“名师工作室”建设，发挥领头人教育教学工作方面的研究性、示范性、凝聚性作用。加强制度管理，修订完善《关于建立名师工作室的规定》；加强计划管理，对工作思路、规划、计划严格把关，制订措施保障落实；加强组织管理，由督导室负责监督职责和义务的履行；加强成果管理，按要求完成相应的科研等。

（2）做好校内名师评选人才储备计划。深入贯彻落实学校《专业（学科）带头人、骨干教师和“双师型”教师评聘办法（试行）》，坚持高标准选拔和任用、管理和考核，在保障质量的前提下稳定数量，切实发挥教育教学、学术研究、传帮带作用，为选拔校内名师、市级以上名师做好人才储备。

（3）建立和完善市级以上名师培养培训机制。研究、制定学校《名师评选表彰办法》，定期选派校内名师参加国内外培训、学术研讨和交流，主持或参与市级教改课题，到建筑类百强企业挂职锻炼，到高校做访问学者。同时，锁定学校重点建设专业领域极具发展潜力的校内名师进行专项配套、重点支持，主动跟进江苏省“六大人才高峰”行动计划等上级人才培养计划，到“十二五”规划期末，培养校级名师8—10人，力争打造1—2名省级名师。

5. 青年教师成长工程

学校关注青年教师成长，为青年教师铺设好成长的台阶，使新教师入校后，按照1年入门、3年合格、5年成为教学能手、8年成为骨干教师的阶梯发展。

（1）严格实行新进教师入职培训制度。改革和完善校内新教师入职培训形式和内容，积极做好新教师参加全省统一组织的高校教师岗前培训，强化教师专业理论、职业教育教学能力等的培养，帮助新教师尽快通过教学关，早日融入专业建设工作，缩短适应期，把他们的成长与学校的发展紧密结合起来。

（2）严格落实《教师传、帮、带工作管理办法》，深入推进和完善新老教师青蓝结对培养工程。针对新入职的教师，选派相应专业或岗位的老教师作为导师对其传帮带，帮助青年教师制订个人职业生涯发展规划，完成系或全校性公开授课、说课、多媒体课件制作等教学工作，开展教科研课题研究工作等。

（3）依托校内实训基地推进双师培训。实训基地不仅要成为学生岗前技能铸造的熔炉，还应当承担青年教师实践操作能力训练的任务，结合各专业人员职业标准定期安排青年教师参加相关职业技能和工种培训，有针对性地加强对青年教师，特别是新教师的专业技能培训，并将其纳入校内新教师入职培训考核范围。

6. 教学团队建设工程

（1）推进和落实《教学团队建设实施办法（试行）》，以专业和学科为单位，吸纳优秀校友、行业企业专家广泛参加，有计划、分层次开展培育工作，监督和指导教学团队履行相关职责。

（2）引导各教学团队健康、有序、竞争发展。以专业带头人为核心、骨干教师为主体，引入能工巧匠，形成年龄、职称结构合理的教学团队。同时，集中优势力量建立精品课程、创新教育、信息化、德育等教学团队。“十二五”规划期内，建立校级教学团队30个左右，学校积极引导教学团队竞争发展，评选表彰校内优秀教学团队3—5个。

（3）着力打造高质量的教学团队。围绕品牌专业、特色专业建设，在校级教学团队中遴选教学质量高、结构合理的教学团队重点扶持和培养，打造市级、省级教学团队。立足学校实际特点，重点打造符合现代职教需要的市级以上德育教学团队、信息化教学团队。力争创建市级教学团队2—3个，省级以上教学团队1—2个。

第四节 职业学校培养行业性技能人才的能力提高

职业学校培养行业性技能人才的能力提高需要两个方面的必备条件，首先是硬件保障，即职业学校的实训基地建设，只有具备了良好的实训基地条件，才能保证学生实践能力与操作技能的提高。其次是软件支持，也即职业学校的信息化建设，加强信息化环境建设可以有效提高职业学校的教育教学质量。为保障行业性技能人才能力的提高，常州建设高等职业技术学校抓住新校区建设和学校转型高职院的机遇，对实训基地建设和信息化建设进行了系统规划。

一、硬件保障——常州建设高等职业技术学校的实训基地建设

（一）学校实训基地建设规划

1. 校内实习实训基地、实训实验室建设

学校结合新校区建设和“十二五”专业建设发展规划目标，依托“建筑类技能型紧缺人才培养培训基地”，计划投资3 500万元，重点建设资源共享、辐射周边、自主发展的建筑工程、楼宇智能化、建筑电气、建筑装饰、工程监理、工程测量、工程造价和以现代建筑服务业为主的物业管理专业等校内实训基地。

学校将在新校区集中新建扩建改建九大公共实训中心：建筑科技体验中心，测量实训中心，建筑材料与工程检测中心，建筑、装饰、设备构造及结构展示中心，建筑电气中心，工程管理实训中心，工程训练中心，基础实验中心，计算机管理中心。

“十二五”期间，学校实习实训基地及实验实训室建设规划见表5-3。

表5-3 实习实训基地和实验实训室建设规划

序号	专 业	系计划	数量	统筹规划	数量
1	测量工程技术	测量仪器室	1	公共实训中心	1
		普通测量实训室	2	公共实训中心	1
		数字测图实训室	1	公共实训中心	1
		施工测量实训室	2	公共实训中心	1
		测绘信息中心	1	公共实训中心	1
2	建筑工程技术	测量仪器室	1	公共实训中心	1
		测量实训室	1	公共实训中心	1

续表

序号	专 业	系计划	数量	统筹规划	数量
2	建筑工程技术	建材实验室	1	公共实训中心	1
		土工实验室	1	公共实训中心	1
		结构实验室	1	公共实训中心	1
		基础工程专业教室	1	基础工程专业教室	1
		钢结构工程专业教室	1	钢结构工程专业教室	1
		钢筋工程专业教室	1	钢筋工程专业教室	1
		模板工程专业教室	1	模板工程专业教室	1
		砌体工程专业教室	1	砌体工程专业教室	1
		防水保温专业教室	1	防水保温专业教室	1
		装饰工程专业教室	1	装饰工程专业教室	1
		专业模型陈列室	1	专业模型陈列室	1
		手工绘图室	4	手工绘图室	4
		招投标模拟实训室	2	公共实训中心	1
		造价实训室	2	公共实训中心	1
		计算机辅助设计实训室	2	公共实训中心	1
		项目管理软件实训室	2	公共实训中心	1
		工程资料信息中心	1	公共实训中心	1
		质量检测仪器室	1	公共实训中心	1
		构造实训室	5	公共实训中心	1
3	楼宇智能化	消防联动系统实训室	1	消防联动系统实训室	1
		消防报警实训室	1	消防报警实训室	1
		计算机网络实训室	1	计算机网络实训室	1
		计算机组装实训室	1	计算机组装实训室	1
		视频监控系统实训室	1	视频监控系统实训室	1
		可视对讲实训室	1	可视对讲实训室	1
		周界和防盗报警实训室	1	周界和防盗报警实训室	1
		停车场管理实训室	1	停车场管理实训室	1
		三表查抄管理实训	1	三表查抄管理实训	1
		一卡通管理系统	1	一卡通管理系统	1

续表

序号	专业	系计划	数量	统筹规划	数量
3	楼宇智能化	单片机应用实训室	1	单片机应用实训室	1
		视频会议与扩声系统实训室	1	视频会议与扩声系统实训室	1
		综合布线实训室	1	综合布线实训室	1
		楼宇智能控制系统安装与维护实训室	1	楼宇智能控制系统安装与维护实训室	1
		传感器与可编程控制器实训室	1	传感器与可编程控制器实训室	1
4	建筑电气	供配电实训室	1	公共实训中心	1
		电气照明实训室	1	公共实训中心	1
		电力电子及变频应用实训室	1	电力电子及变频应用实训室	1
		建筑电气控制实训室(一)	1	建筑电气控制实训室(一)	1
		建筑电气控制实训室(二)	1	建筑电气控制实训室(二)	1
		电机设备运行与维护实训室(一)	1	电机设备运行与维护实训室(一)	1
		电机设备运行与维护实训室(二)	1	电机设备运行与维护实训室(二)	1
		电子电工仿真实训室	1	电子电工仿真实训室	1
		建筑电气制图室	1	建筑电气制图室	1
		电工实训室	1	公共实训中心	1
		电梯安装实训室	1	公共实训中心	1
5	建筑设备	室内给排水系统实训室	1	室内给排水系统实训室	1
		暖通冷热源设备安装与维护实训室	1	暖通冷热源设备安装与维护实训室	1
		暖通空调机组及控制实训室	1	暖通空调机组及控制实训室	1
		建筑设备安装管理软件实训室	1	公共实训中心	1
		建筑设备展示室	1	公共实训中心	1
		管道安装实训室	1	公共实训中心	1

续表

序号	专业	系计划	数量	统筹规划	数量
6	房地产经营与估价	房地产营销实训室	1	房地产营销实训室	1
		房地产礼仪实训室	1	房地产礼仪实训室	1
		房地产交易实训室兼专业教室	1	房地产交易实训室兼专业教室	1
		招投标实训室	1	公共实训中心	1
		房地产测量实训室	1	公共实训中心	1
		建筑材料实训室	1	公共实训中心	1
		建筑构造综合实训室	1	公共实训中心	1
7	物业管理	物业管理情景教学室（兼新视窗物业管理软件实训室）	1	物业管理情景教学室（兼新视窗物业管理软件实训室）	1
		物业服务礼仪实训室	1	系内共同	1
		物业档案管理实训室	1	物业档案管理实训室	1
		物业财务处理实训室	1	物业财务处理实训室	1
		招投标实训室	1	公共实训中心	1
		制图专业教室	1	制图专业教室（考虑系内共同）	1
		建筑构造模型室	1	公共实训中心	1
		建材实验室	1	公共实训中心	1
		装饰材料陈列室	1	公共实训中心	1
		工程检测实验室	1	公共实训中心	1
		分部构造陈列室	1	公共实训中心	1
		楼宇智能化实训室	1	与电子系共用	1
		建筑设备实训室	1	与电子系共用	1
		工程质量检验检测实训室	1	公共实训中心	1
		房屋承接查验实训室	1	公共实训中心	1
8	道路与桥梁工程技术	测量仪器室	1	公共实训中心	1
		测量实训室	1	公共实训中心	1
		道路施工实训室	1	公共实训中心	1
		土工实验室	1	公共实训中心	1

续表

序号	专业	系计划	数量	统筹规划	数量
8	道路与桥梁工程技术	道路工程实验室	1	公共实训中心	1
		路桥专业绘图机房	1	路桥专业绘图机房	1
		道路桥梁模型构件展示室	1	公共实训中心	1
9	工程监理	测量仪器室	1	公共实训中心	1
		测量实训室	2	公共实训中心	1
		建材实验室	5	公共实训中心	1
		土工实验室	2	公共实训中心	1
		基础工程专业教室	1	公共实训中心	1
		钢结构工程专业教室	1	公共实训中心	1
		钢筋工程专业教室	2	公共实训中心	1
		模板工程专业教室	1	公共实训中心	1
		防水保温专业教室	1	公共实训中心	1
		装饰工程专业教室	1	公共实训中心	1
		专业模型陈列室	3	公共实训中心	1
		手工绘图室	4	系内共同	1
		招投标模拟实训室	2	公共实训中心	1
		造价实训室	2	公共实训中心	1
		计算机辅助设计实验室	2	公共实训中心	1
		项目管理软件实训室	2	公共实训中心	1
		工程资料信息中心	2	公共实训中心	1
		工程质量检验检测仪器室	1	公共实训中心	1
		分部构造实训室	5	公共实训中心	1
10	工程造价	制图室	3	制图室	4
		工程造价广联达算量软件实训室(兼工程项目管理软件实训室)	2	公共实训中心	2
		工程造价鲁班算量软件实训室	2	公共实训中心	2
		工程造价新一代计价软件实训室(兼工程资料管理软件实训室)	2	公共实训中心	2

续表

序号	专 业	系计划	数量	统筹规划	数量
10	工程造价	工程算量技能大赛训练室	2	改为:工程咨询情景教学室	2
		建筑、装饰、安装材料、构件模型室	2	公共实训中心	2
		工程招投标实训室	2	公共实训中心	2
		一幢相关构件构造裸露的二层小楼	1	公共实训中心	1
11	城市交通运输	汽车发动机构造实训室	1	汽车发动机构造实训室	1
		汽车底盘实训室	1	汽车底盘实训室	1
		汽车电控实训室	1	汽车电控实训室	1
		汽车维护	1	公共实训中心	1
		客运调度实训室	1	客运调度实训室	1
		公交服务礼仪实训室	1	建议在公用系设一个,系内共用	1
12	环境监测与治理/给排水	水力学实训室	1	水力学实训室	1
		环境监测实训室	1	环境监测实训室	1
		分析实训室	1	分析实训室	1
		给水排水模型室	1	给水排水模型室	1
		水微生物实训室	1	水微生物实训室	1
		水泵模型室	1	水泵模型室	1
		水处理实训室	1	水处理实训室	1
		建筑给排水施工	1	公共实训中心	1
13	建筑设计	建筑构造展示室	1	公共实训中心	1
		建筑动画实训室	1	建筑动画实训室	1
14	建筑装饰工程技术	画室	5	画室	5
		装饰构造展示室	2	公共实训中心	1
		材料与机具展示室	6	公共实训中心	1
		装饰施工质量检验与考核室	3	公共实训中心	1
		木工与制作实训室	2	公共实训中心	1
		油漆涂裱工实训室	3	公共实训中心	1

续表

序号	专业	系计划	数量	统筹规划	数量
14	建筑装饰工程技术	装饰工程综合训练室	2	公共实训中心	1
		工艺制作室	3	公共实训中心	1
		装饰工程检测室	3	公共实训中心	1
		情景教学模拟工作室	1	情景教学模拟工作室	1
		绘画工作室	2	绘画工作室	1
		平面设计工作室	1	平面设计工作室	1
		墙艺彩绘展示工作室	2	公共实训中心	1
		砌筑抹灰吊顶实训室	10	公共实训中心	1
		电器线路布控实训室	5	公共实训中心	1
		作品陈列与展示空间	1	作品陈列与展示空间	1
15	城镇规划	建筑构造展示室	1	公共实训中心	1
		测量实训室	1	公共实训中心	1
		模型制作室	1	模型制作室	1
		模型陈列室	1	模型陈列室	1
		画室	1	系内共建	1
		绘画工作室	1	公共实训中心	1
16	园林工程	美术实训室	1	与建筑系共用	1
		植物与植物生理实训室	1	植物与植物生理实训室	1
		树木栽培实训室	1	树木栽培实训室	1
		插花实训室	1	插花实训室	1
		组织培养实训室	1	组织培养实训室	1
		预算招标实训室	1	公共实训中心	1
		手工制图实训室	1	手工制图实训室	1
		园林建筑实训室	1	园林建筑实训室	1
		园林设计实训室	1	园林设计实训室	1
		园林工程与园林建筑实训场地	1	另行单独设计	1
		塑料联体大棚	1		1
		玻璃温室	1		1
		园林苗圃	1		1

续表

序号	专 业	系计划	数量	统筹规划	数量
17	环境艺术设计	雕塑陶艺工作室	1	公共实训中心	1
		环艺设计工作室	1	环艺设计工作室	1
		画室	2	系内共用	1
		材料构造展示室	2	公共实训中心	1
18	城市燃气工程技术	液化石油气仿真基地	1	公共实训中心	1
		燃气二级管网实训室	1	公共实训中心	1
		燃气管网计算机遥控遥测实训室(SCADA)	1	公共实训中心	1
		燃气燃烧与应用实验室	1	公共实训中心	1
		家用燃气具安装检修检测实训室	1		1
		燃气设计与绘图室	1	燃气设计与绘图室(系共用)	1
		管道工实训室	1	公共实训中心	1
		探管探漏实操场	1	公共实训中心	1
		工具及管网附件陈列室	1	公共实训中心	1

注：标注为公共实训中心的由学校统一在公共实训范畴内考虑(工程管理实训中心在管理工程系),其余在系部教学楼内考虑。

2. 校外实训基地建设

学校将加大校企合作力度,与周边区域行业企业紧密合作,充分利用行业企业的资源优势,重点建设一批生产性、区域性、综合性校外实训基地、顶岗实习基地和就业基地,为培养学生实践操作技能和实习就业搭建平台。在“十二五”期间,每个专业新增紧密型合作企业1个。

3. 增强实训基地社会服务功能

大力推进产学结合,努力提高实训基地服务企业、服务地方经济建设的能力和水平。2011—2015年,根据地域经济发展的需求,充分发挥实训基地资源优势,依托设在校内的常州市建设培训中心,计划每年举办各类技术培训服务20 000人次,其中学生年参加职业技能培训和考核人数不低于当年毕业生规模的1.5倍。结合新校区新增行业企业培训基地1—2个,建成2—3个行业研究机构。拓展三产科技服务资质2—3项,三产科技服务产值年均超2 000万元。在科研上实现突破,规划期内取得10个左右的科技研究成果。拓展社区培训课程30—50门。成人学历教育规模力争规划期内总招生数达到1 500人，规划期末在册人数超1 000人。重点是根据建筑技术发展的新形势，完善现有实训室的功能，提高实训设备的先进性。同时，引入动漫、数字影院、仿真软件等先进的教学手段，建立数字化的仿真实训室。结合新校区建设，完善实训基地基础设施建设，新增实训场所建筑面积超10 000平方米。进一步深化校企合作的广度和深度，开展“订单式”教育，多形式共建校外实训基地。

（二）学校实训基地运行机制

1. 管理机构

在学校“实训基地建设领导小组”的指导和监督下，校内实训基地形成“三部主导、四方参与、五系共管”（三部是教学、三产、培训，四方是政府、行业、企业、学校，五系是建筑规划系、土木工程系、管理工程系、电子工程系、环境工程系）矩阵式管理模式，在此模式下，各职能部门和机构形成有效工作机制以推动和促进基地运行和发展。校外实训基地实行以行业企业管理为主，校企共建的办法进行管理。

2. 培训模式

实训基地首先要明确人才培养目标，加大课程体系和教学内容、教学方法手段改革，全面开展学生实训教学，突出实践能力和职业能力的培养。

实训基地要开展各类专业技术技能培训。充分利用基地资源优势，承担社会各种技术（岗位）培训、下岗职工再就业培训、农村劳动力转移培训等工作。同时充分发挥学校国家职业技能鉴定所的作用，承担校内外各级各类职业技能鉴定、专业技术培训考核及认证工作，开展多工种、全方位的职业（岗位）资格和职业技能鉴定服务。

3. 产学结合

在实训基地建设过程中，要主动适应地方经济社会发展的需要，结合学校专业特色，与行业企业密切合作，积极开展应用研究、技术开发、学生生产（顶岗）实训（实习）等产学结合活动，使学校在为企业提供技术开发与服务的同时，企业也充分参与学校的改革建设与发展，达到创新人才培养模式的目的。

建立和完善校企合作办学体制和机制，“十二五”规划期末，稳定的校外实习基地达200家左右（每个专业10家左右），与学校深度融合的企业达到60家左右（每个专业3个左右），新增订单培养专业2—3个、订单培养合作企业10个左右。结合新校区建设，规划期内创建3—5个国家级、省级高水平示范性实训基地，创建1—2个融教学、培训、职业技能鉴定、生产和技术研发为一体的校内实训基地。

实训基地在现有城建校建筑规划设计院、常州市城镇规划设计院有限公司、城建校工程咨询公司的基础上，规划期内力争取得工程造价咨询甲级资质、风景园林乙级资质、城市规划乙级资质、工程招标代理乙级资质；增设测绘、材料检测、室内环境检测等服务项目，取得相应资质；结合专业建设，聘请知名专家、企业高管、能工巧匠与学校教师共建村镇规划、智能建筑、绿色建筑、房地产和物业管理等研究所或科技服务工作室；建设产学研资源共享技术平台，鼓励教师积极参与企业技术创新和研发。“十二五”规划期内，年均三产科技服务产值达2 000 万元，提高职业培训、科技服务“两翼”与学历教育“一体”的结合度，提升教师、校办企业、学校服务行业的竞争能力，壮大学校发展实力。

4. 市场化运作

实训基地运行管理实行“双轨制”，特别是生产性实习实训基地，除按学校教育教学管理机制运行外，还应按照适应市场经济规律的现代企业管理机制运行。以基地建设项目开发和服务行业企业为依托，实行企业化管理和市场化经营，通过对外承包、股份制合作等方式，建立产权明晰、责权明确、管理科学、市场运作、自主经营、自我发展的运行机制，实现实训基地人、财、物充分结合和有效利用，实现社会效益与经济效益双赢，最大限度地发挥实训基地的示范作用与辐射功能。

学校还要结合数字化校园建设仿真公共实训平台，创新实训基地运行管理机制，以“7S”标准指导管理实习实训以及生产，突出企业文化与职业素养；以专业系为主体，采用市场化运作模式，把基地建设成为实验实训中心、培训与技能鉴定中心、项目研发中心、生产调度中心和就业指导与服务中心。

5. 资源共享

实训基地建设要认真借鉴国内外先进经验，走开放式建设的道路。抓住学校搬迁契机，充分利用各种社会资源促进学校发展。积极培育与学校专业建设和人才培养相适应的校办产业，在确保校办产业按市场化规律运作的同时，加强校办产业与教学在师资、科研、服务方面的互通、互动，建立校企共融、共荣相关机制。充分利用江苏联合职业技术学院建筑专业协作会及学校参与各类学会、协会组织，建设校企、校校资源共享平台。重点加强和促进与地方行业大中型企业的合作与发展，实现实训基地师资、设备场地、材料、技能训练、管理机制、技术成果等全方位的资源共享和互惠互利，促进基地建设的健康发展。

(三) 学校实训基地保障措施

1. 组织保障

为了确保实训基地建设的顺利实施，学校对基地实行校、系两级管理体制。在“校实训基地建设领导小组”的领导下，实行“三部主导、四方参与、五系共管”的机制，系部是实训基地建设的主要力量，要结合区域经济发展实际，开展行业企业人力资源需求的调研，统筹规划，充分论证，科学制订学校各专业实习实训基地建设规划和分年度实施方案，并对基地的规划、建设、运行进行指导、管理和监督；相关专业成立专门的工作机构，具体负责基地的日常运行管理，保证规划的实施。

2. 制度保障

制定校、系两级规划实施领导小组工作职责，明确职责范围，根据集体领导和分工负责相结合的原则，健全和完善实训基地各项管理制度，建立规划实施责任制和责任追究制，明确责任分工，追究失职责任。通过一整套规范的制度和科学的运行管理，使实习实训基地建设工作顺利实施，确保人才培养目标的实现。

3. 资金保障

学校积极争取各级政府、行业企业和个人的支持，多渠道筹措资金；积极争取地方政府和省住房和城乡建设厅、省财政厅对新校区建设项目给予经费减免或经费补助政策的支持；充分利用和使用好国家、省、市发展职业教育的财政优惠政策，争取实训基地建设、绿色校园建设、示范专业建设、示范课程建设等的专项资金；争取各项科研经费和企业资助资金；增加各项社会服务收入；开展节约型校园建设，开源节流，确保经费投入。

“十二五”期间，学院每年安排专项资金用于实训基地的基础设施、设备、教学、师资、生产等方面建设，向重点建设的基地倾斜。同时，根据学校发展实际，积极与行业企业合作，吸引企业投资，联合开发，共同建设，建立多渠道、多形式的筹资模式，实现实训基地建设投入的多元化和可持续发展。

二、软件支持——常州建设高等职业技术学校的信息化建设

（一）学校的信息化建设概况

首先，为学校日常管理工作的网络化与信息化，学校建设了综合管理网络平台，包括OA系统、教务学生管理系统、一卡通系统、图书管理系统、财务系统等，通过该网络平台的使用，提高了学校管理的水平。

其次，学校建立了内容丰富的数字化资源应用平台。该平台有精品课程网站，该网站现有“建筑材料的检测与保管”、“智能建筑安防系统工程施工”、“固体废弃物的处理与处置”、“工程测量”等精品课程。今后，通过该平台，会有更多精品课程供广大师生学习。此外，资源应用平台还有FTP等，提供软件的下载及上传服务。该平台还有建校资源库网站，该网站设置了优秀论文、课件欣赏、电子信息视频、视频资料、常用软件、其他资源等六大块栏目，收录了众多优秀的教育教学资源，促进了学校教学工作质量的提高。

再次，学校网络基础平台是学校各项网络服务的基础，它的稳定与否直接影

响学校各项管理工作。学校网络基础通信平台始建于1999年,采用的是三层网络架构,分别是接入层、汇聚层、核心层。虽然学校在网络上投入的资金有限,但由于采用了合理的管理策略,网络日趋稳定,为学校信息化建设提供了有力的保障。

第四,作为建设类高职院校,学校的建筑装饰工程技术、建筑工程技术等专业需要大量的3D设计软件、工程计价软件、模拟仿真软件等教学软件来配合教学工作,为此,学校投入了大量资金,采购并安装了一批先进的教学应用软件。见表5-4。

表5-4　教学软件项目

序号	项目类别	项目名称
1	教学应用软件	广联达钢筋抽样软件
		广联达计价软件
		鲁班安装(预算版)
		鲁班钢筋(预算版)
		鲁班土建(预算版)
		新一代工程量清单
		天正建筑
		3ds Max
		AutoCAD2004
		Photoshop
		sketchUp
2	仿真软件	景格汽车软件
		通科维修电工软件

(二)学校信息化建设的目标

"十二五"期间学校进一步加强信息化环境建设,以提高教育教学质量、推进教育现代化建设为目标,开展多媒体教学和信息化教学的应用,加强学校精品课程建设,重点加强教育信息资源建设和开发应用,建立数字化教学资源中心。结合新校区建设,构建一个综合性校园网络应用环境和现代化教学环境,建立以课程建设为主导的网络课程共享平台、专业学习平台,从而建立统一的教与学平台,逐步实现网络资源共享。

(三)学校信息化建设的工作措施

1. 建设和完善信息化硬件平台

优化学校教学和管理的信息化基础条件,建立完善的职业教育信息化公共服务体系，建立健全资源共建共享机制，构建教学资源信息化网络体系，深入开展信息技术在教学中的应用。

建立职业教育信息化公共服务平台。以提高人才质量服务经济社会为出发点，开发并完善以教师网上协同教学、学生网上协同学习、社会服务为主体平台的职业教育公共服务系统平台，促进资源共享、教师专业成长、师生交流、就业信息服务、服务社会等的广泛应用。

2. 开展多媒体教学和信息化教学的应用

借助公开课、教学开发日、推门听课等形式进行课堂评优活动，推动全校教师自觉使用多媒体技术，把使用现代教育技术作为教师课堂教学评价中不可缺少的手段。全面提高教师的信息化应用能力，把信息技术应用到学科课程的各个方面。逐步实现学科课程内容信息化，课程实施过程信息化，课程评价信息化，提高信息技术在课堂教学中的应用效益。

有组织地广泛开展各类信息化、网络化教学教研活动，鼓励教师积极使用信息技术手段进行教学和科研，充分利用网络信息资源。每年举办一届信息化教学比赛，不断提升教师现代教育技术使用水平，加强信息技术与各个学科教学的整合。

3. 加快校级精品网络课程的建设

校级精品课程分批分期进行，以专业基础课和专业技能课的精品课程建设为重点，课程责任人负责制定精品课程建设规划，建立校级精品课程建设机制，从数量、质量、技术、资金和经营上给予保障。通过立项、中期检查、评定验收和网上公示等阶段，保证课程建设能够如期完成。同时，每年的学校经费预算应根据建设规划给予经费支持。到规划期末，建成校级精品课程 20 门，市级及市级以上精品课程 5—10 门。

4. 推进信息化资源建设

建立校园教学资源的管理数据平台，加快媒体资源库的建设。媒体资源库包括数据库、文献库、案例库、音视频资源库、试题库素材、模板素材、模拟仿真软件、多媒体教学课件、学生自主学习软件、网络课程和知识点等。

引进校外优秀的教学资源(如仿真软件、国家级精品课程)，采取交流、互换、购买等多种形式，不断充实教学资源。大力推进仿真实训平台的建设，利用虚拟技术构建仿真实训教学平台，借助计算机软件完成模拟实训操作，期间每年建设 1—2 个仿真实训室，促使实践教学手段、方法向信息化、现代化发展。

鼓励有特长的教师结合自己的信息化教学实践创建适用的教学资源，如信息化教案、优秀案例、专题网站、多媒体教学软件等，加强具有针对性的教学资源的建设开发，提高教学资源的适用性。

5. 构建网络教学环境

随着数字化校园建设的不断开展，逐步形成依托校园网络的网络教学环境。构建拥有教学科研平台、资源平台、信息交流平台和行政管理平台等多种功能，集软件系统和硬件设备于一体的综合性校园网络应用环境。

构建集多媒体系统、直播教学系统、数字语言学习系统、外语调频广播系统、多媒体网络教学系统、教学视频监控管理系统、信息发布与查询系统于一体的现代化教学环境。对课程进行统一的信息化、网络化，将授课教师的授课计划、PPT 教案、视频讲解等教学内容上传到网络上共享，利用三分屏等播放方式，学生可以进行实时点播。

（四）学校网络信息化建设的保障措施

1. 明确组织领导，加强信息化队伍建设

加大学校信息化建设力度，建立健全教育信息化管理和服务体系。设立学校教育信息化领导小组，明确分管责任人，制订相关制度和具体实施方案，建立完善信息化管理机制，履行规划、指导、协调和监管职能，保障学校信息化建设工作有效有序地开展。

重视信息化人才队伍的建设，形成一支高素质的信息化人才队伍，负责校园网建设、数字化资源建设与应用、教育技术能力培训等内容的开发和研究。

2. 建立信息化应用激励机制，强化评价督导

将学校的信息化建设工作纳入教育质量常规评价体系中，各系部要定期对自身的基础信息化环境、信息化应用状况、课程信息资源建设与应用、学科信息化进程、教师教育技术能力等进行评估或评价，发现存在的问题或不足，提出学校信息化建设的发展目标。

积极开展信息化应用先进个人的评定，建立信息技术应用工作定期总结表彰制度，学校对取得成绩的教师实行奖励。信息化领导小组要定期对信息化建设情况进行检查和督导，确保信息化建设工作扎实有效地推进。

3. 设立教育信息化专项经费，保障教育信息化发展需求

在教育投入中加大对课程信息化建设的倾斜，制定教育信息化建设和运行维护经费保障标准等政策措施。至规划期末，在抓好目前专业课程建设的基础上，每个专业（学科）完成 1—2 门核心课程的信息化建设，年均投入不少于 50 万元。

第五节　职业学校培养行业性技能人才的校园文化建设

文化的建设可以促进学校的发展，联合国教科文组织早在1998年的《文化政策促进发展行动计划》中就指出，“发展可以最终以文化来定义”。良好的校园文化氛围可以为行业性技能人才的成长提供有利的成才环境，从而提升职业学校的教育教学水平。常州建设高等职业技术学校以绿色校园文化理念为指导，通过物质建设与人文建设突出了校园文化的绿色主题，从而有利于绿色建筑人才的培养。

一、职业学校校园文化建设概述

职业学校校园文化建设关乎职业学校的吸引力，关乎职业学校的科学发展水平。要做好职业学校校园文化建设，就要深入地把握其内涵，前提就是对当下校园文化建设的主要特点进行解读。

（一）职业学校校园文化的主要特点①

1. 职业学校校园文化体现社会先进性

职业学校校园文化倡导主流文化、强势文化，它赞扬什么、批评什么、反对什么，将直接引导学生主动接受一定的价值观和行为准则，使他们向着社会所期望的方向发展，因此必须具有鲜明的指向性，代表社会主义先进文化的发展方向。

2. 职业学校校园文化具有生态调节功能

以“生态”的观点、视角综合考察、研究、改革学校事业发展，通过生态价值观的牵引、生态理念的灌输、生态方法的运用，建成职业学校校园文化生态系统，进而通过生态系统的自我净化、自我监督、自我管理，实现并维持系统的良性循环，以实现学生、老师、学校三位一体、和谐发展的目标。

3. 职业学校校园文化突出职业、技能为核心的行业企业文化

职业目标清晰、就业导向明确是职业学校区别于其他院校的最大特点，职业学校校园文化建设因此也特别强调遵循市场规律、针对岗位需求、围绕职业素质，以职业理想、职业规划、职业价值、职业道德、职业规范和职业技能等为核心内容。职业学校校园文化建设的落脚点必须强调“技能”二字，培养学生的动手能力、创造能力、适应能力。实现人才培养与企业需求的“无缝对接”，提高毕业生就业的满意度，就是要围绕“职业”、“技能”，融入企业所属行业的专业文化和

---

① 黄志良：《基于价值、制度与技术视角的高职校园文化建设路径研究》，《职教论坛》，2013年第25期，第37－89页。

企业文化,这也是职业学校依托行业办学理念的题中之意。

（二）职业学校校园文化建设的实现路径

1. 构建价值体系,增强职业学校校园文化凝聚力

职业学校文化价值体系是学校全体师生的共同价值追求、价值评价标准,以及所崇尚的最高的精神元素,是学校精神层面最根本的观点与最概括的表述,也是支撑学校整体文化建设内在的、持续的精神力量。

（1）凝练德育理念,确立职业学校校园文化核心价值。党的十七大报告要求学校“育人为本、德育为先”,党的十八大报告要求干部“德才兼备、以德为先”,构建职业学校校园文化价值体系,首先要以学生思想道德建设和师德师风建设为内容开展学校“大德育”,确立校园文化核心价值:坚持贯彻社会主义核心价值观、教育科学规律、行业企业需求,在党的十八大呼吁的“社会公德、职业道德、家庭美德、个人品德”等德育方面,提炼出师生认可的育人理念,以校训、校风、教风、学风等文化形式,开展职业学校校园核心价值文化建设。

（2）融合企业文化,确立职业学校校园文化基本使命。基本使命就是宗旨、目标,既是组织自身对其承担社会责任的认知,也是组织存在的理由或价值。融合企业文化,提高职业素养,实现“技能型”人才培养的目标,是职业学校校园文化的基本使命。吸纳企业的核心价值观,通过引入“工作环境和谐”、“激励创新管理”、“客户至上理念”、“团队协作精神”等企业文化,通过构建真实工作环境、执行岗位操作规程等,切实提升职业学校学生对社会高端技能人才需求的适应能力,切实提升教师教学科研和生产实践的“双师”素质。

（3）提高文化自觉,确立职业学校校园文化共同愿景。共同愿景指向组织的未来,是成员对其组织所怀有的美好愿望,它能将个体凝聚起来全身心地融入组织,并为之奋斗。共同愿景的构筑过程是学校、教师、学生三方主体文化自觉的过程,三者主张各自利益,表达不同声音,描绘各自发展愿景。树立职业学校校园文化共同愿景,就是要求管理者必须创造自由、宽松的氛围,保障不同价值观在角力的过程中公平对话,努力寻求三者的利益诉求交集,最终提炼、创造出学校共同愿景。这一文化自觉过程的实现和提高,必将激发全体师生的凝聚力和创造力,提高组织归属感和文化认同感,自然解决工作和学习积极性的问题。事实上,职业学校的共同愿景具有普遍性,即为行业培养“高素质”、“技能型”人才——学校谋得社会(经济)效益、教师谋得价值(精神、物质)实现、学生谋得职业发展。需要强调的是,共同愿景的树立恰恰是核心价值落实、基本使命实现的自然逻辑结果。

2. 构建技术路径,提升职业学校校园文化辐射力

一定的技术路径与相应的价值文化紧密相连,只有恰当表现和准确反映相

应的价值文化，高职校园文化建设的技术路径才有存在的意义。同时，高职校园文化核心价值、基本使命和共同愿景的实现和检验，更依赖一定的技术路径予以有效表达。

(1) 建设环境好、设施全的现代化职业学校环境。美国斯坦福大学首任校长乔丹曾说过，校园的“长廊连同它们的华贵的圆柱，也将对学生的培养教育起到积极的作用。每一块砌墙的石头必定会给学生以美和真的熏陶”①。校园物质文化作为校园内看得见、摸得着的物化文化形态，既包括校园的地理位置、地形风貌等自然环境，也包括校园的各种建筑、教学科研设备、文化设施和生活设施，还包括校园里大小园林、草地、花坛、道路等硬件设施的合理布局。因此，可以通过区分不同院（系）特点，对教学楼公共走廊进行统一美化布置，介绍专业名家、校友典型、经典建筑、知名企业；将校园道路赋以文化别名，统一精心设计制作指路标牌；建设集实物陈列、图片展示、影像宣传于一体的校史陈列馆；丰富和拓展学生活动场所，开展“宿舍文化节”、“教室文化节”活动，引导学生合理装饰布置宿舍与教室，营造温馨、健康的生活、学习文化环境……通过建成四季有景、环境整洁、设施齐全、设备先进的现代化职业院校环境，为师生员工开展丰富多彩、寓教于乐的教育活动提供重要阵地，使师生教有其所、学有其所、乐有其所，让他们在求知、求美、求乐中受到潜移默化的启迪和教育

(2) 塑造符合社会主义核心价值体系的校园人文精神。通过对学校办学历史的回顾和办学经验的不断总结，提炼育人理念，凝练师生认可的校风、教风、学风和校训，谱写校歌，设计制作学校标志和徽章。通过新生入学教育、新教师上岗培训等，将“育人理念”、“三风一训”、“校标校歌”的识记作为基本内容加以考核测试，并要求广大师生在工作、学习中努力践行，不断强化师生校训、校歌、校徽、校标意识，增强学校认同感、归属感与自豪感；通过编印毕业生成才典型事迹选，建设“名校友文化”；开展学校师德评选、名师选拔，建设“名师文化”；开展各级各类优秀学生评选表彰，建设“名生文化”，使学校逐渐形成富有行业与职业教育特色的精神文化与人文环境氛围。

(3) 积极推行企业文化进校园、进课堂，提高学生职业素养。1) 渲染企业文化价值理念。充分利用学校宣传阵地，宣传行业知名企业、紧密合作办学企业的精神、价值观、企业用人标准等，比如在教学场所利用黑板报、墙贴展示企业文化内涵，让学生耳濡目染。2) 争取企业冠名学校活动。拓展校企合作渠道，将校企订单培养的班级、企业设立的奖学金、企业赞助的文体技能竞赛、企业投资共建的实训实验室，让企业冠名，扩大企业的影响力，让学生了解企业、树立职业

---

① 周少南：《斯坦福大学》，长沙：湖南教育出版社，1991 年，第 24 页。

理想。3）建设高仿真的企业生产环境。在实训场所，按建筑企业生产环境设置警示标语、指示标志；按生产要求放置实训机器设备；教师、学生进入实训场所参加教学活动必须统一着实训服装，戴安全帽；教师在实训教学过程中，积极创设企业情境，引导学生执行企业生产流程、模拟企业生产环节，开展仿真项目化教学；等等。让学生熟悉企业生产环境，培养良好的职业岗位安全生产意识和岗位角色意识，融入企业化管理规范。结合课程改革和校本教材开发，有机地融进企业文化，教师结合教学内容，潜移默化地对学生进行行业规范、职业精神、职业道德等方面教育。比如，建设行业城市交通运输专业，将教材与公交集团公司的企业文化手册、目标岗位工作制度（包括车队线路运营驾驶员、客运调度员等相关工作的操作规范、安全规范等）共同作为教学素材。

（4）打造校园品牌活动，服务师生综合素质提升，立德树人。校园文化活动是校园文化在学生和教师身上的具体体现，和谐的校园文化须要通过一定的载体表现出来，不同的校园文化活动对学生的影响不同。现代职业学校应当围绕职校特色，组织丰富多彩的校园行为文化活动，实现立德树人的教育根本任务。

① 思想教育文化活动。开展各种爱国主义教育、革命传统教育、集体主义教育、法制教育、职业道德教育活动，以及“感动风采人物”与“十佳毕业生成才典型”评选活动等，提高教师与学生的思想道德素质与政治理论水平，坚定广大师生的理想信念。

② 专业、学术文化活动。通过开展探讨教育教学改革、学生德育管理工作的“教学论坛”、“德育论坛”活动，聘请校外企业专家、行业精英为学生举办学术讲座、专业报告会，开展专业教师在学生职业生涯教育中的专业引领与专业辅导活动，开展学生寒暑假专业社会调研活动等，进一步丰富教师的教育教学经验，巩固学生课堂教学所学的专业知识，同时增强学生的专业意识，促进学生专业认知水平的提高。

③ 职业技能文化活动。举办校内师生职业技能大赛活动月，鼓励参加国家、省、市各级职业技能竞赛活动等，一方面可促使学校师生人人重视职业技能，从而在学校形成勤奋学习、刻苦训练、敢于争先的良好局面；另一方面，又可培养学生严谨的求学态度和教师认真负责的工作作风，对形成学校优良的教风和学风起到无形的促进作用。

④ 艺术文化活动。组织开展“高雅艺术进校园”活动、“文化艺术节”活动等，将文化素质教育渗透到校园文化艺术活动中，学生既是观众又是演员，在娱乐和比赛中，无形间受到真善美的熏陶，提高其文化艺术修养和人文素质。

⑤ 学生社团文化活动。围绕专业成立学生专业协会，围绕学生特长成立小记者协会、舞蹈协会等文体社团，培养学生兴趣爱好，陶冶学生思想情操，引

导学生投身社会实践。这些学生社团活动的开展，给学生以施展各种才华的舞台，为学生之间创造广泛接触与合作的机会，不仅极大地丰富了校园生活，也有效地增长了学生知识和才干，陶冶性情，提升品德，培养了学生良好的集体主义精神。

二、常州建设高等职业技术学校的校园文化建设创新——绿色校园的打造

党的十八大提出发展生态文明、建设美丽中国。作为能耗大户，建设行业如何转型升级，实现绿色发展备受关注。2013 年 1 月 1 日，国务院办公厅转发发展改革委和住房城乡建设部《绿色建筑行动方案》（国办发[2013]1 号），标志着绿色建筑行动已经上升为国家战略。校园作为社会的重要组成部分，由于其建筑存量大、设施多样、人口稠密，本身就是社会能耗的大户，同时由于校园还是为国家提供发展支撑力量的重要摇篮和基地，因此其节能减排和绿色发展极具现实意义和深远影响。

作为一所建设类高等职业院校，常州建设高等职业技术学校从 2010 年起开始规划建设新校区，目前正在按照绿色校园的标准全面开展相关建设工作，整个校区也在 2012 年被江苏省确定为首个以校园为单位的建筑节能和绿色建筑示范区。学校充分认识到绿色校园建设的必要性，在新校区的建设过程中，以绿色技术为支撑，在加大物质投入的同时，注意渗透低碳生活理念，通过打造绿色校园文化来培育绿色建筑人才，以充分满足行业发展的需求。

（一）对建设绿色校园必要性的认识

1. 建设绿色校园是建设行业转型升级的必然要求

《绿色建筑行动方案》提出“十二五”期间要新建绿色建筑 10 亿平方米，政府投资的国家机关、学校、医院、博物馆、科技馆、体育馆等建筑，直辖市、计划单列市及省会城市的保障性住房，单体建筑面积超过 2 万平方米的大型公共建筑从 2014 年起全面执行绿色建筑标准。江苏省作为全国绿色建筑数量最多、节能建筑规模最大、国家级可再生能源建筑一体化示范项目数量最多的省份，2013 年 6 月制订出台了《江苏省绿色建筑行动实施方案》，将国家规定的年限提前至 2013 年，并决定从 2015 年起对所有新建建筑全面执行绿色建筑标准。可以说绿色建筑已经从 2005 年最初提出时的概念、理念、倡导、方向，变成了实实在在的行动，变成了实现节能减排目标甚至是人类向生态文明转型的重要抓手。而绿色校园作为绿色建筑发展的升级版，从关注建筑单体到关注校园整体环境，从关注规划设计、施工建造到关注运行管理、教育推广，能系统体现建设行业转型升级的发展要求，具有很强的示范、引领作用。

2. 建设绿色校园是学校节约运行成本的自身需要

据统计,至 2011 年年底,全国共有各类学校 50.5 万所,在校学生 2.63 亿人,教职员工 1 542 万人,校园人口占全国总人口的 20%,拥有校舍建筑面积 22.13亿平方米。全国本专科高校有 2 700 多所,校园建筑面积 6 亿平方米,在校学生 3 000 多万人,教职工 200 余万人。① 而根据中国绿色建筑委员会的调查数据,大学生生均水耗是居民的 2 倍,能耗是居民的 4 倍。据统计,江苏省常州建设高等职业技术学校老校区年用水量在 40 万吨左右,生均日用水量超 400L,是常州市当地居民生活用水定额的 2.3 倍。作为建筑与人员的集中场所,校园自身就是节能减排的重点领域。通过绿色校园建设,将关注点从建筑单体提升到校园整体,从节水节电提升到全面节地节材节能节水,符合学校节约运行成本、实现低碳发展的需要。

3. 建设绿色校园是培养绿色建筑人才的迫切需求

绿色、低碳是一种生活理念和生活方式,需要让学生从小受到熏陶,引领未来。同时,绿色、低碳也是实实在在的技术和行动,迫切需要大量设计、施工、运行、管理的专业人才。根据统计,全国土建类高职专业每年有近 40 万毕业生,学校通过建设绿色校园,开展绿色建筑教育,让他们在学校里体验绿色、感悟绿色,成为切实掌握绿色建筑相关技术的合格人才,走上工作岗位后成为绿色的种子,推动 4 000 万建筑业从业人员改变思维和生产方式,推进建设行业转型升级和绿色发展,这是建设类高职院校应该承担的历史使命。

（二）绿色校园物质环境建设的探索

1. 绿色校园建设项目概况

学校新校区位于常州市近年来重点打造的“常州市殷村职业教育园”内,毗邻我国唯一的绿色建筑产业集聚示范区——常州市武进绿色建筑产业集聚示范区。新校区规划总占地面积 810 亩,总建筑面积 28.94 万平方米,概算总投资约 8.24 亿元。新校区共分为行政科研服务、教学、实验实训、体育运动、后勤生活和共享配套六个功能区,规划设计努力体现鲜明的地域性、示范性、职业性和时代性。新校区于 2012 年 3 月正式开工,计划于 2014 年 9 月建成投入使用。

新校区建设由深圳市建筑科学研究院和江苏省绿色建筑工程技术研究中心担任绿色建筑咨询,遵循“被动优先、主动优化”的设计策略,以“因地制宜、统筹规划、综合运用、低投高效”为原则,充分考虑夏热冬冷气候区以及当地的微气候特点,采用了太阳能光伏技术、太阳能光热技术、地源热泵小型区域能源站技术、双热源热泵热能循环技术、建筑外墙保温技术、雨水收集利用和生态水处理

① 吴志强、汪滋松:《〈绿色校园评价标准〉编制要点及评估案例》,《建设科技》,2013 年第 6 期,第 31－35 页。

技术、中水回用技术、能耗监测与管理技术等数十项低成本、适宜的绿色建筑技术，绿色校园的指标响应度大约在70%左右，基本能够达到二星级绿色校园的要求，校区内所有建筑均为绿色建筑，其中二星、三星等高星级绿色建筑面积达43%。

2. 绿色校园物质环境建设的策略

（1）规划及早介入。合理的规划设计是绿色校园建设的首要因素，越在前端加以控制，对资源的消耗量就越少，对项目的可持续贡献就越大。在项目选址、场地规划、总平面规划阶段按照绿色校园建设理念，运用生态设计策略和计算机模拟技术，对整个校园的规划布局、建筑朝向和形体进行优化十分重要。学校新校区建设坚持以规划为先导，在编制总体规划方案的基础上，还编制了绿色交通规划、物理环境规划、能源规划、水资源利用规划、生态景观规划、能源监管规划、垃圾资源利用规划等7个专项规划。采用计算机模拟软件对整个校园及高星绿色建筑单体进行了日照、采光、室内外风环境、噪音等建筑环境模拟分析，并根据分析结果对部分建筑的组合方式、朝向、门窗形式及开启面积等进行了适当调整。

（2）因地制宜选用适宜技术。绿色建筑并不是高科技、高成本建筑的代名词，绿色建筑技术具有强烈的气候和地域特征，需要因地制宜地加以选择。江苏省常州建设高等职业技术学校新校区结合所在地区光照充足的特点，大量采用太阳能光热和光伏技术，光伏总装机容量达2MWp，年上网电量约207万kW·h，能达到学校总用电量的30%左右，同时与建筑一体化设计、施工、安装，节约了屋面建造成本，并有效降低了建筑墙面及屋顶温度，节约了能耗；利用新校区基地开阔、地表及土壤温度常年恒定且与空气温差明显的特点，建立小型复合式地源热泵区域能源站系统，结合学校冷热源供应随学生作息地点变化集中迁移的特点，白天对行政办公和教学楼供应，晚上对学生宿舍楼供应，使得能源站用5300kW的装机容量服务13.5万平方米的建筑面积，仅为传统独立单体建筑冷源容量的50%，极大地减少了建设初投资和运行用电峰值负荷对学校电网的压力；针对学生洗浴这一学校重大耗能项目，采用双热源热泵（污水源、空气源）热能循环系统，充分利用热能回收机组，将学生淋浴后30℃以上的废水降至10℃左右回收热能，循环加热洗浴用水，热能不足部分再由空气源热泵加以补充，使其年均能效比达4.3以上；学校在围护结构节能、节水、节材、环境保护等方面也采用了多项低成本适宜技术。

（3）建立社会化经营理念。根据测算，学校新校区增量成本三星建筑在255元/平方米、二星建筑在150元/平方米、一星建筑在50元/平方米左右，再加上区域能源站、光伏系统及其他配套设施，总计增量成本在1亿元左右，单位面积在350元左右。在建设过程中，学校采取自筹、社会融资及财政补贴等三个渠道来共同解决增量投资问题。其中光伏系统、地源热泵区域能源站系统分别采用EPC（设计、采购、施工）总承包和合同能源管理方式引进社会资金6 795万元，争取省级建筑节能和绿色建筑专项补贴1 264万元，学校自筹一次性投资共计2014万元。另外根据目前出台的国家及江苏省绿色建筑补贴政策，绿色校园按标准建成后，学校将能获得绿色建筑补贴超1 000万元。而根据初步测算，绿色校园建成运行后每年将节约水、电成本约310万元，学校一次性投资的回收期在6.5年左右（未到账的绿色建筑补贴没有纳入计算）。通过多渠道筹措建设资金，一方面有效缓解了绿色校园的增量投资压力；另一方面更为重要的是促进了与绿色建筑企业的紧密合作，有效促进了学校专业建设水平的提升。学校在绿色校园建设过程中，就与深圳建筑科学研究院、江苏河海新能源有限公司、常州佳讯光电有限公司、常州第一建筑集团公司等建立了战略合作伙伴关系，在教学、科研、社会服务等方面开展全方位合作。

（三）以绿色校园为依托，培养绿色建筑人才

同绿色建筑的评价指标相比，教育推广是绿色校园的特有指标，这也正是开展绿色校园建设的核心价值所在。而对于建设类高职院校来说，如何充分发挥绿色校园教育功能，服务绿色建筑人才培养则更具针对性和现实意义。对此学校有如下几点思考：

1. 依托绿色校园开发教学资源，打造“教学工程”

对于建设类高职院校来说，一个低碳节能、体现建设行业未来发展方向的绿色校园本身就是一个重要的、无可比拟的实习实训基地，校园规划、建设、管理、运行的全过程将产生大量的教学资源。学校在建设绿色校园过程中，一方面努力打造“精品工程”，让每一幢建筑、每一个节点都成为施工范例；另一方面努力打造“教学工程”，将新校区本身打造成为教学平台。主要的做法和思考有：在规划、设计阶段尽可能采用多种建筑、道路结构形式，运用多种建筑、装饰、路面材料；在建设过程中对于各类建筑、装饰节点、围护结构、楼内管道尽量外露，展示其不同的施工工艺；对于绿色建筑技术的选择和运用充分考虑其教学功能要求，比如在地源热泵区域能源站建设中将运行机房通过玻璃隔断供教学参观，在教育技术中心管线密集部位建设50米长的综合管廊并提供教学功能，能耗监测的中央空调系统配备三维模拟教学软件；对于绝大部分教学场所，特别是各系楼内的教室按照理实一体化的要求和企业工作室的真实情景进行设计建造；结合校园慢行线路建立不同长度的绿色建筑技术展示体验系统，建设绿色建筑科技体验馆，与市科协及省住建厅共同将新校区打造成为常州市乃至江苏省的绿色建筑科普基地；在新校区建设过程中，学校还专门成立了10个教师项目组，关注

校园建设的全过程,全面搜集和整理专业教学资源。

2. 加快专业转型升级和内涵建设,对接行业发展需求

发展绿色建筑、推进建筑工业化已是建设行业转型升级发展的必由之路,建设类高职院校必须适应乃至引领这种趋势。过去一年多以来,学校积极推进专业“染绿”工作,开发了建筑电气工程技术专业新能源方向;与深圳建筑科学研究院共同编写并在校内开设了“绿色建筑概论”课程;全面修订人才培养方案和课程标准,将绿色建筑相关标准和要求渗透到课程教学中;通过邀请专家讲座、到企业做访问工程师、外出参加各种绿色建筑会议和培训、参与绿色建筑技术课题研究等方式全方位培养师资。未来,学校还将进一步深化专业“染绿”工作,与省内、国内一流的绿色建筑、建筑工业化的设计、生产企业合作,加快专业转型升级和内涵建设,加强师资培养,推动其向课堂层面、向人才培养落实。

3. 全面打造绿色人文校园,培育低碳生活理念

人类走向绿色、低碳发展需要绿色技术的支持,更需要生活理念和行为方式的转变,绿色校园是基础,绿色理念是核心,绿色文化是灵魂。当前,学校正在组织制订学校绿色校园总体规划和行动计划,编纂《绿色校园生活手册》,完善宿舍、教室管理等各项制度;在搬迁新校区前的一年时间里,学校将通过开设课程、开展讲座、建立社团等各种形式开展各项绿色校园的教育和实践活动,全面培育学生的低碳生活理念;在新校区建设中,学校将通过绿色建筑体验系统、校园低碳慢行系统、绿色人文展示系统、绿色生活养成系统“四大系统”的构建,建设宜学、宜业、宜居、宜游的低碳校园、绿色校园、人文校园,让全体师生回归自然、体验绿色、感悟生活、感受生命;在今后新校区的生活中,学校还将推广碳足迹计算器,公布个人碳排放信息,让学生在3—5年的校园生活中潜移默化地形成低碳生活理念,成为绿色的种子。

附　录

常州建设高等职业技术学校建筑装饰工程技术专业调查问卷

首先,感谢您在百忙中对我们工作的支持。为了掌握当今社会对此专业的人才需求状况以及此专业学生应掌握的知识和技能,以利于拟定该专业的办学思路、制订合理科学的人才培养方案和构建新的课程体系,我们特制定此调查问卷表,安排2008级建筑装饰专业高职生进行社会调研。感谢贵单位对我校的支持,恳请合作,谢谢!

单位名称（盖章）		地　址		
姓　名		职务(职称)		联系电话	

一、建筑装饰工程技术专业（高中后三年制高职）开设的可行性调研（所选项打“✓”）

1. 您认为随着我国经济的进一步发展,社会对建筑装饰工程技术专业人员的需求数量将会:

   □ 有所增加　　□ 基本保持不变　　□ 有所下降

2. 贵单位近三年来新录用技术人员________名,其中高等职业院校毕业生或大专毕业生所占比例大概是多少?

   A. 30%以下　　B. 30%~60%　　C. 60%以上

3. 贵单位是否需要建筑装饰工程技术专业人才?预计未来五年需要多少________人。

   □ 需施工管理方向　　□ 需施工技术方向

   □ 需装饰设计方向　　□ 其他__________

4. 贵单位所需建筑装饰工程技术专业人才的类型

	需求岗位	需求人数	需求岗位	需求人数
该专业学生能够从事的工作岗位与未来五年内需求情况				
	其他建议：			

5. 您认为当今学生最须要培养的执业基本能力是(可多选)

☐ 职业道德　☐ 合作协作能力　☐ 学习能力　☐ 计算机操作能力
☐ 心理素质　☐ 英语水平　☐ 沟通能力　☐写作能力
☐ 专业知识　☐ 实践技能　☐ 应变能力
☐ 其他能力：________

6. 您认为本专业学生毕业时应具备的证书包括(多项选择)

☐ 英语证书　☐ 计算机证书　☐ 测量证书
☐ 施工员职业资格证　☐ 造价员职业资格证　☐ 建造师职业资格证
☐ 其他 ________

7. 贵单位人才招聘渠道主要是：

☐ 应届毕业生招聘　☐ 人才市场招聘　☐ 引进专门人才

二、建筑装饰工程技术专业（高职）学生所需知识与能力调研（所选项打“√”）

8. 您认为本专业毕业生须要掌握和达到的专业知识与能力要求是(可多选)

类型	分　项	评定等级		
综合知识与能力	专项知识与专业能力	重要	一般	不需
装饰设计与施工管理知识与能力	艺术造型训练(美术、构成等)			
	建筑装饰简史			
	建筑装饰材料、构造与施工			
	装饰制图与识图			
	建筑装饰表现技法			

续表

类型	分　　项	评定等级		
综合知识与能力	专项知识与专业能力	重要	一般	不需
装饰设计与施工管理知识与能力	项目认识			
	建筑装饰设计			
	装饰装修操作技能训练			
	门窗制作与安装			
	水暖电安装			
	天棚装饰施工			
	墙、柱面装饰施工			
	轻质隔墙施工			
	室内陈设制作与安装			
	地面装饰施工			
	楼梯及扶栏装饰施工			
	建筑装饰效果图制作			
	装饰工程监理			
	装饰工程招投标与合同管理			
	装饰工程预决算			
	建筑装饰工程项目管理			
	建筑装饰工程质量检验与检测			
	政策、法规、规范、标准的解读			
	门窗制作与安装			
软件操作能力	CAD			
	天正 CAD			
	photoshop			
	3DMAX			
	poweypoint			
	word			
	excel			

9. 您对本专业设置与建设有哪些具体建议？

____

____

____

主要参考文献

著作类

[1] 杨金土:《90年代中国教育改革大潮丛书·职业教育卷》,北京:北京师范大学出版社,2002年。

[2] 曹成伟等主编:《技能型人才创造品格与素质培养》,海口:南海出版公司,2009年。

[3] 赵恒平、雷卫平:《人才学概论》,武汉:武汉理工大学出版社,2009年。

[4] 余文森、洪明:《课程与教学论》,福州:福建教育出版社,2007年。

[5] 徐国庆:《职业教育课程论》,上海:华东师范大学出版社,2008年。

[6] 刘国钦等:《高校应用型人才培养的理论与实践》,北京:中国人民大学出版社,2007年。

[7] 盛群力编著:《教学设计》,北京:高等教育出版社,2005年。

[8] Robert R Mager:《有效教学的设计》,盛群力、高丽等编译,杭州:浙江教育出版社,2006年。

[9] 简·杜威:《杜威传》,单中惠译,合肥:安徽教育出版社,1991年。

[10] 王策三:《教学论稿》,北京:人民教育出版社,1985年。

[11] 李秉德主编:《教学论》,北京:人民教育出版社,1991年。

[12] 王道俊、王汉澜主编:《教育学》,北京:人民教育出版社,1989年。

[13] 上海师范大学编:《教育学》,北京:人民教育出版社,1979年。

[14] 王前新编:《高等职业技术院校发展战略研究》,武汉:华中科技大学出版社,2005年。

[15] 周少南:《斯坦福大学》,长沙:湖南教育出版社,1991年。

学位期刊论文类

[1] 梁姣荣:《我国的行业企业参与职业教育的对策研究》,天津大学学位论文,2011年。

[2] 徐一畅:《基于区域经济发展的创新人才培养模式研究》,吉林大学学位论文,2009年。

[3] 贺武华:《高等教育发展的制度变迁理论解释》,广西师范大学学位论文,2003 年。

[4] 胡淑文:《职业学校教育资源合理配置研究》,天津大学学位论文,2003 年。

[5] 付欣友:《职业技术院校的发展战略研究》,苏州大学学位论文,2008 年。

[6] Phillip Hughes:《为什么人人可接受 TVET 对达到全民教育目标是必需的》,《教育展望》,2005 年第 3 期。

[7] 罗星海:《高职人才培养制度与人才培养模式的变革历程》,《教育与职业》,2013 年第 6 期。

[8] 王晓江、殷锋社:《高职高专院校专业设置现状分析与建议》,《中国职业技术教育》,2012 年第 32 期。

[9] 杨志其:《经济开发区技能型人才培养研究——以鄱阳湖生态经济区为例》,《企业经济》,2012 年第 12 期。

[10] 戴涵莘、陶亦亦:《以"园区经济"为特征的区域高技能人才培养模式研究》,《教育与职业》,2008 年第 20 期。

[11] 于静之、孙元曦:《药学类技能型人才需求及课程体系调查与分析》,《中国成人教育》,2010 年第 12 期。

[12] 陈熔:《高技能型人才培养模式与课程体系的探讨》,《重庆职业技术学院学报》,2007 年第 1 期。

[13] 刘三林、刘桂林:《邹韬奋论职业教育的目的》,《教育与职业》,1996 年第 2 期。

[14] 胡勇信、白义:《借鉴"职业带"理论设计高职教育人才培养规格》,《教育与职业》,2007 年第 29 期。

[15] 方光罗:《高职院校专业设置的原则探析》,《中国高教研究》,2008 年第 5 期。

[16] 郑伟文:《任务驱动教学模式下的职业能力建构》,《河南科技》,2012 年第 22 期。

[17] 张悠荣、杨建林:《高职建工专业施工技术项目化实践教学模式探讨》,《职业教育研究》,2011 年第 3 期。

[18] 王蓓颖:《科学发展观与高校教师队伍建设》,《教师教育研究》,2004 年第 9 期。

[19] 黄志良:《基于价值、制度与技术视角的高职校园文化建设路径研究》,《职教论坛》,2013 年第 25 期。

[20] 王知春:《校园文化建设应厘清的认识误区》,《学校党建与思想教育》,2010 年第 5 期。

[21] 吴志强、汪滋松:《〈绿色校园评价标准〉编制要点及评估案例》,《建设科技》,2013 年第 6 期。

[22] 吴琦、聂凌:《对"绿色校园"建设中几个问题的思考》,《现代园林》,2010 年第 7 期。

[23] 楼锡锦:《高校发展与战略规划制定》,《教育发展研究》,2006 年第 8 期。

[24] 袁洪志、周衍安:《院校研究理论与高等学校战略规划》,《江苏高教》,2010 年第 1 期。

[25] 韩延辉:《现代学校制度的建设实践与探索》,《现代教育论丛》,2008 年第 8 期。

[26] 胡利红:《学校制度建设应处理好三个关系》,《学校党建与思想教育》,2011 年第 24 期。

[27] 李云飞:《职业学校教师队伍建设研究:理念、制度、投入》,《职教通讯》,2012 年第 4 期。

[28] 吴彬:《着眼现代职业教育特点　浅谈职校师德师风建设》,《高教论坛》,2013 年第 6 期。

后记

本书通过对行业性技能人才培养的相关理论梳理，结合江苏省常州建设高等职业技术学校近年来在行业性技能人才培养过程中采取的一些举措，包括课程改革、教学创新、战略规划等，试图从理论与实践相结合的角度为同类型学校的教育教学提供些许可供参考的建议。对于学校而言，任何一类人才的培养都离不开课程、教学以及教师群体在这一过程中发挥的作用，正因为如此，《行业性人才的造就——江苏省常州建设高等职业技术学校的实践》一书非一人力量所为，这是团队协作的结晶。在此，感谢王建玉老师、张超老师、章志红老师、孙天舒老师、蒋晓星老师、季文杰老师、杨建林老师、郑伟文老师、张悠荣老师等在相关专业人才培养方案的制订、修订与完善以及教学过程中付出的努力，书中引用的相关案例以及内容都得到了他们的认可与支持；感谢朱仁良副校长、王伟副校长、毛浩生副校长、周炜炜副校长、闵亚琴主席在学校战略规划建设过程中倾注的心血；感谢庄西真博士、孙静华处长、袁乐主任、徐黎明主任、姚延芹老师、刘燕老师、杜连森老师在书稿撰写与成文过程中提出的宝贵意见。另外，对通过互联网等途径引用的相关文献书中都尽最大努力作了标注。行业性人才的培养并非一朝一夕能够实现，是一个长期而艰巨的任务，今后，我校将在行业性人才的造就过程中继续努力，不断创新与实践，争取取得更大的成就，正所谓“路漫漫其修远兮，吾将上下而求索”。

黄志良

二〇一四年十月于常州